中证中小投资者服务中心
CHINA SECURITIES
INVESTOR SERVICES CENTER

投资者

INVESTOR

第4辑
（2018年10月）

郭文英　徐　明　主编

法律出版社
LAW PRESS · CHINA

卷首语

《投资者》(第4辑)如期与大家见面了,在这一年中,我们与大家一起分享了资本市场投资者保护工作的理论探索与实践经验。从《最高人民法院关于适用〈中华人民共和国公司法〉若干问题的规定(四)》、“资管新规”到《上市公司治理准则》的解读;从差异化股权构造、公开征集投票权、虚假陈述到内幕交易的进一步研究;从中证中小投资者服务中心(以下简称投服中心)公益股东地位、证券申诉专员制度到市场操纵行为的实务探究;从知识普及型的投教知识宣传到域外资本市场借鉴研究。我们始终以投资者保护尤其是中小投资者保护为重点,不断汇集专家学者、市场实务人员睿智的观点与思想的火花。

【首届中小投资者服务论坛实录】为本辑特设栏目。

在改革开放40周年、资本市场发展28周年之际,为加快推进建设富有国际竞争力的资本市场强国步伐,投服中心携中国上市公司协会、中国证券业协会、中国期货业协会和中国证券投资基金业协会联合创办中小投资者服务论坛(以下简称投服论坛)。

2018年9月26日首届投服论坛以“开拓服务新模式、谱写投保新篇章”为主题在北京举办,论坛分为总论坛及持股行权与公司治理、多元化解纠纷与规范运作、支持诉讼与示范判决、投资者教育4个专题论坛进行,论坛旨在汇集社会各方智慧,回顾资本市场投资者保护发展历程、总结投资者权益保护和服务工作成果,运用法治化、市场化和国际化手段,不断探索和夯实股东行权、纠纷调解、支持诉讼等“投服模式”和我国资本市场投资者保护尤其是中小投资者保护的新途径、新道路,以期达成中小投资者保护工作新共识。为此,特将论坛的部分内容分享给大家,本栏目收录了领导讲话、专家学者及市场实务人士的精彩演讲及会议各专题论坛相关嘉宾的发言。

【市场实务】收录了3篇文章。

白江的《中证中小投服者服务中心有限责任公司的地位、职责和权限问题研究》通过事例方式分析指出,投服中心,是受证监会指导下的公司制法人组织,依照国家的法律和法规成立并运行,在证监会与市场之间发挥功能传递作用,在市场主体之间发挥服务纽带作用。在研究投服中心的地位时,除对先前法律、政策的理解外,该文更注意从市场经济运作的角度考察,按照法理学的原理指导服务实践活动,确认责任与权力界限应成为投服中心运作内在的、不可分割的组成部分。

郭雳、赵铁君的《股东投票代理机构的域外实践与中国启示》认为,20世纪80年代以来,随着机构投资者的壮大以及针对其投票行为和上市公司治理的监管变革,股东投票代理机构在以美国为代表的成熟资本市场迅速发展。域外股东投票代理机构的业务与我国投服中心持股行权业务具有相似性,其发展也可为投服中心提供有益借鉴。投服中心未来可尝试通过结合公开发布投票建议与征集投票权进一步拓展持股行权业务,成为具有中国特色的公益性股东投票代理机构,为中小投资者保护和改善上市公司治理质量发挥更大作用。

蒋健蓉、龚芳的《我国各类投资者交易行为研究——基于中小投资者保护的视角》从资金来源结构、信息获取能力、委托代理关系及盈利模式四个维度来分析不同类型投资者交易行为,从交易行为特征出发,分析可能产生的损害中小投资者权益的交易行为,进而为保障中小投资者权益提供新视角。

【投教园地】收录了2篇文章。

蒋诚、申浩的《发挥行政监管与自律监管协同效应　形成中小投资者合法权益保护的有力保障——以安徽证监局与沪深交易所联合检查的实践为引》认为,行政监管与自律监管是资本市场监管的重要方式,两者不得相互替代、缺位越位,而应充分发挥协同效应。探索证监局与交易所联合现场检查,既是形成行政监管与自律监管协同效应的有力举措,也是筑牢市场监管防线、保护中小投资者合法权益的一种新方式。该文以安徽证监局与沪深交易所联合现场检查实践为引,思考分析联合检查的局所优势,探讨其存在的待改进事项,并有针对性地提出改进建议,以期更好地维护中小投资者合法权益,提高依法全面从严监管的效能。

高伟生的《上市公司股票质押风险特征、应对模式及风险防范》通过对股票质押风险应对的实务操作,总结了四种应对模式:融资人主动解决债务、流通股二级市场处置的威慑作用、限售股的司法处置及质权人的救助措施。特别是对于优质上市公司,质权人通过救助措施以上市公司的长期稳定发展降低股东股票质押的短期平仓风险。控制融资人质押比例、提升风险应对能力、保障上市公司稳定发展等政策建议成为防范股票质押业务风险,保障资本市场健康发展的应有之义。

【案例探析】收录了1篇文章。

汤欣、范晓语的《私募基金托管人职责与相关争议的法律适用》围绕某私募股权投资基金托管人与投资者之间的纠纷案,重点阐述了三个法律争议点:其一,《证券投资基金法》能否适用于私募股权投资基金存在争议;《信息披露办法》的关键条文是对《监管暂行办法》相关条文的承继和发展,可否参照适用于私募股权投资基金?其二,根据相关法律法规的规定,托管人的职责主要体现在"保管"和"监督"两个方面,本案事实是否表明托管人在职责履行存在明显瑕疵?其三,如能认定托管人在履约上存在诸多瑕疵,客观上导致了本案投资者的重大经济损失,则本案管理人和托管人应否对于投资者的损失承担连带责任?以本案调解为例,投服中心的工作为解决投资者面对的行权难、纠纷调解难以及诉讼难问题提供了有益帮助。

目　　录

首届中小投资者服务论坛实录

领导讲话

以新理念引领新发展　投资者保护工作迈上新台阶
——阎庆民副主席在首届中小投资者服务论坛上的讲话　阎庆民　003

加强资本市场法治建设　推动投资者保护再上新台阶
——刘新华副主任委员在首届中小投资者服务论坛上的讲话　刘新华　009

优化资源配置　努力开创证券商事审判新局面
——刘贵祥专委在首届中小投资者服务论坛上的讲话　刘贵祥　012

上市公司要牢固树立为投资者创造价值的观念
——王建宙会长在首届中小投资者服务论坛上的讲话　王建宙　015

前沿视角

搭建交流平台　发挥专业优势　合力提升中小投资者获得感　郭文英　017

应尽快制定资本市场投资者保护条例　徐　明　019

提升投关认知　加强能力建设　提高管理水平　高　靓　024

适当性是投资者合法权益得到有效保护的基础　安青松　028

构筑独具中国特色投资者权益保障体系　王明伟　032

落实行业信义义务　保护投资者合法权益　洪　磊　035

新时代投保基金全力推动投资者保护事业再上新台阶　巩海滨　040

谋创新　树品牌　共创投资者保护新局面　阙　波　045

监管服务双管齐下　夯实投保坚实基础　李鸣钟　049

律师服务中小投资者权益保护:义不容辞　大有可为　吕红兵　054

注册会计师审计要更好地为中小投资者服务　陈毓圭　058

观点集萃

专题论坛一:持股行权与公司治理 刘辅忠 陈 洁 陈 刚等 061
专题论坛二:多元化解纠纷与规范运作 刘 磊 张家华 董新义等 081
专题论坛三:支持诉讼与示范判决 付金联 钱玉林 程晓鸣等 095
专题论坛四:投资者教育 徐良平 董登新 黄德良等 121

市场实务

中证中小投服者服务中心有限责任公司的地位、职责和权限问题研究 白 江 141
股东投票代理机构的域外实践与中国启示 郭 雳 赵轶君 158
我国各类投资者交易行为研究
——基于中小投资者保护的视角 蒋健蓉 龚 芳 175

投教园地

发挥行政监管与自律监管协同效应 形成中小投资者合法权益保护的有力保障
——以安徽证监局与沪深交易所联合检查的实践为引 蒋 诚 申 浩 191
上市公司股票质押风险特征、应对模式及风险防范 高伟生 200

案例探析

私募基金托管人职责与相关争议的法律适用 汤 欣 范晓语 213

CONTENTS

The First Investor Service Forum Record

Leader Speech

Leading New Development with New Ideas Investor Protection Work has Reached a New Level
—Opening Address by Vice Chairman of China Securities Regulatory Commission (CSRC) on the First Investor Service Forum Yan Qingmin 003

Strengthening Legal Construction of Capital Market and Promoting Investor Protection to a New Level
—Opening Address by Vice-Chairperson of the Financial and Economic Committee of the National People's Congress (NPC) on the First Investor Service Forum Liu Xinhua 009

Optimizing Resource Allocation, and Striving to Create a New Situation in Securities Business Trial
—Opening Address by Member of the Supreme People's Court Judicial Committee (vice-minister level) on the First Investor Service Forum Liu Guixiang 012

Listed Companies Should Firmly Establish the Concept of Creating Value for Investors
—Opening Address by Chairman of the China Association for Public Companies (CAPCO) Wang Jianzhou 015

Frontier Perspective

To Build a Communication Platform, Give Full Play to Professional Advantages and Work Together to Improve the Sense of Gains from

Small and Medium Investors Guo Wenying 017
The Capital Market Investor Protection Regulations Should Be Formulated as Soon as Possible Xu Ming 019
To Enhance the Cognition for the Relationship Between Listed Companies and Investors, Strengthen Capacity Building, and Improve Management Level Gao Liang 024
Suitability Management is the Basis for the Effective Protection of the Legitimate Rights and Interests of Investors An Qingsong 028
Constructing a System of Investor Rights Protection with Unique Chinese Characteristics Wang Mingwei 032
Implementing Fiduciary Duties and Protecting the Legitimate Rights and Interests of Investors Hong Lei 035
China Securities Investor Protection Fund Fully Promotes Investor Protection to a New Level Gong Haibin 040
SSE's Efforts on Innovation and Building a Brand in Investor Protection and to Create a New Situation for It Que Bo 045
Two-pronged Supervision Services to Lay a Solid Foundation for Investor Protection Li Mingzhong 049
The Lawyer Service in Protection of Small and Medium Investors' Rights and Interests: It Is Incumbent and There Is Much to Be Lü Hongbing 054
CPA Audit Should Better Serve Small and Medium Investors Chen Yugui 058
Collection of ideas
Thematic Forum I: Shareholding Exercises and Corporate Governance
Liu Fuzhong Chen Jie Chen Gang etc. 061
Thematic Forum II: Diversification Dispute Resolution and Normative Operation Liu Lei Zhang Jiahua Dong Xinyi etc. 081
Thematic Forum III: Supporting Litigation and Model Judgments
Fu Jinlian Qian Yulin Cheng Xiaoming etc. 095
Thematic Forum IV: Investor Education
Xu Liangping Dong Dengxin Huang Deliang etc. 121

Market Practice

A Study of Status, Duties and Authority Issues of the ISC Bai Jiang 141

The Extraterritorial Practice of Shareholder Voting Agency and China's Revelation Guo Li Zhao Yijun 158

Research on the Trading Behavior of Various Investors in China —Based on the Perspective of Small and Medium Investor Protection Jiang Jianrong Gong Fang 175

Investor Education

Bring into Play the Synergy Effect Between Administrative Supervision and Self-discipline Supervision to Form a Strong Guarantee for the Protection of the Legitimate Rights and Interests of Investors —Based on the Practice of Joint Inspection by CSRC Anhui Bureau, SSE and SZSE Jiang Cheng Shen Hao 191

The Stock-pledged Risk Characteristics, Coping Mode and Risk Prevention of Listed Companies Gao Weisheng 200

Case Study

Custodian Duties in Private Funds and the Legal Application of Disputes Tang Xin Fan Xiaoyu 213

I 首届中小投资者服务论坛实录

NVESTOR

以新理念引领新发展　投资者保护工作迈上新台阶

——阎庆民副主席在首届中小投资者服务论坛上的讲话

阎庆民*

尊敬的刘新华副主任委员、刘贵祥专委、王建宙会长，各位来宾，女士们，先生们：

大家上午好！

非常高兴参加首届中小投资者服务论坛，我谨代表中国证监会对首届论坛的召开表示热烈祝贺，对多年来，立法机关、司法部门、相关部委、市场各类主体、专家学者及新闻媒体等社会各界在投资者权益保护方面所做的大量工作表示衷心感谢！

本次论坛以"开拓服务新模式，谱写投保新篇章"为主题，聚焦中小投资者保护工作，具有很强的现实意义。我国有1.42亿名投资者，其中95%以上为持股市值在50万元以下的中小投资者，可以说广大投资者是资本市场发展之本，投资者权益保护事关上亿家庭、数亿人切身利益。利用今天的机会，我就资本市场中小投资者保护问题谈三点看法。

一、扎实奋进，投资者保护工作进入新阶段

党的十八大以来，习近平总书记对资本市场发展与监管作出一系列重要批示，明确指出要加快形成投资者合法权益得到有效保护的多层次资本市场。国务院领导在

* 中国证监会副主席。

证监会调研时强调要大力加强投资者教育和保护工作,在社会心理、共识上形成理性认识。证监会始终按照党中央、国务院的决策部署,把保护投资者特别是中小投资者的合法权益作为工作的重中之重。

2018年是我国改革开放40周年,也是资本市场建立28周年。20多年来,投资者保护工作立足改革开放时代背景,适应我国中小投资者众多的现实需要,从无到有,从探索到发展,在理念、制度、体系、方式和平台建设等方面发生了全方位的变化,投资者保护工作迈上新台阶。

一是树立了投资者保护的新理念。党的十九大报告提出,我国社会主要矛盾已经转化为人民日益增长的美好生活需要和不平衡不充分的发展之间的矛盾,习近平总书记提出"人民对美好生活的向往是我们的奋斗目标"。证监会将"一切为了中小投资者"作为开展各项工作的基本理念,紧紧围绕投资者实际需求,以保护投资者知情权、参与权、收益权、求偿权等基本权利为核心,综合施策,精准发力,将保护投资者合法权益贯穿在发行上市、市场交易、机构监管、稽查执法等资本市场各项监管工作始终,营造一个更加公开、公平和公正的市场环境,让投资者能够通过参与市场,分享社会经济发展的成果,创造自己美好的生活。

二是构建了投资者保护的新体系。2008年国际金融危机以后,主要发达国家在机构和职能等方面进一步深化了对投资者的保护。在此背景下,经中编办批准,证监会于2011年年底成立了投资者保护局,统筹推动全市场的投资者保护工作,并于2014年成立了中证中小投资者服务中心(以下简称投服中心)这一家专门为中小投资者服务的公益性机构,与之前负责处置证券公司风险的证券投资者保护基金公司,共同构成投保工作的"一体两翼"。经过几年的实践,初步形成了投保局牵头抓总、投保基金和投服中心等专门投保机构具体落实,交易所、行业协会、派出机构等系统各单位共同参与,市场经营主体履行主体责任的投资者保护组织体系。实践证明,这套组织体系和工作机制是行之有效的,切实提高了投保工作效果。

三是建立了投资者保护的新制度。党的十八大以来,证监会陆续出台了多个层级的投资者保护专门制度。2013年国务院办公厅发布《关于进一步加强资本市场中小投资者合法权益保护工作的意见》,首次在国务院层面系统构建了保障投资者知权、行权、维权的投保制度体系,是指导我国资本市场投保工作的纲领性文件;2016年证监会发布实施《证券期货投资者适当性管理办法》,构建全市场统一的适当性管理体系,要求市场经营机构将适当的产品销售给适合的投资者;2016年证监会与最高人民法院联合发布《关于在全国部分地区开展证券期货纠纷多元化解机制试点工作的通知》,建立健全有机衔接、协调联动、高效便民的多元化纠纷解决机制;在各市场、各产品、各业务的制度中,证监会全面嵌入中小投资者保护的具体要求,为依法保护投资者权益打下良好基础。

四是探索了投资者保护的新方式。投资者行权难、维权难一直是投资者权益保护的难点。近年来证监会在借鉴国际经验的基础上,结合我国市场实际情况,探索实践了一批创新举措,走出了一条有中国特色的投资者行权维权新路径。持股行权是由投服中心持有每家上市公司 1 手股票,以普通股东身份参与公司治理,为中小投资者如何行权进行示范,通过股东自治方式从内部督促公司规范运作,成为外部监管的有益补充,形成投保"内生化"趋势。多元纠纷化解机制是证监会联合最高人民法院落实中办《关于完善矛盾纠纷多元化解机制的意见》要求,共同在资本市场加强和创新社会治理的重要举措,使投资者可以免费快速、就近就地解决纠纷,及时便捷获得赔偿或补偿。支持诉讼是针对中小投资者法律知识欠缺、诉讼成本高等实际情况,由投保专门机构免费为其提供法律咨询、诉讼代理等服务,使投资者有了自己的"公益律师",改变了投资者为诉讼东奔西跑的困境。先行赔付是针对中小投资者获赔难而推出的一项创新举措,支持市场主体主动担责,先行赔付投资者损失,再向其他责任主体进行追偿。目前已有 3 个实践案例,共计约 3.4 万名投资者获得超过 5 亿元补偿金。示范判决是针对证券市场同类案件存在的多方起诉、重复审理等问题,建立"类似案件类似处理"的判决机制,在司法资源有限的条件下快速解决争议,目前首例案件已由上海金融法院受理。

五是打造了投资者保护的新平台。开通"12386"投资者公益服务热线,妥善处理投资者诉求、咨询 34 万余件,及时答疑解惑,疏导不良情绪,有效化解矛盾,得到了投资者的充分认可,收到近千封感谢信。建设 100 多家实体和互联网投资者教育基地,投资者只需动动手、迈迈腿,就可以通过基地平台便捷、免费地获取专业准确的知识和服务,生动实践了"共治、共建、共享"的发展理念。开通运行中国投资者网,用现代信息技术搭建投资者保护工作新平台,将在线教育、在线投诉、在线调解、在线行权等功能融于一体,它既是投资者的应用平台、宣传平台和互动平台,也是投资者与监管部门、市场主体沟通的桥梁和纽带。

这些独具中国特色的投资者保护机制和举措,实践效果很好,得到了市场各方的认可,在国际上也获得了高度评价,成为国际学习的典范。投保基金公司组织的资本市场投资者保护状况评价显示,八成以上的投资者对证监会近年来投资者保护工作成效表示肯定。国际货币基金组织和世界银行公布的关于中国“金融部门评估规划”(FSAP)评估报告认为,中国证监会基于中小投资者众多的实际情况,采取了支持诉讼、持股行权、纠纷化解等诸多具有独创性的措施,投资者保护工作成效显著,值得其他市场借鉴。

二、科学研判,主动适应投资者保护工作新挑战

当今世界,资本市场日益成为一个国家或经济体核心竞争力的重要体现,肩负着促进实体经济发展的重要职能,而保护投资者合法权益的能力和水平直接决定了市场生命力和发展方向。做好新时期的投资者保护工作,必须准确把握当前“稳中有变,稳中求进”的新形势。

一是国内外金融市场形势复杂多变,国际上,以美国为代表的主要经济体政策调整及其外溢效应越发明显,中美经贸摩擦等影响市场稳定的风险因素仍然存在。国内方面,我国经济总体保持稳中向好的态势,但受外部影响,下行压力加大,资本市场总体运行平稳,市场秩序明显好转,但一些特定领域的金融风险开始凸显,违法违规行为多发,保护投资者合法权益的任务越来越重。

二是金融科技创新蓬勃发展。人工智能等数字技术与制造业、服务业等产业深度融合,数字经济、金融创新层出不穷,特别是金融衍生工具、数字货币、互联网金融等新业态快速推广,金融一体化程度不断提高。经济金融化趋势一方面促进了资源有效配置,另一方面也在一定程度上增加了市场的投机性、风险性,给资本市场运行和投资者保护工作带来了更多不确定性。

三是我国投资者群体特征发生变化,自然人投资者数量和占比持续增加,个人投资者达到 1.42 亿名,占市场总量超过 99%,其中呈现一些新的特点:首先,新入市投资者呈年轻化趋势,知识水平提高,权利意识增强。据交易所调查和中国结算统计,2017 年新入市投资者中,30 岁以下占比 55.8%,超过新增加总数的一半;高中以上学历的自然人投资者是市场的主要参与者,占比近六成,其中半数以上具有本科以上学历。2017 年知权投资者平均占比 44.1%,投票权、知情权的知权比例超过 55%,各项权利的知权比例较上年均有 5% 至 10% 的增幅。其次,从投资者行为看,价值投资理念逐步形成,但非理性投资行为仍然不容忽视。据交易所调查,2017 年长期价值投资

者占比26.5%,较上年提高5.5%,成为占比最高的投资风格类型;但相比于机构投资者,中小投资者更加偏爱交易小盘股、低价股、高估值股和绩差股,2017年中小投资者对上述股票的交易偏好系数均在1.2以上,而机构投资者的交易偏好系数均小于1;2017年只有8.5%的投资者为抄底型投资者,46.9%的为追涨型投资者。最后,投资者获取信息渠道发生变化。以专业财经网站及其对应手机客户端为代表的网络媒体逐渐占据主要地位,报纸、电视、广播等传统媒体作用弱化。据投服中心2018年调查,投资者信息渠道中,网络媒体占比57.7%,传统媒体占比20%。

四是国际上对投资者保护工作重视程度普遍加强。2008年国际金融危机后,投资者保护已成为各国和各地区金融监管机构的重要工作内容,并在部门设置、职责定位、人员配备、经费保障等方面给予特别重视和倾斜。如美国在金融监管改革中坚持了金融消费者与投资者的区分,并进一步强化了对投资者的保护。《多德-弗兰克法案》要求美国证监会增设投资者顾问委员会及投资者维权办公室2个独立的投资者保护专门机构;英国出台《金融服务法》,设立金融行为局;我国香港地区设立金融纠纷调解中心和投资者教育中心等。英国、我国香港地区等地的监管机构又于2016年发起监管沙箱政策,要求企业必须提供足够的投资者保护措施,如适当性管理、信息披露等机制,新上线的金融产品及服务才能通过测试向公众发布,实现对投资者的事前保护。此外,加拿大、德国、日本等主要市场国家也都以保护投资者为导向调整监管理念,不断强化投资者保护工作。

三、凝心聚力,谱写投资者保护工作新篇章

面对国际国内的新形势,我们要始终以习近平新时代中国特色社会主义思想为指导,深入贯彻落实创新、协调、绿色、开放、共享的发展理念,学好用好辩证唯物主义,坚持发展地而不是静止地、全面地而不是片面地、系统地而不是零散地、普遍联系而不是单一孤立地看待问题,把握客观实际,掌握工作规律。

一是以战略思维谋全局。我们常说,不谋全局者不足谋一域,不谋万世者不足谋一时。当前,证监会正紧紧围绕实现"两个一百年"的目标,努力建设服务更好、高质量发展的资本市场。投资者保护工作作为资本市场的重要一环,要服务大局,为资本市场发展做出新贡献。战略思维不是说空话,唱高调,而是要和实践紧密结合,投资者保护工作经过多年的发展,已经进入新的阶段,投保工作面临的时代条件、社会环

境都发生很大的变化,有些做法过去有效,现在未必有效;有些过去不可逾越,现在则需要突破,我们要以更高远的战略眼光,对既有制度机制进行评估,围绕投资者保护在资本市场发展的作用、投资者保护与监管体系建设、行为金融学在投资者保护中的应用等课题进行研究,不断提升服务投资者的能力。

二是以科技思维促创新。当下,新一轮科技革命和产业变革蓄势待发,以互联网、大数据、人工智能应用为主要特征的金融科技创新正在深刻地影响着资本市场,也为投资者保护工作带来新的机遇和挑战。我们一方面要借鉴国际经验,为科技金融创新建立必要的容错机制,让投资者参与到创新之中,确保新的技术从应用之初就不偏离航道。同时要严惩滥用科技之名、行金融违法之实的行为,实现对投资者的有效保护,维护市场公平性。另一方面要适应科技发展和投资者年龄结构变化趋势,充分利用互联网技术以及新媒体等传播工具,实现对投资者权益的精准维护,节约监管资源,提升服务效率。

三是以系统思维聚合力。万物皆有联,无物可孤存,投资者保护工作是资本市场一项重大的、复杂的、基础的系统性工程。投资者保护工作与法律制度、企业发展、社会环境等息息相关,与证券发行、市场交易、稽查执法等环节息息相关,需要立法、行政、司法以及社会各方的共同努力。投资者保护工作越发展,越要注重工作的系统性、整体性和协同性。不能“头疼医头,脚疼医脚”,更不能不分主次,“眉毛胡子一把抓”,我们强调“大投保”,这个“大”不是简单的人员多、环节多,更重要的是整合、配合,发挥出 $1+1>2$ 的效果。要打通部门壁垒,通过健全机制平台,实现信息和资源的共享。

同志们,党的十九大开启了全面建设社会主义现代化国家新征程,也开启了在新时代中国特色社会主义思想指引下建设具有国际竞争力的资本市场新征程,保护好投资者的合法权益是证券监管部门的根本职责,也是亿万投资者的共同心愿。我们要毫不动摇地践行“以人民为中心”的发展思想,今天举办的中小投资者服务论坛正是为参与、关心、支持投资者保护工作的社会各方,提供一个互动交流的平台,有利于分享知识、共享资源,有利于凝聚共识、形成合力,以开放合作推动投资者权益保护事业的新发展。再次感谢今天参会的社会各界代表、媒体同仁、专家学者等。

预祝本届论坛取得丰硕成果!谢谢大家!

加强资本市场法治建设　推动投资者保护再上新台阶

——刘新华副主任委员在首届中小投资者服务论坛上的讲话

刘新华*

尊敬的阎主席、刘专委、王会长,各位专家、各位来宾:

大家上午好! 非常高兴参加首届中小投资者服务论坛。借此机会,结合论坛主题,谈一些看法,不妥之处敬请指正。

党的十九大报告将“坚持全面依法治国”明确作为新时代坚持和发展中国特色社会主义的基本方略。习近平总书记指出,全面依法治国是国家治理的一场深刻革命,是中国特色社会主义的本质要求和重要保障。作为全面依法治国的重要组成部分,资本市场法治建设关乎亿万投资者切身权益、关乎资本市场公平正义、关乎资本市场融入国家战略的实现。

保护投资者尤其是广大中小投资者的合法权益,是资本市场法治建设重要环节,是监管工作的重中之重。国际证监会组织(International Organization of Securities Commission,IOSCO)将保护投资者列为资本市场三大监管任务之首,设立了专门的中小投资者委员会,并开展全球性的投资者保护教育活动。经过长期不懈的努力,我国资本市场投资者保护工作取得了显著成就,但与成熟市场相比,还存在明显不足,面临着新的挑战。中国资本市场是一个中小投资者占绝对多数的市场,具有中国特色,这就要求我们既要借鉴成熟市场的经验,又要根据我国资本市场的实际情况,花更大气力建立和进一步完善中小投资者合法权益保护工作,亟须进一步在立法、机制和制度上全方位、立体式地保护中小投资者合法权益。

---

* 全国人大财经委副主任委员。

第一,在立法上,要进一步整合投资者保护的法律资源,适时制定专项的资本市场投资者保护法规。目前我国法律对投资者的事前预防性保护与事后救济性规定还有待进一步完善,公司治理、信息披露制度不能适应投资者合法权益保护,投资者权利的行使机制仍需细化,证券侵权行为、归责原则以及主体资格的确定等还需进一步明确,对资本市场欺诈发行、虚假陈述、内幕交易、操纵市场等违法违规者的处罚过轻、威慑不足。在保护投资者合法权益方面,成熟市场大都通过专门立法予以保障,如美国1970年颁布的《证券投资者保护法案》、我国台湾地区2002年实施的"证券投资人及期货交易人保护法"。我国在2013年出台了《国务院办公厅关于进一步加强资本市场中小投资者合法权益保护工作的意见》对保护投资者合法权益进行规范,而现行的《公司法》《证券法》《证券投资基金法》《刑法》等基本法律制度,对中小投资者的保护在总体上显得较为零散,不够细致,投资者保护立法不完整、不系统,可操作性不够。

要进一步结合《证券法》《公司法》修订、期货法起草以及其他相关法律制定和修改,扎实做好资本市场投资者保护法治建设的顶层设计,夯实新时代资本市场法治建设的"根基",经过不断地探索和实践,适时制定专项性的资本市场投资者保护法规。把保护投资者合法权益作为法定责任,明确投资者合法权益保护的原则、框架和基本制度。作为保护投资者合法权益的法规,要投资者读得懂、能掌握,因此保护投资者合法权益的法律、规章、规定等表述要文字简明、准确易懂、规则清晰、便于理解,使投资者保护在法规层面更具精准化和可操作性,将投资者保护有法可依真正落到实处。

第二,在机制上,要积极探索,不断创新,走中国特色投资者保护的新路子。中小投资者众多、高度分散是中国资本市场的主要特征并将长期存在,这与境外资本市场投资者结构的"去散户化"迥然不同。据统计,截至目前,我国资本市场投资者开户数达到1.42亿名,其中中小投资者占95%以上。高度分散的中小投资者在证券市场作为一个个独立的个体,很难聚合形成整体力量来保护自身合法权益;他们的资金实力、投资能力、信息渠道、专业知识、理性程度、风控水平总体较弱,长期投资、理性投资、价值投资的理念亟待进一步的强化。这就需要我们不断探索和创新适合于我国国情的投资者保护的新机制。

近年来监管部门、司法机关等围绕中小投资者保护工作不断探索,采取了一些新举措,要不断加以补充和完善,在持股行权、支持诉讼、小额速调、诉调对接等机制方面进行积极有效的实践,积累案例。我们不但要在立法、司法和监管层面探索新的机制，还要进一步在中小投资者主动维护自己合法权益方面多下功夫，让他们能够全面知权、主动行权、依法维权；要将投资者保护的事前预防、事后救济连接起来，既注重事先预防，更重视事后救济；进一步解决中小投资者维权行权时间长、成本高、执行难、效果不理想的问题；要更新理念，在处理监管与发展、市场稳定与投资者保护等方面进一步厘清思路，确定重点，在此基础上创新机制，将投资者保护尤其是中小投资者保护作为监管的重要目标，从而推进我国资本市场健康稳定发展。

第三，在制度上，要紧紧围绕着投资者保护，探索建立起以投资者损害赔偿救济制度为重点的新制度。一是公正有效的司法救济是投资者损害赔偿救济制度的基本保证，要在公益诉讼制度、举证责任制度、惩罚性责任赔偿制度等多个方面建立起衔接有效，便捷通畅的诉讼安排。二是加大监管对投资者损害赔偿制度的支持力度，特别是在和解赔偿制度、先行赔付制度、责令回购制度、公开承诺制度等方面进行积极有效的探索。三是构建全社会支持保护中小投资者合法权益的制度氛围，进一步完善调解制度、仲裁制度、舆论监督制度、投资者适当管理制度，从而推进投资者保护向专业化、法治化方向发展。

各位领导、各位专家学者，各位来宾！保护投资者合法权益是一项系统性工程，需要立法、司法机关、监管部门、投资者保护机构等市场各参与方的共同努力，让我们齐心协力，改革创新，探索一条适合中国国情的、具有中国特色的投资者保护新路子，为推进新时代资本市场法治建设作出应有的贡献。

预祝首届投服论坛圆满成功！谢谢大家！

优化资源配置　努力开创证券商事审判新局面

——刘贵祥专委在首届中小投资者服务论坛上的讲话

刘贵祥*

尊敬的各位领导、各位专家学者、各位来宾：

大家上午好！资本市场作为最重要的生产要素市场之一，是中国特色社会主义市场经济的重要组成部分。法治是资本市场繁荣稳定的根基，而投资者保护则是证券法治建设的重要任务和内容。中小投资者服务论坛以搭建中小投资者权益保护的交流合作平台为宗旨，着力汇集理论界和实务界的优势资源，注重解决实际问题，与当前我国资本市场改革发展的形势紧密结合，很有意义。在此，我谨代表最高人民法院向论坛的创办和首届论坛的召开表示热烈的祝贺！

习近平总书记多次指出，发展资本市场是中国的改革方向；要防范化解金融风险，加快形成融资功能完备、基础制度扎实、市场监管有效、投资者权益得到充分保障的股票市场。从国外成熟资本市场的经验看，证券行政监管与证券司法审判是保障证券市场健康发展、维护投资者合法权益的两大主要力量。在我国20多年的资本市场法治化进程中，人民法院切实履行证券审判工作职责，通过审判规则制定和个案审判，在保护投资者合法权益、防控金融风险，促进资本市场改革发展方面发挥了重要作用。在司法解释制定方面，最高人民法院先后制定了《关于审理证券市场因虚假陈述引发的民事赔偿案件的若干规定》《关于审理期货纠纷案件若干问题的规定》《关于办理内幕交易、泄露内幕信息刑事案件具体应用法律若干问题的解释》等40余部司法解释和规范性文件，在统一证券期货案件法律适用标准的同时，也有力推进了我

---

* 最高人民法院审判委员会副部级专职委员。

国资本市场法治化进程;在案件审理方面,各级法院不仅依法成功化解了全国30余家证券公司风险处置系列案、国债回购纠纷系列案等一批大要案,也依法审理了绿大地虚假陈述、光大证券“乌龙指”、徐翔操纵市场案等一系列在全国具有重大影响的证券民事侵权和刑事犯罪案件。既依法严惩了证券违法犯罪行为,支持投资者合法赔偿主张,也有效维护了上市公司、证券经营机构等市场主体正当经营的合法权利,为防范和化解我国资本市场金融系统风险作出了重要贡献。

没有处罚就没有监管,没有赔偿就没有保护。根据我国现有法律制度,投资者因证券违法行为所遭受的损失,主要靠提起民事诉讼获得赔偿。作为资本市场法治建设的重要参与者和践行者,我们也深切感受到,证券民事诉讼在保护投资者根本利益,维护公平、公正、公开市场秩序方面发挥着越来越重要作用。但从多方的调研和反映的情况看,目前公众投资者通过民事诉讼方式获得权利救济的渠道仍然有限,司法赔偿还不能覆盖资本市场的主要违法行为,社会各界对加大司法保护力度的呼声很高。可以说,相对于当前证券市场违法违规行为的发展态势和投资者合法权益保护的要求,我们对中小投资者的司法保障还有很多的改进和完善空间。

我们认为,我国证券市场正处于新兴加转轨的发展时期,许多重要的监管和交易制度还有待成熟,审判工作也必须立足这一现实,统筹好投资者个体权利保护和促进资本形成这一资本市场基本功能,特别是更好地发挥证券民事诉讼制度填补损失和阻却不法行为发生的功能作用。毋庸讳言,我们面临着投资者在专业知识上不如证券侵权主体的客观实际,更为重要的是投资者取得和控制关键证据往往处于弱势地位。因此,在鼓励投资者通过提起民事诉讼维护自身权益、震慑不法行为的资本市场法治化进程中,应当以提高投资者的诉讼能力和解决人民法院的专业能力两个方面作为基本路径,着力解决投资者举证难和人民法院受理此类案件后的查证、认证难等问题。总的原则是,对证券民事诉讼制度的设计,应当与一般意义上着眼于投资者个体民事权利保护的诉讼模式有所区别,证券行政监管部门、证券行业和理论界应该凝聚共识,资源共享,形成合力。就此,我们建议作如下制度设计探索:

在提高投资者举证能力方面,可考虑适当强化有关知情单位和个人的协助义务,减轻人民法院的调查取证负担,对拒不履行协助取证义务的单位和义务要依法予以民事制裁。充分发挥律师在调查取证方面的职业作用,探索在民事诉讼中的律师调查令制度。

在解决人民法院认证难问题上,需要考虑专家陪审和专家证人的制度设计。在专家陪审方面,民事诉讼法和党的十八届四中全会公报已经为我们提供了法律和政策依据,下一步的工作重点是要设计出开放、动态、透明的证券案件专家陪审机制,进一步提升证券纠纷审判的公信力。在专家证人的程序设计方面,进一步细化民事诉讼法司法解释的相关规定,使案件审理所涉及的会计、审计、投资理论、金融工程等多学科的专门知识能够在案件审理程序中得以充分展现,扩充案件审理的知识容量和审理深度,努力构建当事人能够真正参与的案件审理程序,以增强司法民主,提升裁判结果的信服度。优化资源配置,提高人民法院证券商事审判质量和效率,可以探索建立中立专业第三方就证券侵权事实、损失数额等予以专业鉴定的制度。在专业审判领域,医疗损害赔偿案件的审理,就是借助专门的医疗事故专门鉴定制度较好地解决了事实认定和赔偿责任确定等难点问题。目前,部分证券投资者保护机构已就证券虚假称述案件中的损失计算问题探索出了损失计算软件,接受法院委托对案件所涉繁重的投资者具体损失数额进行精确计算,并积累了较为专业的技术力量,大大减轻了受诉法院的专业审判压力。在这方面,我们诚挚希望社会各界多提建设性意见和方案。我们建议利用目前证券法正在修订的难得机遇,推动在修法过程中对建立证券侵权事实司法鉴定机制作出必要的规定。

各位来宾,各位专家学者,建立起一套科学的证券侵权民事诉讼制度,既是人民法院的职责,也是我们的共同愿望。人民法院所取得的每一个进步,都离不开各位的大力支持和无私帮助。在此,我诚挚希望证券实务界和理论界人士对司法审判工作积极建言献策,共同以更加开放的眼光,更加务实的行动,为建设一个诚信法治、高效有序的资本市场做出新的更大的贡献,努力让人民群众在每一个司法案件中感受到公平正义。

最后,预祝本次论坛取得圆满成功,谢谢大家!

上市公司要牢固树立为投资者创造价值的观念

——王建宙会长在首届中小投资者服务论坛上的讲话

王建宙*

尊敬的阎庆民副主席、刘新华副主任、刘贵祥委员、刘炤副部长、郭文英董事长,女士们,先生们:

大家上午好!

首先代表中国上市公司协会祝贺首届中小投资者服务论坛的召开。

这次论坛的目的是搭建中小投资者权益保护的交流合作平台,讨论资本市场投资者保护的实际情况和理论问题。

中小投资者是我国资本市场的重要参与者,上市公司的发展和壮大离不开中小投资者的支持。但也应该看到,中小投资者受自身条件所限,抵抗资本市场风险的能力较弱。亿万中小投资者牵动着亿万个家庭,保护中小投资者的权益,不仅是监管的要求,也是上市公司自身的责任。

就上市公司而言,保护中小投资者权益关系上市公司的生存和发展。尊重中小投资者诉求,维护中小投资者合法权益,与中小投资者保持良好沟通的上市公司会得到投资者的支持,获得在资本市场发展的稳定助力。不尊重中小投资者,不关心中小投资者的诉求,与中小投资者缺乏沟通的上市公司是不会得到资本市场认可的。

中国上市公司协会一直重视上市公司的投资者关系和投资者保护工作,我们成立了以上市公司为主,相关各方参与的投资者关系管理专业委员会,为上市公司搭建交流投资者关系和投资者保护工作经验的平台,并开展投资者关系、投资者保护等课

---

* 中国上市公司协会会长。

题研究,为政府制定政策提供建议。

中国上市公司协会联合中国证券业协会、中国基金业协会、中国证券投资者保护基金、中证中小投资者服务中心和相关媒体一起,于2014年、2015年和2018年举办了三届“最受投资者尊重的上市公司评选”活动。由投资者实名投票选出“最受投资者尊重的上市公司”。历年来,被评为“最受投资者尊重的上市公司”的共同特点是遵法守纪,诚信经营,治理完善,重视股东回报,勇于承担社会责任。

2018年7月,中国上市公司协会联合沪深交易所共同发布了上市公司现金分红榜单,包括以现金分红总额排序的“上市公司丰厚回报榜单”和以股利支付率排序的“上市公司真诚回报榜单”各100家公司。通过发布榜单,鼓励上市公司积极回报股东,使包括中小投资者在内的广大投资者能够更好地分享经济发展和上市公司成长带来的收益和回报。

许多上市公司都已经认识到保护中小投资者权益的重要性,努力维护中小投资者的知情权、参与权、收益权,并积极为此创造条件。

下面,就上市公司如何维护中小投资者的权益,谈几点看法:

第一,上市公司要牢固树立为投资者创造价值的观念。企业通过上市筹集了资金,利用这些资金加速了公司的发展,而且通过上市建立了新的融资渠道,有利于公司的持久发展。投资是要回报的。上市公司的管理层一定要树立为投资者创造价值的观念。上市公司要通过创新不断提升公司的经营业绩,不断提升公司的盈利能力,从而提升公司的价值,并通过分红等方式积极回报给包括中小投资者在内的广大投资者。

第二,要进一步加强上市公司治理。完善的公司治理,规范化的公司运作,可以有效地维护中小投资者的利益。上市公司要鼓励中小投资者行使参与权,欢迎中小投资者参与上市公司重大事项决策。

第三,要维护中小投资者的知情权。上市公司除要按照规定真实、准确、完整、及时的披露信息以外,还要为中小投资者了解公司的情况创造条件。例如,建立投资者接待日活动,上市公司的高管直接与中小投资者沟通,解答他们提出的问题。

中国上市公司协会作为上市公司之家,将与上市公司一起,重视投资者关系,重视中小投资者权益保护,并通过各种方式来促进上市公司更加关心中小投资者服务,积极推动资本市场形成保护中小投资者,服务中小投资者的良好氛围。

谢谢大家!

搭建交流平台　发挥专业优势　合力提升中小投资者获得感

郭文英*

尊敬的阎主席、新华副主任委员、刘专委、王会长,各位来宾,女士们,先生们:

大家上午好!

在证监会领导下,投保局指导下,由中证中小投资者服务中心(以下简称投服中心)与中国上市公司协会、中国证券业协会、中国期货业协会、中国证券投资基金业协会共同举办的首届中小投资者服务论坛,经过精心筹备,今天正式开幕了。在此,我谨代表论坛主办方向出席论坛的各位领导、各位来宾、媒体朋友们表示热烈的欢迎和真诚的感谢!

在改革开放40周年之际,在加快推进建设富有国际竞争力的资本市场强国新征程上,投服中心联合4家协会,充分发挥专业所长,共同举办"中小投资者服务论坛",旨在搭建投资者合法权益保护的交流合作平台,重在探讨、解决资本市场投资者保护遇到的理论和实践问题,以期形成中小投资者保护工作新共识,共同推进中国特色中小投资者保护事业新发展。首届中小投资者服务论坛以"开拓服务新模式、谱写投保新篇章"为主题,期待各位嘉宾碰撞智慧的火花,交流睿智的观点,分享思想的盛宴,为中小投资者保护工作建良言、献妙策、出实招、谱新篇。

---

* 中证中小投资者服务中心董事长。
本文为郭文英在首届中小投资者服务论坛上的致辞。

投服中心作为全国性的证券金融类公益机构,专门从事中小投资者合法权益保护工作。自 2014 年成立以来,投服中心不断推进理论探索和实践创新,立足股东身份、坚持市场角度、运用法律手段,创建了一套适合中国国情的中小投资者保护新机制和实现路径,以投资者教育为基础,事前持股行权、事中纠纷调解、事后支持诉讼的"投服模式"。截至 2018 年 8 月底,投服中心共持有 3533 家上市公司股票,累计行权 4757 次(场),持股行权向深度广度拓展;登记纠纷案件 6621 件,调解成功 3175 件,投资者和解获赔金额 6.71 亿元,专业调解能力不断增强;提起 12 起证券支持诉讼和股东诉讼,投资者诉求总金额达 6000 余万元,积极推动证券支持诉讼示范判决机制试点工作;中国投资者网正式上线,400 万人次参与《股东来了》投资者权益知识竞赛;开展投资者权益救济状况等课题研究,出版《投资者》和案例丛书,积极建设投资者权益监测平台,示范引领广大中小投资者全面知权、积极行权、依法维权,切实提升股东意识,不断推动形成具有鲜明中国特色的中小投资者保护新机制。

各位领导、各位来宾!

保护好广大中小投资者合法权益,是资本市场落实人民性的根本体现,是维护社会和谐稳定大局的民心工程,是保障资本市场健康发展的基础工程,需要立法司法机关、监管部门、市场主体等主动作为、积极履职、共促发展。我们相信,首届中小投资者服务论坛只是一个起点,一个标志,在各位领导、专家学者、市场主体、媒体朋友们的共同努力下,中小投资者保护事业一定会展现新作为、取得新成绩、开创新局面。

预祝首届中小投资者服务论坛圆满成功,祝大家身体健康,阖家欢乐!

谢谢!

应尽快制定资本市场投资者保护条例

徐　明*

尊敬的各位领导、各位专家、各位来宾：

大家上午好！作为论坛的主办方热烈欢迎也非常感谢大家在百忙之中拨冗出席首届中小投资者服务论坛。我今天发言的题目是"应尽快制定资本市场投资者保护条例"（资本市场投资者保护条例，以下简称条例），围绕着资本市场投资者保护的立法问题，谈两点看法，不妥之处请批评指正。

一、资本市场法制建设是投资者保护的根本保障，条例是最重要的体现

众所周知，依法治国是我国治国安邦的基本方略。依法治国就是依照宪法和法律来治理国家，它是社会文明进步的显著标志和国家治理的必要保障。依法治国是发展社会主义市场经济的客观需要，是国家民主法治进步的重要标志，是建设中国特色社会主义的重要条件，是国家长治久安和人民当家作主根本保证。

同治理国家一样，法制建设对于我国资本市场而言，无疑是极其重要的。市场化、法制化、国际化是我国资本市场发展的根本方向。其中法制化是根本，它是我国资本市场健康发展的根本保证。没有法律制度，就无从谈起资本市场的市场化和国际化，没有法律制度，法律制度不健全，资本市场的各参与方的权利就无法得到保障。毫无疑问，没有法律制度，投资者的合法权益也就变成空中楼、水中月。

---

* 中证中小投资者服务中心总经理。

本文为徐明在首届中小投资者服务论坛上的发言。

长期以来,党中央、国务院十分重视资本市场投资者尤其是中小投资者保护,立法机关十分重视投资者的保护,中国证监会更是将中小投资者保护作为其工作中的重中之重,尤其是近年来,采取了一系列措施坚持不懈地保护中小投资者,形成了包括证券法、公司法、证券投资基金法、刑法及大量行政法规和部门规章在内的法律体系,出台了《关于进一步加强资本市场中小投资者合法权益保护工作的意见》和《证券期货投资者适当性管理办法》等,坚持依法全面从严监管,严厉打击证券违法违规行为,维护投资者合法权益。

但是,毋庸讳言,对资本市场投资者的保护尤其是广大中小投资者的保护在立法上仍有许多亟待加强的地方,制定一部更加细致的,层次更高的条例显得更加迫切。这是因为:

第一,我国投资者保护的法律体系尚未健全。

我国资本市场建立 28 年来,制定了大量的法律、法规和部门规章,初步形成了《公司法》《证券法》《证券投资基金法》《信托法》等基本法律,《股票发行与交易管理暂行条例》《企业债券管理条例》《期货交易管理条例》《证券公司监督管理条例》等行政法规,以及大量的部门规章和规范性文件三个层次的法律体系。除此之外,涉及资本市场大量的司法解释和自律部门的规章制度,也对资本市场的法制建设起到了至关重要的作用。但是,我国资本市场的立法仍然存在这样那样的亟待完善的地方,除期货法、上市公司监督管理条例等法律、法规至今仍未出台之外,最为明显的是涉及投资者保护的法律体系不健全。目前的法律的状况与投资者在资本市场的地位和重要性不相适应。

投资者是资本市场最为重要的参与者,是资本市场的最基本的要素。在资本市场参与者上市公司、投资者和中介机构三个基本主体中,投资者是基础,没有投资者就没有上市公司,更不可能有中介机构。而目前涉及中介机构的行政法规早已颁布,涉及上市公司的行政法规已制定多年,已较成熟,恰恰涉及投资者的行政法规却毫无制定的迹象。虽然对投资者的保护在法律层面比如《公司法》《证券法》等中有所规定,但均较粗略且并非针对投资者保护本身的,目前的规定较零散,不系统、不全面。我们认为除最高层级的法律之外,在次一级的行政法规层面应对资本市场的基本要素进行较系统的专门性规定,即应制定上市公司监管条例、中介机构监管条例和投资者保护条例,三个条例三位一体,彼此作用,更能使法律、行政法规和部门规章彼此衔接、由粗至细、由原则到操作,梯度发展,在资本市场参与主体方面形成完整的资本市场法律制度体系。

第二,我国投资者保护需要高阶位的法律制度。

近年来,无论是立法机关、司法部门还是监管机构,都对资本市场的投资者保护越来越重视。这在加大对资本市场各种侵害投资者尤其是广大中小投资者合法权益违法犯罪打击力度的同时,也加大了投资者保护的制度性安排的力度。比如,正在修改的我国《证券法》就增加了"投资者保护"专章,中国证监会也出台了投资者适当性管理等一系列投资者保护的部门规章,投资者保护法律制度建设进步明显。但在总体上,这些制度规定阶位不高、层级有限。一方面,涉及投资者保护的法律层面的内容非常有限,并没有专门的投资者保护法,而我国《消费者权益保护法》并不是针对资本市场投资者制定的,资本市场的投资者在内容上和方式方法上也不同于消费者。正在修订的《证券法》尽管专章规定了"投资者保护",但内容和条文也极其有限,只是原则性地规定了投资者保护相关问题。另一方面,行政管理部门制定的投资者保护制度仅仅是部门规章和规范性文件,在效力和层级上均显不足,在司法实践中也并不必然成为审判的依据。因此,在法律对于投资者保护仅有原则性规定的情况下,制定专门的投资者保护行政法规十分必要。

第三,我国投资者保护面临许多新实践需要法律制度加以确定。

随着我国资本市场的不断发展壮大,资本市场投资者参与人数越来越多,资本市场的情况越来越复杂,投资者保护的任务也越来越艰巨。监管部门在加大监管执法的力度同时,也在不断探索和创新投资者保护的新方法和新机制,积极走出一条符合我国国情,具有中国特色的投资者保护的新道路。在维护投资者的合法权利方面,设立投资者保护公益机构持股行权,做积极股东、合格股东、示范股东,唤醒广大中小投资者的权利意识,使他们能够全面知权、积极行权、依法维权;在投资者权益救济方面,在不断完善证券期货民事赔偿诉讼制度的基础上,创新推出了多元化纠纷解决机制、行政和解、诉调对接、先行赔付、公益机构证券支持诉讼等新的投资者赔偿救济方式。这些新的探索和实践,体现了投资者保护的中国特色,许多已被实践检验,行之有效,应该通过较高层级的行政法规加以固化和细化。

二、制定条例应考虑的几个问题

1. 关于条例的体系。要注重资本市场投资者保护的法律逻辑。要按照总则、投资者的权利、投资者的适当性、相关参与人的义务、投资者保护机构、投资者保护基金、投资者救济、附则的逻辑,紧紧围绕着投资者及其保护所涉及的各个方面展开。

2. 关于被保护主体。要特别重视对中小投资者的保护,在制度设计上应有特殊的安排。要充分考虑我国资本市场中小投资者众多、高度分散且长期存在实际情况。高度分散的中小投资者在证券市场作为一个个独立的个体,很难聚合形成整体力量来保护自身利益。他们的资金实力、投资能力、信息渠道、专业知识、法律意识、理性程度、风控水平总体较弱,在证券市场上时刻面临着风险,面对起伏不定的资本市场,中小投资者大多跟着证券市场波动,更易成为资本市场违法行为的最终受害者。因而在制度安排上要特别注重针对中小投资者的事前预防性保护与事后救济性规定。一是要细化投资者的适当性管理的分类,严格投资者身份;二是要发挥投资者保护机构作用,示范引领中小投资者知权、行权、维权;三是要确立先行赔付制度和示范判决制度,减少投资者保护的成本,提高投资者保护的效率,扩大投资者保护的范围;四是要安排好投资者保护基金,使中小投资者的权益救济能落到实处。

3. 关于保护机构。要确定投资者保护的公益机构的性质、地位和职能等,充分赋权。设立专司中小投资者保护的公益性机构是中国证监会按照党中央、国务院的要求,根据我国资本市场的实践所进行的重大创新,对于保护广大中小投资者的合法权益具有重大意义。实践证明,国家设立的这一投资者保护公益机构开辟了一条极具中国特色的投资者保护新道路,得到了各方充分认可。正在修订的《证券法》也从法律上对国家设立的投资者保护机构进行了规定。但仅仅《证券法》的规定还较原则。应在行政法规中将投资者保护机构细化,详细规定其性质、地位、职责、权利的行使、义务的履行、相关单位的协助、组织构架、运作机制、经费来源和使用、业务规则、监督和禁止行为等,使其具有可操作性。

4. 关于赔偿基金。要充分发挥好保护基金的作用,让投资者的民事赔偿能落到实处。尽管人民法院在资本市场民事赔偿案件中,已经废除了行政处罚前置程序,但在目前的司法实践中并没有完全做到。在此情况下,一方面,如果行政罚款先于民事赔偿,法律规定的民事赔偿优先于行政罚款和刑事罚金就无法落实;另一方面,在侵权行为人因无财产或财产暂时无法到位的情况下,投资者的民事赔偿金也无法落实。因此,如何使广大中小投资者的损害赔偿金真正落实到位,是目前急需解决的问题。我们认为一方面要落实民事赔偿优先的法律规定,另一方面应当进一步发挥投资者保护基金的作用,让投保基金取之于市场用之于市场。在投资者民事赔偿金一时难以实现时,由投保基金先行垫付,并取得受害投资者的代为求偿权。要在条例中对投资者保护基金的建立、来源、管理、分配、使用、监督等作出较细致的安排。

除上述几个问题之外,条例在规定投资者保护基本问题的同时,还要认真总结我国资本市场28年来在投资者保护方面的经验和创新举措,将实践中好的经验和做法在条例体现出来,比如持股行权制度、多元化解纠纷机制、小额调裁机制、先行赔付制度、行政和解制度、支持诉讼制度、示范判决制度、证据认证制度、集中管辖制度等。

我的发言完了,谢谢大家!

提升投关认知　加强能力建设 提高管理水平

高　靓*

各位领导、各位来宾：

大家上午好！

我非常荣幸能够代表中国上市公司协会投资者关系管理专业委员会，向大家报告一下上市公司在投资者关系管理方面的一些工作心得和成果。

一、投资者关系管理的意义

投资者关系管理工作对上市公司具有重要意义和作用，良好的投资者关系是建立上市公司内部经营发展与外部高效资本运作长效机制的基础，是实现企业价值最大化和投资者回报最大化的保障。

借鉴成熟的海外资本市场经验，良好的投资者关系管理可为上市公司更好地赢得资本垂青，有利于上市公司更快地实现扩张和提升行业地位；与此同时，完善的治理结构和高质量的信息披露是搭建良好投资者关系的基石。随着上市公司对投资者关系管理认识的加深，越来越多的企业将投资者管理提升到公司战略层面。

---

* 中国上市公司协会副会长。
本文为高靓在首届中小投资者服务论坛上的发言。

二、投资者关系管理与投资者保护的成果

经过20多年的发展，国内资本市场已经成为服务国民经济发展的重要平台，上市公司制度的建立和不断完善也始终不离保障投资者合法权益、促进价值投资的初心。鉴于以个人投资者为代表的中小投资者是我国资本市场最重要的参与者，这些投资者时而出现缺乏理性的投资行为，相应风险承受能力也较弱。因此，及时关注反馈中小投资者的意见建议，并在整个投资者关系管理工作中给予重视，才能有效保障中小投资者理性的价值判断。无论是从资本市场的发展还是从社会安定的角度来看，投资者保护工作的必要性也日益凸显。同时，也只有让投资者得到受重视的获得感、幸福感、安全感，上市公司才能和投资者一起共同促进整个资本市场的和谐环境。

从资本市场角度来看，投资者通常会从几个方面看待上市公司投资者关系管理的好坏：一是上市公司能否将公司价值准确传递给投资者，获得投资者对公司战略与经营模式的认可与支持；二是上市公司能否公平对待所有投资者，尤其是中小投资者，以取得在资本市场的信誉，树立良好的市场公信力；三是资本市场瞬息万变，当公司业绩出现大幅波动，行业出现发展"瓶颈"，媒体带来负面报道，将考验上市公司投资者关系管理的危机公关应对能力，公司能否积极、坦诚、专业的面对投资者，稳定投资者与资本市场信心。

考虑到近几年中国经济逐步进入"新常态"，A股上市公司整体业绩增速普遍放缓，各上市公司在力争实现稳定经营发展的同时，也在维护良好、健康、和谐投资者关系方面付诸了更多努力。

首先，在证监会的统一领导下，相关部门和中国上市公司协会针对上市公司投资者关系管理和投资者保护工作给予了多方面的指导和支持：

一是有针对性地研究制定符合我国资本市场特点的保护中小投资者权益机制，从而提升市场的透明度，防范系统性风险。

二是通过举办"最受投资者尊重上市公司"评选等活动鼓励上市公司积极、主动实施投资者关系管理，保持对广大投资者公平、开放的沟通原则和渠道。

三是建设投资者教育基地，引导更多中小投资者积极参与投资者教育类活动，培养投资者理性投资的理念，提高投资者的专业知识能力与风险识别意识。

四是各地证监局、上市公司协会也多次举行上市公司集体网络交流会，使上市公

司管理层与投资者进行有效沟通,切实地保护中小投资者权益合法权益,有利于公司经营决策向股东价值最大化方向发展。

特别值得一提的是,2014年12月,经中国证监会批准设立并直接管理的证券金融类公益机构——中证中小投资者服务中心有限责任公司成立,中小投资者服务中心的主要职责是为中小投资者自主维权提供教育、法律、信息、技术等服务。这不仅是完善监管政策、丰富投资者保护体系、切实加强中小投资者合法权益保护工作的重要举措,也是我国资本市场迈向法治化、成熟化进程的重要标志。

其次,在监管机构和行业自律组织的有效推动下,上市公司自身普遍加强了对投资者关系管理的重视,投关工作取得了显著的提升:

一是上市公司普遍根据法律法规、规范性文件及公司规范治理的要求,建立并逐步完善了投资者保护与投资者关系管理的相关内控制度。通过完善公司制度建设,加强内部治理,使投资者关系管理工作更加有章可循,在企业内部更有话语权;同时使投资者尤其是中小投资者的合法权益受到更加规范、更加有力的保障。

二是上市公司越发注重与投资者分享成长红利。根据数据统计,全体A股上市公司近10年累计现金分红金额占期间实现净利润的比例超过31%,且现金分红金额的增速超过净利润增速。上市公司将合理比例的经营成果回报投资者,提升投资者信心,换取投资者对企业重大经营决策的理解和支持,真正实现了互惠互利、和谐发展的良好资本市场环境。部分上市公司十分重视股东,尤其是中小股东的权益分派,在年度利润分配前会发布公告征求广大股东的意见,充分考虑中小股东诉求。此方式受到监管机构充分肯定,给资本市场树立了良好榜样。

三是上市公司通过打造更开放、公平的投资者交流平台,更多元化的沟通渠道,使得投资者与上市公司的互动性得到提升,为广大投资者与上市公司交流创造了更多的机会。根据统计数据,2017年上市公司平均接待来访5.83次,接待量为43.3人次,其中机构调研来访占比平均为95.6%。除被动接待调研之外,上市公司也会主动安排线上、线下路演来增进与投资者的交流。部分上市公司还专门为投资者开设信息交互渠道,及时更新公司股价信息、信息披露、研究报告、互动活动等相关信息。

四是上市公司投资者关系管理方法更加丰富与多样化。多样化的投资者管理模式已经成为上市公司的标配,已经有相当一部分上市公司能主动地分析各个渠道的特点,结合投资者关系管理工作因时制宜地选择侧重点与运营方法。同时根据机构投资者和个人投资者的投资风格和投资偏好不同,综合运用交易所互动易平台、股吧问答、电话交流、路演和反路演等形式,加强与投资人交流,投资者关系管理的质量和效率得到进一步提升。其中,新媒体的运营已经成为新的趋势和重要阵地。新媒体渠道的建设是公司与资本市场对接的平台,投资者通过平台能看到公司的实力、资质与态度,公司也通过平台接收资本市场的信息。这种双向的"吸收"正是上市公司通过众多的新媒体渠道不断加大与投资者的互动力度实现的。

最后,良好的投资者关系,不仅可以提振投资者信心,稳定公司股价,更是上市公司完善治理结构,提高治理效率,提升信息披露质量的标尺。通过投资者关系管理的深入发展,从资本市场和投资者要求的角度,反向激励各上市公司治理、内控合规、信息披露水平的进一步提升。近年来的信息披露考核结果也显示,随着上市公司合规管理能力的日益提高,沪深两市逐步涌现出一批信息披露质量好、运作规范水平高的公司,起到了良好的示范带头作用。

各位领导、各位来宾,在我国社会主义建设进入新时期的新形势下,上市公司群体将在证监会、交易所等监管机构的领导下,在中国上市公司协会和各地方上市公司协会的指导帮助下,更进一步地做好投资者保护和投资者关系管理工作,不忘初心,在新时代投资者关系管理的大道上砥砺前行。中国上市公司协会投资者关系委员会也将积极开展相关业务,为广大上市公司提供分享交流、协同发展的平台。

感谢各位!

适当性是投资者合法权益得到有效保护的基础

安青松*

尊敬的各位嘉宾,女士们、先生们:

首先祝贺首届中小投资者服务论坛成功举办。习近平总书记指出,发展资本市场是中国的改革方向。去年召开的第五次全国金融工作会确立我国资本市场改革的目标,是形成融资功能完备、基础制度扎实、市场监管有效、投资者合法权益得到有效保护的多层次资本市场。利用今天的机会,我就“适当性是投资者合法权益得到有效保护的基础”话题,和大家交流几点看法。

一、投资者适当性是资本市场的基础性制度

党的十九大报告明确提出“我国经济已由高速增长阶段转向高质量发展阶段”,服务高质量发展是我国资本市场改革和发展的方向。证券行业服务高质量发展的关键是解决“好不好”的问题。习近平总书记在第五次全国金融工作会议提出的做好金融工作要把握的四项重要原则,即回归本源、优化结构、强化监管、市场导向,是证券行业服务高质量发展的基本遵循。健全完善投资者适当性管理制度,是贯彻落实四项重要原则的具体举措。证券行业回归本源的重要方面之一,就是回归媒介交易和专业服务的金融中介定位,根据资金供求双方的风险喜好和状况,以及对流动性的不同预期合理匹配资金,促进以信息信用为基础的跨时间、跨空间、跨群体的价值交换。

---

* 中国证券业协会执行副会长。
本文为安青松在首届中小投资者服务论坛上的发言。

优化结构是要贯彻落实“卖者有责”的理念，让投资者在获得充分的信息的基础上，将适当的产品和服务销售给适当的投资者，让适当的投资者承担适当的风险和收益。强化监管和市场导向就是体现刘鹤副总理在“健全系统性金融风险防范体系”专题协商会上指出的，要使全社会都懂得，做生意是要有本钱的，借钱是要还的，投资是要承担风险的，做坏事是要付出代价的。健全完善投资者适当性管理制度，是解决现阶段我国资本市场发展不平衡不充分矛盾的根本措施。

投资者适当性制度是资本市场基础性制度之一，它与信息披露制度共同构成资本市场有效运行的基础台柱。直接融资体系的基本市场逻辑是“买者自负”原则，即投资者分散决策，投资者通过分散决策自己承担适当的风险和收益。但是由于信息不对称问题难以消除和中小投资者作为“信息弱势群体”的客观存在，传统契约关系中的主体平等无法实现，于是引入“卖者有责”原则作为资本市场的重要契约原则。投资者适当性是“卖者有责”原则的具体体现。投资者适当性制度发源于美国，其主要指金融机构提供的金融产品或服务于投资者的财务状况、投资目标、风险承受水平、投资需求、知识和经验之间的契合程度，最初是作为证券经纪商行为的商业道德规范。1929 年的金融危机以后，根据美国《1938 年罗马尼法》(美国《1934 年证券交易法》第 15 章 A 部分的修正案)设立全美证券商协会(NASD)[现在全美金融行业监管协会(FINRA)的前身]，为保障场外市场证券交易的公平和有序，在自律管理规则中确立投资者适当原则，即会员在向投资者推荐某种证券买卖或者交易时，要有合理根据认为这种推荐适合该特定投资者，对该特定投资者的判断取决于投资者向会员公开的其他持股情形以及财产状况和需要(Rule 2310A)。投资者适当性制度经过 80 多年的发展，由最初的自律规范，发展到纳入监管体系并由司法加以确认，形成自律、监管、仲裁和司法多层级联动的专业监管体系。世界主要成熟资本市场，包括美国、欧盟、德国、新加坡、中国香港等国家和地区都建立了完善的投资者适当性管理制度。国际证监会组织(IOSCO)明确要求凡是向客户推荐产品、提供投资咨询、开展全权委托业务的经营机构必须对投资者进行适当性评估。从域外成熟市场和新兴市场发展的经验来看，投资者适当性管理制度是让投资者合法权益得到有效保护的基础制度。

二、我国资本市场投资者适当性制度初步形成

2008 年国务院颁布《证券公司监督管理条例》(2014 年修订)开启了我国证券投

资者适当性制度建设的先河,“了解你的客户”和“了解你的产品”成为证券公司的合规基础义务。2012年12月中国证券业协会发布《证券公司投资者适当性制度指引》,形成证券行业最早的投资者适当性管理自律规范,对推动证券行业树立投资者适当性理念,指导证券经营机构建立适当性管理制度,规范证券经营机构适当性管理措施、方法和流程等发挥了积极作用。2013年12月国务院办公厅发布《关于进一步加强资本市场中小投资者合法权益保护工作的意见》(国办发〔2013〕110号,以下简称《意见》),明确提出健全投资者适当性制度,要求完善中小投资者分类标准,科学划分风险等级,建立执业规范和市场服务体系,严格落实投资者适当性制度并强化监管。为贯彻落实《意见》要求,结合总结我国资本市场发展实践和投资者结构现实国情,2016年12月,中国证监会颁布《证券期货投资者适当性管理办法》(以下简称《办法》),以部门规章的形式对证券期货投资者适当性管理进行统一规范。为全面深入贯彻实施《办法》,中国证券业协会在广泛征求行业意见的基础上,进一步完善投资者适当性管理自律规范,并于2017年7月1日正式实施《证券经营机构投资者适当性管理实施指引(试行)》,在证券经营机构适当性管理的程序、流程和方法等方面作出了具体安排和参考性指引。《办法》和新指引实施后,中国证券业协会督促引导证券经营机构梳理业务环节中的适当性要求,健全公司层面各业务链的适当性细则及各业务链的操作流程,重新对客户与产品分类分级,动态关注客户与产品的风险,形成新的风控模式,按照适当性管理要求对交易与管理系统的前中后台进行改造,证券经营机构投资者适当性管理水平有了显著提升。

三、进一步健全投资者合法权益得到有效保护机制

适当性管理是投资者进入资本市场的第一道保护。健全完善适当性制度是投资者合法权益得到有效保护的基础。建议从以下几个方面进一步健全投资者适当性制度:

第一,立法加以完善。在《证券法》修订时,确认投资者适当性制度的重要性并进一步完善制度结构,在资本市场“基本法”中提升投资者适当性原则的体系地位和功能意义,不仅在立法上加大了对投资者保护力度,也为从司法上保护投资者利益创造了条件。

第二,强化行政监管。贯彻落实投资者适当性原则依赖于有效的行政监管。在新的投资者适当性管理制度框架下,强化一线监管、辖区监管职责,督促证券经营机

构按照要求完善内部制度,并对相应的落实情况进行检查,确保投资者适当性管理能够落在实处。贯彻依法、全面、从严监管理念,加大对违反投资者适当性管理义务机构问责力度。

第三,加强自律管理。在健全投资者适当性制度方面,自律管理具有“更柔”“更多”“更细”的优势,可以结合实际和个案,构建更富有弹性的适当性标准和行为指引,形成更多的匹配要素和更细的匹配考量,引导经营机构更关注实质性的适当性而不是形式上的适当性。组织行业就投资者适当性管理的技术、流程等细节进行经验交流和自律检查,提升从业人员对投资者适当性的认识,促进行业将投资者适当性管理工作落地实处。

第四,落实主体责任。经营机构要在思想上牢固树立“卖方有责”理念,充分认识投资者适当性管理的重要性,将投资者适当性管理纳入员工培训和考核中,进行有效的内部控制;有效跟踪评估测评和调整客户风险等级,对客户进行“精准画像”;充分认识销售产品或提供服务的风险情况,做好尽职调查和产品信息披露。

第五,完善法律救济。由于投资者相对于经营机构处于劣势地位,故在诉讼或仲裁过程中,应由经营机构对其已经履行适当性义务负举证责任。完善诉讼之外的多元化纠纷解决机制,充分发挥调解、仲裁等非诉纠纷解决机制的优势,提高投资者适当性管理纠纷的解决效率。

第六,深入宣传教育。投资者适当性管理制度的落实需要投资者的配合,监管机构、自律组织、经营机构应通过多种方式向投资者进行投资者适当性宣传教育,让社会公众了解投资者适当性管理制度的基本原理,特别是投资者自身的合法权益及证券经营机构应履行的义务。同时,让投资者知晓在其权益受到侵害时的维权路径,确保投资者能够及时、合理、合法地采取救济措施。

为了切实保护投资者的合法权益,监管机构、自律管理组织、证券经营机构要共同努力,扎实推进投资者适当性管理制度的有效落实,促进证券期货基金经营机构在产品交易与服务提供过程中切实承担起应尽的信息披露、产品风险评测、投资者风险评估、投资者教育的责任和义务,将合适的产品与服务卖给合适的投资者,实现卖者有责、买者自负有机结合,促进资本市场的长期稳定健康发展。

谢谢大家!

构筑独具中国特色投资者权益保障体系

王明伟*

尊敬的阎庆民副主席、刘新华副主任、刘贵祥委员、王建宙会长,各位嘉宾:

大家上午好!很高兴参加首届中小投资者服务论坛。这次论坛是2018年以来我们与中证中小投资者服务中心(以下简称投服中心)的再度合作。之前,在中国证监会投资者保护局的推动和见证下,我们在2018年6月与投服中心签订了《中国投资者网站信息与数据传输合作备忘录》和《纠纷调解合作备忘录》,为发挥各自资源优势、共同做好资本市场的投资者保护工作打下了基础,相信今后这样的业务合作会更多,联系也会更加紧密。

党的十九大报告指出,增进民生福祉是发展的根本目的。对于资本市场来讲,保护中小投资者利益是基础问题,更是落实"必须坚持以人民为中心"发展思想的现实问题。截至2018年上半年,期货市场保证金约4400亿元,账户总数约130万个,其中自然人客户占比97%,10万元以下资金量的账户占比九成左右,可见期货市场的中小投资者聚集程度还是非常高的。2018年以来,以原油和铁矿石期货为代表的特定品种开放路径基本成型,外商投资期货公司的相关规定也已在上个月落地。9月21日,继豆粕、白糖之后,第三个期权品种——铜期权开始交易;同一天,证监会确定PTA期货为境内特定品种。从上述情况来看,期货、期权及衍生品市场面临着对外开放和创新发展的挑战,我们营造的市场环境对投资者,尤其是对风险承受能力较低、信息获取处于弱势的中小投资者来讲,至关重要。

经过近30年的不懈努力,期货市场已构建起统一开户、投资者适当性、期货保证

---

* 中国期货业协会会长。
本文为王明伟在首届中小投资者服务论坛上的发言。

金安全存管监控、期货公司风险监管指标体系、期货投资者保障基金等一系列投资者保护制度,形成了"五位一体"协调工作机制,构筑起独具中国特色的投资者权益保障体系。借此机会,我向各位简单汇报一下,期货业协会近年来在推动行业重视和加强投资者保护方面所作的一些努力。

第一,卖者有责,适当性管理筑就法律保护墙。期货市场专业性强、产品复杂,客观上要求投资者具有较强的风险承受能力,对期货经营机构的合规要求及服务水平也有更高标准。2016 年 12 月,《证券期货投资者适当性管理办法》发布,资本市场投资者保护工作从此有了"基本法"。为引导期货经营机构开展投资者适当性管理,期货业协会成立工作组和专家顾问团,经过多轮专题会议和情景模拟演练,推出《期货经营机构投资者适当性管理实施指引》,于 2017 年 7 月 1 日正式实施。2017 年下半年以来,期货业协会加大了现场检查和案件查处力度,抽调骨干力量对 18 家期货公司、16 家风险管理公司及 11 家资产管理公司进行了现场检查,将期货经营机构落实投资者适当性制度的情况作为核查重点。

第二,足履实地,投诉纠纷处理铺就权益保护路。期货业协会设立咨询投诉热线和网上投诉平台,接待投资者来访、来函,持续接收、回应投资者诉求,上报咨询投诉月报,平均年处理投资者咨询投诉近 200 件。期货行业纠纷调解机制在投资者权益保护方面也发挥了重要作用。截至 2018 年 6 月,全行业共计有调解员 133 名,收到调解申请 183 件,接受最高人民法院委托诉调对接调解案件 1 件,成功调解 79 件,投资者获得合理赔偿 230 万余元,调解案件涉及纠纷类型包括强行平仓、从业人员代客理财、配资、手续费和保证金收取等。同时,期货业协会积极推动、参与诉调对接工作,成功调解了最高人民法院通知下发后金融行业的首起诉调对接案件。

第三,授之以渔,国家级投教基地撑起自我保护伞。投资者教育是投资者实现自我保护的基础。2015 年,期货业协会上线"期货投教网",成为行业和投资者学习、交流的平台。2016 年,"期货投教网"首批获得中国证监会国家级(互联网)投资者教育基地授牌。以基地为依托,期货业协会编写近 80 本期货投教丛书,组织近百场"期货牵手产企""期货服务上市公司"等专题活动,向市场免费发放投教书籍、光盘、海报、折扇等周边产品 200 余万件。同时,期货业协会以"互联网 + 投教"尝试创新,开展了"理性投资从我做起"和"公平在身边"微信有奖答题活动、"奔跑吧！期货人"微信游戏、"公益健步走"等多个投教项目,吸引了近 50 万名投资者和从业人员参与。

第四,防非识假,主动预警织就投资者保护网。期货业协会通过发布相关自律规则、建立防非监测系统、组织策划全行业防非宣传活动等方式,开展形式多样的防非打非工作。2016 年 11 月,期货业协会与中央人民广播电台《经济之声》栏目合作推出了期货防非专题直播节目——《期货打假在行动》。节目深度揭示非法期货的社会危害和法律风险,一经播出即收到听众大量反馈,并持续成为媒体报道热点。2017 年以来,期货业协会关注部分现货平台在清理整顿"回头看"的形势下变相转型,通过经纪介绍形式与期货公司进行合作。为预防风险事件发生,期货业协会向会员单位及时发出提示函,通过行业清理排查、重点监控和提前预警等系列举措,有效提升了公司自觉抵制不当营销的意识,提前防范化解了金融风险。

各位嘉宾,作为联合主办单位,期货业协会在 10 天前的会员大会上刚刚选举产生了第五届理事会和领导班子。在新一届领导班子的带领下,期货协会全体同仁将牢记使命,不忘初心,以习近平总书记"多谋民生之利、多解民生之忧"的思想为指导,把投资者保护工作贯穿于协会"自律、服务、传导"的职能之中,为构建投资者保护安全网做出我们应有的贡献。

最后,祝首届中小投资者服务论坛圆满成功。谢谢!

落实行业信义义务　保护投资者合法权益

洪　磊*

尊敬的各位领导、各位来宾：

大家上午好！

非常荣幸能够联合主办首届中小投资者服务论坛！2018 年是改革开放 40 周年、资本市场创立 28 周年，也是基金业发展 20 周年。20 年以来，基金行业发展取得巨大成就，为服务居民理财、建设现代金融体系、支持实体经济发展做出了重要贡献。截至 2018 年 6 月底，二级市场公私募基金管理人管理资金持有 A 股总市值约 5 万亿元，约占总市值的 10%。一级市场各类私募基金累计投资于未上市挂牌企业股权、新三板企业股权和再融资项目数量达 9.09 万个，为实体经济形成 5.13 万亿元资本金。2018 年第一季度和第二季度，私募基金投向未上市未挂牌企业股权的本金分别新增 3818 亿元和 4536 亿元，向社会贡献了 6.6% 和 11.5% 的新增融资规模，公募私募基金已经成为推动创新型企业持续成长的关键力量。投资者作为资金的提供者，是最终受益人，也是风险承担者，投资者的信任是资产管理行业发展的基石和源泉，关系到资本市场长期稳定健康发展，关系到我国经济改革的顺利进行，关系到社会稳定和长治久安。因此，资管行业自律管理的出发点和落脚点必须是对投资者合法权益的保护。

* 中国证券投资基金业协会会长。
本文为洪磊在首届中小投资者服务论坛上的发言。

一、维护投资者合法权益是证券投资基金业协会的首要职责

重视对投资者的保护是国际金融监管的主旨,国际证监会组织(International Organization of Securities Commissions,IOSCO)以及成熟市场的证券监管机构都将投资者保护视为首要工作目标并努力践行。证券基金业协会是依法设立的行业自律组织,《证券投资基金法》中对证券投资基金业协会职责的第1条规定就是,教育和组织会员遵守有关证券投资的法律、行政法规,维护投资人合法权益。自成立以来,在证监会的领导下,证券投资基金业协会始终将维护投资者的合法权益放在首位,坚持做好做实投资者教育和保护的各项工作,并取得了良好的成绩。

一是建立健全自律管理制度,落实投资者保护政策要求。证券投资基金业协会搭建了自律规则体系,明确了自律管理标准,完善了自律管理的主要措施,充实了行业管理的规则依据,建立了信用管理和监督机制。这些举措夯实了投资者保护工作的制度基础,使证券投资基金业协会成为维护投资者合法权益的坚实阵地。

二是不断完善投诉处理机制,搭建诉调联动合作机制。证券投资基金业协会建立了包括来信、来访、热线电话、官方网站、微信公众号以及私募地图六位一体的投资者咨询和投诉体系。2016年7月5日,证券投资基金业协会与中证中小投资者服务中心签署备忘录,建立诉调对接合作机制,依托专业机构,不断探索多元化解纠纷的有效方式,持续提升行业调解服务水平,拓宽了投资者诉求解决渠道。2017年,证券投资基金业协会先后与金融街法庭和基金业法庭建立了对口联系,成为最高人民法院、中国证监会投保局联合开展的证券期货纠纷多元化解工作机制试点机构之一。2017年以来,证券投资基金业协会通过上述渠道共接受投诉4445件,现场接待来访者1350余人;通过调解和促进和解,帮助挽回投资者损失达12.66亿元。

三是多渠道、多角度开展投资者教育保护工作。证券投资基金业协会开展了一系列形式活泼新颖、内容喜闻乐见的投资者教育活动。制作并发放投教主题扑克牌超过150万副,引导投资者"正确认识私募基金,远离非法集资"。证券投资基金业协会出品的动漫短剧《你财知道?》,发布一周内,点击量达520万次,阅读浏览量达1.82亿次;证券投资基金业协会出品的投教专题片《守护财富行动　远离投资陷阱》,发布一周后累积播放率近500万次,引起行业热烈反响。2018年,证券投资基金业协会以基金业20周年为契机,正在制作大型投教纪录片《基金的力量》和短片《百姓身边的

理财故事》，这将为传播正确投资理念、弘扬行业信义文化发挥积极作用。

二、信义义务是投资者保护的制度根基

基金是一个因信用而生的行业，投资者将身家财产的处置权托付于管理人，这是一种高度的信任。信义义务是基金行业的灵魂和根本。所谓信义义务，是指将投资者的利益置于自身利益之上的一种积极尽责义务，就像“希波克拉底誓言”要求医生对待生命一样，认真对待受托资产，履行对投资人的受托义务。信义义务对受托人主要有两个方面的要求：一是“忠实义务”。要求受托人只能为受益人的利益而行事，不能从中为自己或其他人谋取利益，不能将自己的私利置于与受益人利益相冲突的位置。二是“勤勉义务”。要求受托人尽心尽力、专业审慎，始终将投资者的利益最大化作为其受托活动的行为准则。因此，信义义务的行为标准比合同义务和市场道德的要求更严格，也更有利于对投资者合法权益的保护。

在资本市场发达国家，基金行业的信义义务不是一句空话，而是通过立法、行政和司法确立了一整套体系，规则严密，标准明确，执法严格，成为投资者保护的重要制度保障。对基金管理人进行规范的美国《1940 年投资顾问法》对投资顾问应当遵循的行为准则和构成欺诈的情形作出规定，并用信义义务这一核心要求来对投资行为进行规范。作为受信人，投资顾问应当避免与客户发生利益冲突，禁止对客户实施诈骗或滥用信任。受信人对客户不仅要诚实守信，还必须对可能使投资者遭受财产损失的投资建议保持高度敏感。因此，一个受信人要坚守比市场道德更高的行为准则。同时，美国对信义原则的适用更多地体现在司法判例中，通过判例将投资顾问和投资者的关系确认为信义关系，并通过个案积累的方式，逐渐丰富信义义务的具体规则。

与发达国家相比，我国信义义务的制度支撑和配套制度还有较大差距，对于基金行业信义义务的行为标准还未达成普遍共识，“卖者尽责、买者自负”的信托文化还非常薄弱，远未形成恪守信义义务的制度文化。部分受托人没有完全落实信义义务，将信义义务降低为合同义务，一旦发生问题，资产管理人用合同约定对抗投资者合法诉求，虽可能在个别案例上一时维护受托人的局部利益，但从长远来看，一味用合同法代替基金法，将丧失投资者对行业的信任，整个行业也将失去存在和发展的基础。背离信义义务将使行业失去存在的根基，也是资管乱象的根源所在。

三、围绕落实信义义务，加强投资者保护工作

依法落实信义义务是行业自律的核心任务，保护投资者合法权益是证券投资基金业协会的职责和使命。下一步，证券投资基金业协会要进一步加强自律管理，积极推动行业以信用立身，切实防范各类损害投资者权益的风险事件。

首先，推动《证券投资基金法》成为统领资管行业的根本大法。

基于资管行业的特殊性，资本市场发达国家大多通过制定法律，对受托人提出相对于一般商事主体更高的信义义务。在我国，《证券投资基金法》就是资管行业全面落实信义义务的基本法律。因此，所有通过募集设立的资管产品都应当以信义义务为根本要求，各类资管业务都应当遵守《证券投资基金法》确立的信托关系，落实《证券投资基金法》规定的信义义务。只有这样，才能切实保护投资者的权益，实现资管行业的统一标准和健康发展。

其次，积极行使证券投资基金业协会职责，完善落实信义义务的自律规则体系。

信义义务的行为标准严于法律法规的底线要求，高于一般商业执业准则。因此，行业自律对维护好信义义务至关重要，证券投资基金业协会的自律标准代表着中国基金行业的信义义务标准。未来一段时间，证券投资基金业协会将围绕落实信义义务，进一步建立健全自律规则体系，落实基金管理人和托管人的信义义务，积极建立符合国际标准的受托职责和行为标准，确保基金财产安全；不断提高执纪门槛，守住行业道德底线，防止基金活动背离本质，从源头上遏制侵害投资者权益风险的发生。

再次，弘扬行业信义文化，加强投资者教育和保护。

弘扬信义文化，将信义文化融入社会公众的投资实践，深植于受托人和基金从业人员的职业道德理念，引导全社会深入理解基金业务的本质，敦促受托人为投资者的利益忠诚勤勉地提供服务。加强投资者教育，向投资者深入普及证券投资基金业协会《私募投资基金募集行为管理办法》规定的资金募集程序，坚持投资者适当性原则，守住合格投资者底线，防范非法集资等违法犯罪活动。引导全社会正确理解登记备案的制度本义，登记备案不是金融许可和政府背书，而是通过透明的制度标准、明确的行为准则和有效的监测处罚，保障市场主体之间的博弈秩序和博弈环境。投资者要在登记备案基础上谨慎投资，私募基金管理人也不能滥用登记备案而招摇撞骗。

最后，加强投资者保护，推动完善纠纷解决机制。证券投资基金业协会将发挥自律

管理的主动性、灵活性和便捷性,通过积极调解、促进和解等方式,最大限度保护投资者的合法权益。

保护投资者工作永远在路上! 在证监会的领导和支持下,证券投资基金业协会将与中证中小投资者服务中心携手奋进,共同开拓服务新模式,谱写投保新篇章。我们相信,在"受人之托、代人理财"的信托文化下,在《证券投资基金法》的统一规范下,投资者的合法权益将受到更全面、更充分、更有效的保护,大资管行业一定会迎来新的发展,为增加公众财富,为促进资本形成和社会发展作出更大贡献!

最后,预祝本次论坛取得圆满成功!

谢谢大家!

新时代投保基金全力推动投资者保护事业再上新台阶

巩海滨*

各位领导,各位嘉宾,女士们、先生们:

上午好!金秋季节,站在新时代的历史方位上,大家共聚一堂,共商投资者保护发展,共谋投资者保护合作,具有非常重要的意义!我谨代表中国证券投资者保护基金公司(以下简称投保基金公司)对首届中小投资者服务论坛的隆重召开表示热烈祝贺,对论坛主办方的精心组织表示诚挚谢意!近年来,按照党中央、国务院的部署,在中国证监会的领导下,有关部门、有关单位和社会各界,秉承以人民为中心的治国理念和投资者利益重如泰山的监管理念,完善法律制度,构建监管机制,搭建合作平台,出台有效措施,真抓实干,投资者保护工作成绩斐然。投保基金公司坚决贯彻落实党中央、国务院部署,在中国证监会的领导下,在财政部、人民银行的指导支持下,以保护投资者合法权益为中心,一手抓证券市场风险防范,一手抓投资者教育保护,持之以恒地致力于推动投资者保护事业发展,做了一些积极探索。

一、系统构建五大业务体系,持续助力投保事业发展

1.形成以国有资产保值增值为目的的投保基金筹集、管理、运用体系。近年来,我们以防范化解风险是投资者保护的重要前提为出发点,按照《证券投资者保护基金管理办法》(以下简称《办法》)赋予投保基金公司的职责,以保护基金保值增值为目

* 中国证券投资者保护基金有限责任公司总经理。
本文为巩海滨在首届中小投资者服务论坛上的发言。

标,建立起科学、合理、安全的基金筹集管理运用体系,为履行风险处置、损害偿付等职责做好资金准备,为防范和化解证券市场风险建立可靠资金保障。

2. 形成以监控系统和统计分析查询系统为依托的证券公司风险监控监测体系。基于监测证券公司风险的法定职责,2013 年,根据中国证监会授权,建立运行证券交易结算资金监控系统,通过对中国结算、23 家存管银行和 102 家证券公司提供的 2.3 亿元客户账户资金进行逐日监控比对,实施"看穿式"资金监控,及时堵住占用挪用投资者交易结算资金的漏洞,牢牢守护投资者钱袋子。以"监测识别、量化分析、预警提示"风险为原则,构建证券公司风险监测系统,形成监测功能完备的风险监测指标体系,开展行业扫描和分层监测,为监管机构、市场运营主体提供参考,为防范资本市场系统性风险做了大量基础性工作,较好地履行了防范金融风险就是保护投资者利益的职责要求。

3. 形成以投保基金、专项补偿基金和行政和解金为主体的投资者赔付体系。立足于偿付投资者损害这一重要职责,建立起多层次投资者赔付体系。第一层为投保基金,截至 2018 年 8 月底,参与 26 家证券公司破产清算,累计向投资者拨付投保基金 225.3 亿元。第二层为"专项补偿基金",完成万福生科、海联讯、欣泰电气三大专项赔偿案例,共赔付 3.4 万人、金额达 5 亿元,赔付比例均达到 95% 以上,高效率低成本地赔付投资者损害,受到社会各方的高度认可。第三层为"和解金管理",积极开展相关研究,扎实推进行政和解制度发挥功效。近期,投保基金公司积极作为,利用多年来在投资者赔偿计算方面的技术经验和人才优势,为山东墨龙案件审理提供了技术支持,取得积极成效,得到社会各界好评;在某上市公司案件调解中,我们正创造性地组织协调成立共管账户,大大便利了与投资者的调解工作,在辅助司法审判和推动赔偿案件民事调解工作上,又迈开了新步伐。

4. 形成以解决投资者诉求和倾听投资者意见为核心的投资者诉求响应体系。投资者保护诉求响应体系是投保基金公司服务投资者、联系监管部门的重要平台。2013 年,根据中国证监会委托,投保基金公司承建并运行"12386"中国证监会热线系统,系统自开始运行以来,诉求处理量逐年增加,累计受理投资者热线诉求达 50 多万单。投资者满意度逐步提高,为投资者挽回直接经济损失 4200 余万元。此外,搭建起覆盖证券市场多主体的调查平台,采用精准抽样与随机调查结合的调查方式,建设了覆盖 11,000 余名投资者和证券经营机构的调查样本库,开展了 180 余期调查,形成监管与投资者的双向互动机制,架起投资者与监管机构之间有效沟通的桥梁,推动投资者诉求有效解决。

5. 形成以评估市场主体投保状况为主要内容的投资者保护状况评价体系。基于中立第三方立场,主客观相结合,创造性地设计完成资本市场不同主体、不同层次的投资者保护状况评价指标体系,形成“一个总报告 + 六个子报告”的报告模式,历年来《中国资本市场投资者保护状况白皮书》基于客观评价提出数百条评价指标和工作建议。同时,根据调查结果编制的投资者信心指数,成为具有资本市场特色的信心指数体系,多次被中办、国办采纳使用,也经常被中央电视台、新华社等权威媒体公开发布。投资者保护状况评价成为相关监管部门、协会及有关单位衡量投保成效和改进相关工作的重要参考。

二、资本市场建设步入新时代,投资者保护事业呈现新态势

新时代,中国资本市场随着宏观经济发展、体制机制改革、制度规章完善、市场环境变化、核心要素成长而呈现新的形势,投资者保护工作面临新的挑战。

1. 资本市场系统性风险因素仍然错综复杂,打好防范化解风险攻坚战仍然任重道远。近段时间,受国内外经济形势影响,资本市场持续承受下行压力;以债券违约、股票质押回购违约为典型代表的信用风险、流动性风险仍然困扰着不少金融机构;上市公司仍然存在信息披露有效性不够、道德风险比较突出、实际控制人干扰公司经营、公司治理科学性不足等问题。这些都可能演变成投资者损害的重要因素和风险。

2. 投资者保护的态势呈现新的特点,对系统性、预防性、制度化保护要求不断提高。证券投资者数量逐年增加,中小投资者占比持续保持在95%以上的较高水平,维权需求日益增加;投资者风险来源多元分散,上市公司风险与证券经营机构风险并存,系统性保护要求不断提高;保护重心出现转移,相比传统司法诉讼援助更加强调行权援助与纠纷调解,相比事后风险处置更加强调事前风险监测与事中风险救助,事前防控要求不断提高;投资者保护制度建设、体系完善、规章制定仍显落后,相关制度机制建设亟待加强。

三、新时代呼唤新担当新作为,投保基金将驰而不息推动投保事业再上新台阶

1. 坚持“依法、全面、从严”监管原则,以“支持、辅助、服务”监管为目标,在基金

管理、资金监控、风险监测等方面，做出新成效。我们将积极有序推进拓展投保基金功能，探索扩大其应用范围；大力推进“看穿式监管”，进一步拓展交易结算资金监控系统数据监控范围，建设分级预警机制，持续优化完善监控系统；不断强化对证券公司风险状况和变化趋势的常态化监测预警，重点对行业整体、不同地区、重点公司、重点业务等进行深度监测分析。一个更加科学、更为有效的证券交易结算资金监控和证券公司风险监测指标体系与监测信息系统正在形成，可以切实有效服务监管执行与投资者保护。

2. 坚持“权威、公正、高效”工作原则，以投资者教育和保护为中心，在投资者教育、投资者调查、保护状况评价、投资者损害赔偿等方面，实现新突破。我们将不断丰富投资者教育展现形式，寓教于乐，充分运用权威媒体、网络媒体、新媒体开展投资者教育和保护宣传；深入开展细化投资者分类的调查分析，继续完善投资者信心指数体系；逐步建立分层、分类、精准保护状况评价系统，针对特别关注的上市公司类型，探索建立针对性强且精准的投资者“画像”；进一步完善投资者损失与赔偿计算方法，建立科学合理的赔付计算系统，积极支持辅助司法审判；深入开展“一对多”投资者调解服务，探索建立高效的先行赔付体系，积极推动行政和解相关制度试点落地。

3. 坚持“科技化、网络化、智能化”改革方向，以创新投资者保护方式方法为要求，在信息系统建设、数据挖掘分析、智能监控预警、网络建设运用等方面，开拓新路径。不断提高信息系统科技化、智能化水平，完善交易结算资金监控系统自动比对、智能提示预警能力，加强投资者赔付系统自动化计算能力，提升“互联网 + ”模式高效赔付能力，强化“12386”热线系统投资者诉求处理智能化运作能力，形成证券公司风险监测系统对风险的自动“画像”能力；全面对接中国证监会监管科技 3.0 建设，整合各信息系统数据，建设大数据统一分析系统，最大化释放数据分析效能；建设互联网应用系统，提升网络化水平，建立统一对外服务窗口，提高远程使用系统能力，在资本市场高度信息化、网络化发展的大背景下，可以较好地解决监管服务资源短缺，高效精确地提供投资者保护服务。

4. 坚持“合作、共享、互利、共赢”理念，以普遍联系和系统推进的方法论为指导，在投资者保护合作平台建设、经验成果共享、国内国际交流等方面，再上新台阶。在中国证监会的协调组织下，探索推动承担投资者保护功能的各类主体共同建设投资者保护合作平台，加强交流，形成合力，共同推进投资者保护在实践方面的新探索；链接顶级研究机构、高校、智库、咨询机构、监管机构、公益机构在投资者保护方面的探索经验与研究成果,推动建立投资者保护研究交流平台;既“走出去”又“请进来”,升级国际投资者保护基金交流机制,打造有广泛代表性的国际投资者保护论坛,加强国际投资者保护交流合作。

最后,预祝本次论坛圆满成功!谢谢大家!

谋创新 树品牌 共创投资者保护新局面

阙 波*

尊敬的各位领导、各位同仁：

大家上午好！

非常高兴代表上海证券交易所（以下简称上交所）参加首届中小投资者服务论坛。首先，我对论坛的主办方表示衷心的感谢！本次论坛的召开正值改革开放40周年和资本市场发展28周年，很高兴能和各位专家共聚一堂，回顾资本市场发展历程，共襄投资者保护之计。

近年来，在党中央、国务院和中国证监会的坚强领导下，我国投资者保护工作结出硕果。国际货币基金组织（International Monetary Fund，IMF）在最新发布的《中国金融体系稳定评估报告》中认为，加强投资者保护是我国金融改革取得的主要进展之一。成绩的取得离不开证监会系统单位和社会各界的共同努力，尤其是中证中小投资者服务中心自2014年成立以来，逐步形成了以投资者教育工作为基础，事前持股行权、事中纠纷调解、事后证券支持诉讼的"投服模式"，开辟了中小投资者救济保护的新路径。

上交所作为我国资本市场的重要基础设施，立足充分发挥交易所优势，认真履行组织市场、监管市场、发展市场的职责，和兄弟单位一起推动投资者保护工作迈上新台阶。借此机会，我讲几点信息与大家分享。

---

* 上海证券交易所副总经理。
本文为阙波在首届中小投资者服务论坛上的发言。

一、凝心聚力,我国投资者保护工作呈现新气象

投资者保护是资本市场重要基础性工作。长期以来,党中央、国务院对广大中小投资者各项权益的保护极为关注和重视。习近平总书记提出要"形成投资者合法权益得到有效保护的多层次资本市场体系",中国证监会主席刘士余也多次强调"投资者保护重如泰山"。切实保护好中小投资者合法权益,不仅是贯彻党的十九大"坚持以人民为中心"发展思想的具体体现,也是服务实体经济、防控金融风险、深化金融改革的必然要求。

截至2017年年底,沪市投资者账户数为1.45亿户,其中95%以上是中小投资者。我们的相关研究和问卷调查显示,经过全市场的共同努力,个人投资者群体正在逐渐走向理性和成熟,呈现出新的特点和趋势。

——投资者持股时间增加。个人投资者在2017年的平均持股周期超过20个交易日,较2016年的持股时间上升约20%。

——信息获取趋于理性。阅读上市公司公告、上市公司年报、交易所信息披露监管函件的个人投资者占比比往年有明显提高。

——权利意识有所增强。通过网络、电话、现场向上市公司提出建议、质询,并通过现场或网络方式参加过股东大会的个人投资者占三成以上。

当然,我们也必须清醒地认识到,在加强投资者教育、保护投资者权益等方面还有许多工作要做。在相关研究中,我们发现中小投资者在股票投资中存在"羊群效应""过度自信"等"非理性"行为。特殊的投资者结构和行为是开展投资者保护最大的现实基础,如何为"散户型"投资者提供便捷、专业、高效的教育和保护,是全市场面临的重大课题。

二、稳中有进,上交所投资者保护工作不断拓展

投资者保护是国际证监会组织提出的证券监管三大目标之一。证券交易所作为市场的组织者、运营者和自律监管者,保护投资者合法权益是其法定使命。近年来,上交所在中国证监会领导下,将教育、保护、监管和服务有机结合,在制度建设、日常监管中全面落实投资者保护要求,在发行、退市、并购重组、债券等各个监管环节实现

投资者保护的“全覆盖”。

（一）加强监管，保障市场规范有序

一线监管是交易所义不容辞的使命和责任。我们全面落实交易所管理办法，建立健全一线监管工作机制。一是深化以信息披露监管为核心的上市公司监管，推进上市公司现场检查试点；二是深化“以监管会员为中心”的监管模式转型，强化会员的客户管理责任；三是强化交易行为监管，加强监管系统建设，提升科技监管水平，增强识别、遏制股票异常交易能力；四是健全重大风险防控体系，全力打好风险防范攻坚战。

（二）把握机遇，持续推动改革创新

服务国民经济发展大局、满足投资者多样化需求是交易所发展的重要目标。我们在稳步发展股票、债券、基金、衍生品四大类证券交易品种基础上，不断拓展产品体系、丰富投资者选择。一是开展“新蓝筹”行动，持续优化沪市上市公司结构；二是全力推进创新企业发行试点，提升服务实体经济能力；三是深化对外开放，“沪港通”平稳运行，“沪伦通”积极推进。

（三）树立品牌，增强投资者获得感

投资者教育是加强投资者保护的重要一环。我们着力建设投资者教育基地、投教资源共享平台等投资者保护基础设施，满足投资者一站式获取相关知识和服务的需求；完善投资者适当性管理等投资者保护基础制度，撑起投资者权益的“保护伞”；举办“我是股东”“投教新锐”“走进上交所”“投资者声音”等品牌活动，建立让投资者信赖的“投教品牌”。

三、谋篇布局，共同开创投资者保护新局面

随着世界经济不确定性增加和资本市场改革创新持续推进，投资者保护工作面临新形势和新挑战，需凝聚各方力量，共同构筑“保护网”、打出“组合拳”。对此，我们有以下几点考虑。

（一）打好地基，持续推进市场制度建设

建规立制是投资者保护的基础性工作。要聚焦投资者保护中的热点、难点、重点问题进行系统研究，为制度健全提供智力支持。一是深化发行上市、并购重组、分红退市等基础性制度改革，确保市场运行有法可依、有章可循；二是加强投资者适当性

管理,构筑投资者保护“第一道防线”;三是探索对投资者保护效果的评估。

(二)防控风险,切实扛起一线监管责任

风险防控是深化改革开放、保护投资者权益的前提。一是要坚持“稳”字当头,重点关注股票质押风险、信用违约风险、流动性风险、外围市场对A股市场的溢出风险等,为服务实体经济提供坚实保障。二是要依法加大对欺诈发行、虚假披露等违法违规行为的打击力度,打造风清气正的市场生态。

(三)拥抱技术,积极创新投教方式方法

以云计算、大数据、人工智能等先进技术为主要特征的金融科技创新正深刻影响资本市场,投资者教育的内容正从通俗性、统一性向专业性、针对性发展,投资者教育的形式正从单向性、被动性向开放性、互动性转变。要紧跟科技进步步伐,积极推进投资者画像,结合不同层次投资者的多样化需求,探索差异化、个性化、精准化的投资者教育和保护手段。

(四)搭建平台,携手汇聚投保工作合力

投资者保护涉及立法、司法、行政、市场等各方力量,需要政府部门、监管机构、学术机构、新闻媒体等多方参与主体协调合作。一是要加强投保资源共享,促进形成长效合作机制。二是加强国际合作。目前,中国证监会积极参加国际证监会组织中小投资者委员会(IOSCO C8)工作会议,牵头制定全球中小投资者权益保护指引。上交所不仅需要深入研究学习境外市场的经验做法,也需要通过举办如“世界投资者周”等活动,分享在投资者保护方面的探索和实践。

未来,上交所将继续牢记使命、真抓实干,根据中国证监会统一部署,以更加创新、多样、高效的方式服务投资者,为资本市场的稳定和繁荣作出贡献。

谢谢大家!

监管服务双管齐下　夯实投保坚实基础

李鸣钟*

尊敬的各位领导、各位来宾：

大家上午好！

很高兴参加首届中小投资者服务论坛。首先，我谨代表深圳证券交易所（以下简称深交所），对本届论坛的召开表示热烈的祝贺。

2018 年是改革开放 40 周年，首届中小投资者服务论坛以“开拓服务新模式、谱写投保新篇章”为主题，回顾资本市场投资者保护发展历程，总结投资者权益保护服务工作成果，推动形成投资者工作新共识，对于开创新时代投资者保护新局面，具有重要的现实意义。借此机会，我想结合深交所实践，就做好投资者保护服务工作谈一些认识，请大家批评指正。

投资者保护服务工作是资本市场重要的基础性工作，深交所更是把维护投资者，特别是中小投资者合法权益作为重中之重。其原因在于：深交所多层次资本市场是科技创新型企业的聚集地，中小投资者市场参与度高，交易活跃。但同时，中小创企业非线性发展特征明显，业绩波动相对较大；中小投资者对新技术、新产业、新业态、新模式的认知能力较弱，不成熟的投资行为导致中小创企业股价波动较大，投资风险较高。深交所“两个中小”的市场特点，无疑对强化投资者保护、维护市场稳定提出了更高的要求。

在中国证监会的领导下，深交所一直以来高度重视投资者保护工作，坚持交易所的国家属性和政治属性，把认真学习贯彻党的十九大报告、全国金融工作会议和中央

---

* 深圳证券交易所副总经理。
本文为李鸣钟在首届中小投资者服务论坛上的发言。

经济工作会议精神,特别是习近平总书记对资本市场的一系列重要指示精神与做好投资者保护工作结合起来,坚持监管服务“两手抓”,即一手抓监管,为中小投资者打造强有力的保护伞;一手抓服务,提升中小投资者的自我保护能力。

首先,监管保护是中小投资者最强有力的保护伞。维护投资者合法权益,关系亿万人民群众的切身利益,是监管工作人民性的根本体现,也是监管工作的初心和使命。《证券法》赋予证券交易所一线监管的法定职责,新的《证券交易所管理办法》又强化了交易所一线监管职责。为履行好一线监管法定职责,近年来,深交所坚定不移地创新监管模式,丰富监管手段,将投资者保护要求落实到监管工作的全链条、各环节。

一是以投资者需求为导向,强化信息披露监管,让投资者看得更加真实、明白。信息披露是投资者投资决策的主要依据,是减少投资者与上市公司信息不对称的基础性制度。近年来,深交所不断健全完善以上市规则为核心,以规范运作指引、信息披露指引、行业信息披露指引三类指引为主干,以业务备忘录为补充的上市公司监管规则体系。针对深市公司新兴产业较为集中的特点,深交所探索制定了22项行业信息披露指引,帮助投资者理解新技术、新产业、新业态、新模式。针对投资者关切的市场热点,起草高送转、收购及权益变动、现金分红、停复牌、增持/回购、股份质押指引。通过全面行业监管、分类监管、协作监管等举措,着力提高上市公司的信息披露质量。通过对风险公司风险事件刨根问底式的监管问询,给投资者一个真实的上市公司。

二是净化市场环境,维护公平正义,提升投资者信心。2018年以来,上市公司及控股股东债务风险加剧,深交所定期全面摸底排查上市公司风险状况,优化筛选维度和指标体系,摸清上市公司风险底数,坚持抓早抓小、抓实抓细,提前做好风险应对,防范风险蔓延。部分上市公司控股股东债务风险凸显,违规动机明显增强,资金占用、违规担保等侵占上市公司利益行为有所抬头。面对违法违规,深交所重举出击,敢于亮剑,形成震慑。截至上周,公开谴责上市公司16家次,责任人员127人次。起草《上市公司重大违法强制退市实施办法》,依法妥善平稳推进 * ST烯碳退市工作,对金亚科技、雅百特依法启动强制退市机制,让“带病公司”远离市场。加强“问题股”过度炒作监管,督促上市公司及时澄清市场传闻,提高上市公司透明度;督促会员加大风险提示力度,要求其提醒客户充分了解上市公司基本面,避免盲目跟风。加强科技监管能力建设,股票质押风险监测信息平台、上市公司“企业画像”科技监管系统已陆续上线,大数据、文本挖掘等金融科技成果在监管领域落地,一线监管效能明显提升。

三是强化股东回报，落实投资者收益权，不断增强投资者获得感。现金分红是投资者分享公司发展成果的主要方式之一，也是培育投资者长期投资理念的重要途径。近年来，深交所将完善现金分红制度纳入市场基础性制度建设，在《上市公司规范运作指引》中鼓励引导公司现金分红，强化对“铁公鸡”上市公司的分红督导，积极研究制定《现金分红信息披露指引》，不断增强上市公司回报股东的意识。编发“现金分红那些事”系列八篇，提升投资者价值投资、理性投资理念。近5年，深市分红公司数占比始终在70%以上，平均现金分红率维持在30%以上，积极分红的良好氛围基本形成。

四是强化停复牌业务监管，保障投资者交易权。近年来，市场对上市公司股票停复牌情况持续保持高度关注，允其对MSCI成分股、深股通成分股等的停复牌问题尤为关注。2018年以来，随着市场下行，上市公司“停牌避险”动机显著加强，以多种名义申请停牌明显增多。申请停牌公司多控股股东质押比例高，且已有案例表明、重组停牌多以终止告终，假重组停牌问题突出。深交所在充分尊重合理停牌需求基础上引导上市公司审慎申请停牌，分阶段披露拟筹划事项，维护交易连续性和市场流动性，充分保障市场秩序和投资者合法权益。截至2018年9月25日，上市公司停牌家教64家，占上市公司总裁3%，“随意停”“笼统说”“期限长”等停牌乱象明显好转。

其次，服务教育是投资者实现自我保护最有效的途径。再强的外部保护，也无法完全替代投资者的自我保护。建立完善的监管体系仅是塑造公平正义的市场环境，更为关键的是如何有效地、全方位地开展投资者教育与服务，筑起投资者自我保护的第一道防线、使投资者有能力作出理性的投资决策、维护自身权益。为此，深交所作了多方面的探索和创新。

一是为投资者修路搭桥，构筑资本市场健康生态圈。2011年深交所首创“互动易”，打造投资者与上市公司沟通交流的网络桥梁。互动传违诚信，沟通创造价值。在“互动易”的一问一答中，资本市场互信共赢生态圈开始萌芽。授人以鱼，不如授人以渔。以此为起点，深交所持续打造互动易、呼叫易、投票易、分析易、投知易、征集易“六位一体”服务平台，为投资者提供咨询提问、投票表决、投资分析、反馈意见的“工具包”，投资者权益有了支点。目前、深交所“六位一体”平台紧跟移动互联潮流，推出手机APP、微信服务，每年服务投资者9亿多人次，成效显著。相关实践案例被国际证监会组织作为新兴资本市场典范发布在其官网，向会员推广投教服务的“中国经验”。

二是与投资共同学习进步,探索互动体验教育新模式。深交所紧贴新媒体易传播特点、推出投教漫画、图文解读、互动游戏、微电影等投资者看得懂、记得住、有意思、有文化的创新型报头产品。同时,利用多种互动展示技术,搭建报载基地,将抽象的证券知识、风险知识变成"场景式"的互动教育产品,帮助投资者理解证券基础知识、提升风险意识、增强投资分析能力。2016年和2017年,深交所互动体验中心和投资者教育网站双双被授予实体与互联网国家级投资者教育基地称号。

三是为投资者遮风挡雨、主动作为探索投保新路径。2013年,深交所搭建电子化赔付系统,促成我国证券市场首例先行赔付投资者损失案例。5年来,接连为万福生科、海联讯、欣泰电气虚假陈述案受损投资者提供有效援助,共计赔付投资者5亿多元,切实保障投资者赔偿救济权利。

最后,需要指出的是,监管工作和服务工作不是孤立的,两者相辅相成,统一于保护投资者的目的。例如,投资者诉求反映了投资者最关切的问题,蕴含着众多监管信息。为此,深交所在妥善处理诉求的同时,强化对诉求信息的整理分析,为一级监管提供支持。此外,监管政策必须为投资者所了解、掌握和遵循,才能充分发挥市场的共同监督作用,才有效果。因此,深交所授教工作注重紧跟监管节奏,持续推出减持新规、退市新规、三方回购等政策解读,及时准确传递市场政策。

进入新时代,资本市场面临新的任务,对投资者保护服务工作也提出了新要求。广大中小投资者需要什么,关心什么,期盼什么,就是我们工作的方向,努力的目标。下一步,深交所将从四个方面强化投资者保护服务工作。

一是密切跟踪上市公司经营、行业发展和市场波动情况,建立完善上市公司质量评价及风险预警系统,不断完善风险监测指标,摸清风险底数,提高风险预判预研能力,提升监管效能。

二是以问题和风险为导向,加强对上市公司监管中的突发、重大、恶性风险事件进行专项现场检查,提高一线监管威慑力,保护投资者特别是中小投资者合法权益。

三是补齐制度短板,制定或修订新兴行业机器人、锂电池、集成电路行业、药品生物制品和传统行业非金属建材、金融服务业、非存款支持业务行业信息披露指引。制定ESG信息披露指引,推出针对回购、增持等行为的公告格式指引,规范上市公司股东及董监高增持行为、上市公司回购股份行为。

四是加强科技监管与服务,启动项目二期需求设计与开发。在完善企业画像一期项目功能的基础上,着力提升一线监管科技化、智能化水平,强化探索年报审查辅助、企业风险分析、财务舞弊分析等功能，不断夯实一线监管技术基础。

各位领导、各位来宾。深交所的投资者保护服务工作离不开中国证监会的正确领导，也离不开兄弟单位、新闻媒体、各界朋友的支持。这次论坛给了我们难得聚首的机会，在此，我谨代表深交所向一直以来关心和支持深交所投资者工作的领导、朋友们，表示衷心的感谢。最后，预祝本次论坛圆满成功！

谢谢大家！

律师服务中小投资者权益保护：义不容辞　大有可为

吕红兵*

一、中小投资者权益保护是资本市场可持续发展的必然要求，是《证券法》的核心要义

投资者是资本市场的源头和基石，只有投资者权益得到充分有效的保护，资本市场才能得到可持续发展，这是发展的必然要求。一个成功、成熟证券市场的建立和发展，必然依赖于市场对投资者权益的保护和投资者对市场的信心。因此，关于投资者的权益保护问题是资本市场发展中一个永恒的话题，也是一个持续的主题。

《证券法》第1条开宗明义规定："为了规范证券发行和交易行为，保护投资者的合法权益，维护社会经济秩序和社会公共利益，促进社会主义市场经济的发展，制定本法。"可见，"保护投资者的合法权益"是我们制定《证券法》的重要目的之一，在《证券法》的具体制度设计中，"保护投资者的合法权益"是一个重要的立足点与出发点。目前，在《证券法》的修订草案中，也以专章的形式规范了投资者权益保护的问题。因此，投服中心在此举办"保护中小投资者合法权益、开拓服务新模式"的主题论坛，既与时俱进，更立足实际，具有强烈的现实意义。

* 中华全国律师协会副会长。
本文为吕红兵在首届中小投资者服务论坛上的发言。

二、律师参与中小投资者权益保护既是工作职责更是社会责任

《律师法》第2条明确规定:"律师应当维护当事人合法权益,维护法律正确实施,维护社会公平和正义。"在资本市场领域,在前端,律师依法担任公司发行上市的公司律师及承销商律师,为向资本市场输送合格"产品"把好第一道关,当好"清道夫""看门人";在中端,律师应当成为上市公司的常年法律顾问,为企业并购重组、规范运营尤其是涉及的同业竞争、关联交易事项提供服务,充任"啄木鸟""巡逻兵";在后端,律师受聘作为中小投资者的代理人,将维护其权益事项纳入法治化解决轨道,做好"润滑剂""助推器"。如在上市公司虚假陈述纠纷中,专业律师可以在赔偿责任人的确定、证据固定与收集、赔偿额计算等方面为投资者提供全方位的指导与建议,既有效减轻了投资者由于经验和知识的不足带来的维权难度,又充分履行了维护当事人合法权益的职责。同时,针对维权案件,律师也在积极推动司法审判标准的明晰与统一,维护法律的正确实施,维护社会公平正义。

我本人曾在2016年协助投服中心总经理徐明博士,在上海市第一中级人民法院代理过全国首例证券支持诉讼案件——"刘某诉鲜某、匹凸匹金融信息服务(上海)股份有限公司证券虚假陈述责任纠纷案"(以下简称"匹凸匹案")。本案由于系全国首例,引发了资本市场的高度关注,最高人民法院院长周强更在2018年"两会"的《最高人民法院工作报告》中提及本案,并肯定了本案在依法防范化解金融风险、维护中小投资者合法权益上的重大意义。

律师协会虽然不是资本市场的直接参与者,但可以通过指导律师开展业务、保障律师依法执业,对资本市场的稳定发展发挥重要作用。目前,我国已拥有36万名律师,尤其是形成了一支讲大局、精业务、服务好的证券专业律师队伍。全国律协作为律师行业的自律性机构,完全有能力凝聚资本市场的专业法律人才,发挥组织优势,也愿意同投服中心以及现场各单位机构一道,积极参与中小投资者的权益保护工作,探索投资者权益保护的新模式,切实履行自身职责与社会责任,在资本市场规范发展中发挥不可或缺、不可替代的作用。

三、律师参与中小投资者权益保护工作的展望

我国资本市场经过20多年的发展,关于中小投资者权益保护的状况已有明显改

善,投服中心的出现,更是资本市场领域保护中小投资者权益的有益尝试。几年来,其在降低投资者行权维权成本,提升投资者行权维权积极性方面都做出了许多重要的、建设性的工作,而工作的发力点完全可以用论坛的四个专题来概括:持股行权、投资者教育、多元化解纠纷和支持诉讼。我认为,在未来,广大律师也同样可以在这四个方面就保护中小投资者权益发挥重要作用。

第一,就参与持股行权与公司治理而言,律师可以协助投服中心在持股行权的过程中提供专业的法律意见,更好地发挥"参谋""智囊""顾问"作用。2016年2月,证监会批准投服中心在上海、广东(不包括深圳)、湖南三地开展持股行权试点。同年6月,证监会在召开持股行权试点工作座谈会时明确强调,持股行权工作专业要求高,必须高度重视干部人才配备,探索建立外部律师支持的工作机制。同样是在2016年,投服中心与全国律师协会金融证券保险专业委员会签署《合作备忘录》,备忘录明确了双方将在包括持股行权在内等多方面开展合作。

第二,就参与投资者教育而言,广大律师可以协同监管部门向中小投资者提供专业咨询,传播理性的投资观念和维权理念,建设多层次的投资者教育体系。中小投资者维权的困境主要集中于不知权、不懂权,不知何时维权,不知如何维权。投资者的这些困惑,恰恰是专业律师经常接触的业务。有些地方的证券监管部门推行过"投资者教育进社区"活动,并邀请律师共同参与,共同为社区居民普及投资和法律知识,起到了良好的社会效果。此外,律师还可以与相关部门合作编写典型维权案例,促成投资者理性投资,合法维权。

第三,就参与多元化解纠纷而言,律师可谓正当其时。2016年5月,最高人民法院与证监会发布了《关于在全国部分地区开展证券期货纠纷多元化解机制试点工作的通知》,探索证券期货纠纷的调解工作机制。2017年9月,最高人民法院又与司法部发布了《关于开展律师调解试点工作的意见》,规定可在试点区域设立"律师调解工作室",接受当事人申请开展律师调解化解纠纷工作。在这样的时机背景下,作为调解工作中的新鲜血液,律师有能力为资本市场投资纠纷的解决带来更多的专业化思路。我本人在2018年"两会"上提出的《关于设立全国性证券期货纠纷调解机构、切实依法维护投资者权益》的议案,其中不仅建议设立全国性的证券期货纠纷调解机构,而且提议该机构应当建立与律师调解的对接机制,充分发挥律师调解工作室的功能。

第四,就参与支持诉讼而言,律协可与投服中心一同组建公益律师库,为中小投资者的维权工作提供专业支持。对此,我本人在参与"匹凸匹案"时感受颇深:一方面,律师在整个诉讼过程中完全可以提供专业上的支持;另一方面,我也切实感受到了建设公益律师库的必要性、迫切性和现实意义。据了解,2018 年 9 月 10 日,上海市律协与投服中心就签署了《合作备忘录》,旨在共同促进资本市场健康发展,维护中小投资者合法权益,推进资本市场法制化建设。

“未觉池塘春草梦,阶前梧叶已秋声。”资本市场法治建设刻不容缓,维护投资者权益只争朝夕。全国律协愿同各机构共同努力,践行社会责任,共同为投资者的维权建设添砖加瓦,携手开拓服务新模式,共同谱写投保新篇章!

注册会计师审计要更好地为中小投资者服务

陈毓圭*

尊敬的各位领导、各位来宾：

我很高兴参加今天的中小投资者服务论坛的活动。论坛的主题词虽然是中小投资者，但是论坛的意义却一点不小，恰恰相反，论坛的意义是很大很大的。作为注册会计师行业的代表，我很荣幸参加中小投资者保护这个重要话题的讨论。

在国际上，会计审计标准本身，没有专门针对中小投资者保护的条文。因为会计的基本立场是真实和公允，审计的基本立场是独立、客观和公正，一视同仁，没有针对某一类投资者的会计审计标准。我们认识到，最合适的制度，是最适应环境的制度。在中国证券市场上，无论是中小投资者群体的规模，还是中小投资者识别风险、防范风险的能力，乃至中小投资者权益维护的必要，都有一定的特殊性。我们应当在坚持真实、公允的反映，独立、客观、公正的立场的同时，考虑中小投资者保护的需要，创造性地工作，为中小投资者保护作出贡献。

注册会计师审计制度是适应改革开放的需要发展起来的。注册会计师行业得以快速成长，是在20世纪90年代以来，证券市场创设之后。证券市场为注册会计师行业发展提供了巨大动力。

我们认识到，注册会计师审计是市场监督体系重要的制度安排，注册会计师审计是市场经济诚信链条的重要一环，独立性是注册会计师审计的灵魂。基于以上认识，注册会计师行业持续推进行业诚信建设，完成了一系列的制度建设和制度创新。

——建立了与国际审计标准趋同的审计准则体系，按照中国审计准则出具的审

---

* 中国注册会计师协会常务副会长。
本文为陈毓圭在首届中小投资者服务论坛上的发言。

计报告与按照国际审计准则出具的审计报告所达到的保证程度是一样的。

——建立了系统风险导向的执业质量检查制度，每三年对证券期货业务特许资格会计师事务所检查一遍。

——把上市公司年报审计作为行业监管的重点，建立年报审计的事前、事中、事后监管体系，年报审计开始前，发通知提示风险，年报审计期间，针对风险客户进行约谈，年报审计后，有针对性地进行执业质量检查。

——把“炒鱿鱼、接下家”作为年报审计监管的突破口，哪家上市公司临时更换了会计师事务所，哪家会计师事务所接了下家，注册会计师协会就紧盯不放，这方面工作我们已经坚持了15年。

——建立了注册会计师行业诚信信息监控系统，向公众披露会计师事务所和注册会计师的基本信息和诚信信息。

以上制度的有效实施，促进了注册会计师审计质量稳步提高，起到了包括中小投资者在内的各类投资者权益保护的作用。围绕中小投资者保护这一重大任务，注册会计师审计应当怎样做得更好？我想在这里谈谈个人的认识。

——要发挥中小投资者对选聘会计师事务所的制约作用。独立性是注册会计师审计的灵魂。如何选聘会计师事务所，直接影响着注册会计师审计的独立性。如果选聘会计师事务所的权力集中在大股东或者管理层手里，注册会计师审计的独立性就会受到一定程度的损害。能否改进会计师事务所的选聘办法，做一个制度安排，赋予中小股东群体对选聘会计师事务所的否决权。

——在中小投资者教育中，增设会计审计课程。会计审计制度是证券市场的重要制度，会计审计信息是投资决策的重要信息，会计责任和审计责任分别是公司和注册会计师对投资者的法律责任。中小投资者无论是投资决策，还是权益维护，都离不开会计审计知识。中国注册会计师协会有意愿配合中小投资者服务中心，义务开展中小投资者会计审计知识的普及工作。

——为中小投资者接受会计审计信息提供更多的便利。我们注意到，年报审计期间，信息集中披露，中小投资者没有能力在这样短的时间内进行信息处理；中小投资者进入上市公司年报数据库，成本过高；上市公司官方网站提供年报信息的栏目不固定、面版不稳定，甚至有乱码，不便于识读。建议在广泛征集中小投资者意见的基础上，规范上市公司网站披露的年报信息，至少应当要求固定栏目、采取PDF格式、持续披露。

——改进年报会计审计信息的文字语言。会计审计信息无疑受到专业语言的限制,往往需要有一定的专业基础才能识读。但是,这一点也不意味着会计审计信息成为中小投资者面前的天书。我们应当努力改进会计审计标准以及财务报告和审计报告的文字语言。只要本着为投资者服务,为中小投资者服务的宗旨,使会计审计标准、财务报告、审计报告的文字语言,既达到专业的严谨,又便于投资者认读,是有很大的空间的。

谢谢大家!

专题论坛一：持股行权与公司治理

如何确保跨境交易中境内投资者获得与境外投资者同等保护

刘辅忠*

对于投资者来说，基本的权利包括知情权、收益分配权、交易权、参与权和寻求救济和资产安全的权利，对于境外投资者来说，同样必须具有这些基础权利。所以为了使中国的股票或者中国的产品能够成为国际投资者重要的投资类别，我们需要在境外投资者的主要权利上予以相应的保护，这具有一定的战略意义。

作为交易所和其他的一些重要证券市场的基础设施，我们需要提供相应的制度和保障。深圳证券交易所（以下简称深交所）提供了几项基础设施：一是英文版，由于境外投资者阅读习惯使用的语言是英文，所以要出英文简要的基本信息介绍，我们把它叫作信息快报。二是互动易作为投资者关系管理的互联网工具，我们会把它英文化，境外投资者可以直提问题。

对于相应的境外安全，投资者有非常强烈、细致的要求。在深港通的安排过程中，证监会的领导在同港方谈判的时候作出了相应的安排，通过公报的时候，香港结算所具备结算权，出版的证据可以代表香港和境内投资者作为保护的证据。它的意义在于首次在国际舞台上确认了境外投资者持有中国股权的合法地位和进行法

* 深圳证券交易所国际部总监。

律诉讼的基本依据,所以这个文本的存在实际上起到了打消当时境外投资者对持有中国股票和中国资产的顾虑的作用,为中国资本市场敞开大门提供了一项基本的保障。

同时我们在交易权中,进一步强化了 A + H 股对停复牌的安排,尤其是近年来,A 股停牌的要求不断增强,深交所通过各种渠道和合作备忘录的安排,确定了可以具体停牌的规则、复盘的要求,明确化的规则对境外投资者来说保证了他们的交易权。同时深交所在深港通当中推动识别码,一人一户,进一步将内地和境外投资者参与的权利平等化。

对于资产的安全来讲,两个结算所应该是作为各自交易所的代表和各自投资者的代表,在行使代表权参与网络投票方面都发挥了重要作用。

境外投资者的名义代理人,也就是香港结算所,已经开展了非常普遍的网上投票和参与股东大会的一些工作。所以,他们在资产安全和参与权中得到了相应的技术保障。

接下来,深交所也将继续完善全球路演的一些工作,在全球继续推广深交所上市的股票,加强境外投资者的知情权。我们还要开展相应的服务工作,包括邀请上市公司走进交易所,让境外投资者走进上市公司与上市公司的高管进行面对面的交流。同时,举行境外投资者的分析大会,让境外投资者更好地了解中国上市公司的标的。

我们希望通过一系列的制度安排和服务工作,尽量能够完善对境外投资者权利的保护,增强中国投资市场的吸引力。

优化上市公司独立董事制度

王会芳*

独立董事在上市公司内部治理结构中正在发挥着越来越重要的作用。自中国证监会 2001 年 8 月发布《关于在上市公司建立独立董事制度的指导意见》以来,独立董事作为上市公司董事会的重要组成部分,取得了较良好的效果。深圳证券交易所(以下简称深交所)对独立董事的履职情况进行了调研,从调研结果来看,独立董事运用会计、法律等专业优势和从业经验,积极为上市公司献言献策。在过去两年中,上市

* 深圳证券交易所中小板副总监。

公司的独立董事向任职的公司提出的事项外的合理化建议超过了3500条,上市公司认为独立董事对完善公司治理发挥了作用,在保障公司重大事项的合规性、保障公司会计处理的恰当性、维护股东利益等方面提供了专业建议和支持。

但不可否认的是独立董事的履职还存在一些不尽如人意之处。在市场上一直有独立董事不独立、不董事的批评。不独立主要体现在独立董事通常是由大股东推荐,这就导致一部分独立董事在作出决策或者发表独立意见时,其观点或者立场可能会受到相关主体的影响。不董事主要体现在独立董事不勤勉尽责。目前上市公司的独立董事都在多家公司里有兼职,所以其在独立董事的职位上投入的时间和精力就显得不足。

针对上述两个问题,深交所在2017年5月就对《深证证券交易所独立董事备案办法》进行了修订,一是进一步严格了独立董事任职资格的相关要求,强化了对于独立董事候选人过往履职情况的关注;二是加强了对独立董事履职的持续监管,独立董事在任职后出现不符合任职资格的,应在一个月内辞职,上市公司应在两个月内完成补选工作;三是明确在计算独立董事兼职家数的时候,要包含在境外证券交易所上市的公司。对于那些已经在5家A股上市公司任职,又在H股上市公司任职的独立董事,要求其要在任意一家上市公司董事会筹备换届的时候作出选择,减少任职的公司家数。

我们建议从以下几个方面着手,优化独立董事制度,增强独立董事作为中小股东代言人的角色定位。一是强化独立董事的履职约束。例如,扩大需要独立董事事前确认的重大事项范围、扩大限定独立董事兼职公司数量计算范围、提高独立董事的履职时间标准、强化独立董事履职相关情况的披露以及强化独立董事候选人过往履职情况的披露要求。二是提高独立董事的独立性。例如,推进独立董事的人才库建设,进一步细化对独立董事独立性的认定标准,考虑全面推行独立董事选举的累积投票制。三是探索强化独立董事的激励机制。一方面,加大对独立董事的精神鼓励。例如,由地方上市公司协会和中证中小投资者服务中心等组织来收集独立董事履职的优秀案例,积极宣传,适时举办优秀独立董事的评选。另一方面,改变独立董事津贴标准单一的现状。探讨是否及如何将独立董事的薪酬与其工作绩效挂钩,以独立董事的勤勉程度、风险分担等确定量化考核指标,考评其工作绩效。

积极股东的理论和实践

田正大 *

近年来,A 股的投资者结构发生了一些变化。以沪市为例,机构持股占比连续上升,已经从 2015 年年末的 74.8% 上升到了 2017 年年末的 77.7%,A 股逐步迎来了机构投资者的时代。而且机构投资者越来越重视股东地位,并且更加频繁地扮演了积极主动的角色。股东积极主义,是指股东凭借其持有的股份,积极参与公司治理的行为,主体既包括机构投资者,也包括公众投资者,但由于公众股东持股过于分散,比较注重短期收益,因此股东积极主义的主体还是以机构投资者为主。

股东积极主义最早产生于 20 世纪 30 年代的美国,壮大于 80 年代。回顾整个发展历程,可以看到主体是以美国养老基金、共同基金等机构为代表的投资者。采取股东积极主义主要有以下几种途径:

第一个途径是递交股东提案,一般涉及公司业绩表现、董事会构成、社会履职情况、管理层报酬等方面。第二个途径是征集股东投票权,即为了争取自身所提议案获得通过向中小股东征集投票权。第三个途径是私下与管理层和董事会进行沟通,随着机构投资者实力的增强和持股比例的提高,管理层通常也会考虑机构投资者的意见。第四个途径是通过进行法律诉讼来助他们维权。例如,当管理层采取措施妨碍并购交易的时候,机构投资者可以通过诉讼来维护自身的权益。第五个途径就是通过非正式的渠道,例如,规模较大的机构投资者可以定期公布一些经营不善的公司名单来表达对管理层的不满,或者通过社会的媒体组织来施加压力。

近十几年来,我国在整个股东积极主义方面取得了很大成就,相关法律法规制度不断完善,股东积极主义的理论和实践也不断成熟。在立法和规则层面上,《公司法》为股东积极主义提供了法律依据,给予了股东知情权、建议权、咨询权、3% 以上股东的提案权、累计投票制,另外证监会、交易所在股东大会规则、上市规则中细化了回避表决制度,全面采用了网络投票方式和对审议影响中小投资者利益重大事项时单独计票的制度,同时董事会、独立董事和符合相关条件的股东也可以征集投票权,且公司不得对征集投票权提出最低持股比例的限制。在实践方面,通过近几年的案例可

* 上海证券交易所公司监管二部副总经理。

以看出，越来越多的机构投资者通过在股东大会上行使自己的表决权否决了一些损害公司长远发展、侵害中小股东利益的议案。在创新方面，投服中心的成立其实是在行使股东积极主义方面一个非常有中国特色的创新，投服中心通过发股东建议函、参加股东大会、参加重大资产重组媒体说明会、现场查阅等行为积极行权、在调解纠纷、解决诉讼等方面也取得了非常显著的成效。

但与国际成熟市场比较起来，我国的股东积极主义的践行还有明显不足。其原因是主要存在以下几个方面的障碍：

第一，一股独大的问题依然存在。大股东往往有压迫性的优势，使机构投资者的提案会被忽视。

第二，机构投资者采取行动的方式有待完善。股东对上市公司审议议案的内容、背景和影响，往往都不够了解，而且征集股东投票权程序也比较烦琐，这些都影响机构投资者参与股东大会的积极性。

第三，机构投资者的投资比例目前仍旧受到诸多限制。例如，基金“双十”规定和保险基金的限制，降低了机构投资者的持股比例，以及其在公司中的话语权，也降低了其参与公司治理所产生的效能。

第四，缺乏一定的补偿机制和合理的考核监督机制。一方面，机构投资者尤其是专业的机构投资者积极参与公司治理所收获的收益不确定，即使有收益，也是全体股东共享，而成本需要其独自承担。另一方面，机构投资者为了应对业绩考核、市场排名、投资者赎回等压力，比较注重追求短期效益，忽视长期投资价值。

毋庸置疑，机构投资者积极参与公司治理有助于形成长期投资、价值投资的风气，并且持续改善上市公司的治理水平。因此，为了进一步推进机构投资者积极参与到公司治理中来，有以下几个方面的建议：

第一，优化机构投资者参与公司治理的法律制度环境，提供多种参与方式降低治理成本。具体而言，一是细化征集股东投票权制度，明确征集股东投票权的资格、程序，适当简化相关程序，并研究征集网络投票权的可能性，同时支持和鼓励第三方研究机构针对股东大会议案提供投票建议，为中小股东提供参考。二是进一步完善相关的法律制度，使投服中心在行使股东大会提案权、提议召开股东大会、征集投票权等方面发挥更大的作用，适当突破持股比例和持股时间等方面的限制。三是可以进一步推动股东大会诉讼制度，放宽相关对诉讼主体资格和程序方面的一些要求和限制。

第二,进一步改善上市公司治理结构,增强董事会的独立性。应该进一步鼓励上市公司引进战略投资者,降低公司股权集中度,改善治理结构,同时鼓励机构投资者积极提名董事及独立董事,增强董事会的独立性,保障公司政策决策的科学。

第三,引导机构投资者的发展,优化机构投资者的结构。一是放宽投资者限制,进一步树立长期投资、价值投资文化;二是加强机构投资者自身的公司治理建设,通过董事会治理机构改善机构投资者本身经营中存在的代理问题;三是强化机构投资者的信息披露,提高机构投资者参与市场活动的透明度,同时也通过加强对机构投资者行为的监管,防止其与大股东管理层合谋侵害其他中小股东的权益。

存托凭证持有人权利范围的探索

杨金忠*

上海证券交易所(以下简称上交所)这几年在持续推进国际业务,表现在三个方面:一是在国际交流合作上进一步深化,二是在国际影响力上进一步深化,三是产品方面进一步深化。

在国际合作方面,第一个是沪港通。第二个是创新企业试点的推出,还有目前推动的业务,以后还会在业务技术和产品方面进一步探索,也会包括跨境投资者保护的方面。

在国际影响力方面,2017 年理事长吴清主席成为国内担任国际组织主席职务的第一人。另外,我们 2018 年纳入了 MSCI 指数,这两年两个交易所都分别有了很大的提高。

产品方面进一步深化,我们上交所也加入了可关联交易所,签订了一些金融信息通的项目。

这些国际化业务的开展,带来了新的跨境投资者保护的问题,主要有四个方面。

一是持续跟踪的跨境业务,深入研究投资者保护的业务安排。就沪港通而言,因为跨境投资的风险凸显,在市场风险这块,对于我们比较熟悉的早期服务是没有的,比如可以关联交易,有做空的机制,也有做空的工具安排,这种情形对我们来讲是不熟悉的,所以这里面当然就会实行一些投资者管理安排,这是一个重要的制度。沪港

* 上海证券交易所国际部副总经理。

通开始是一种交易通道安排,带来了一个新问题,配股怎么办,在最初的沪港通里面没有安排,由于是同股同权的权利,我们可以增加配股的安排。

另外,跨境以后对于股东权利行使,大家开通了网络投票,实行了投票权的安排,这都是在以往的安排中已经实现的一些东西,但还有值得思考的东西,比如通过订单路由的方式,我们通过在订单路由的方式下面,标的股票的市场和市场监管行为可以得到赔偿,这里面有一些法律安排,怎么得到实践的支持来进一步研究。另外,双方之间强化监管协议、保护协议,这是沪港通方面需要研究的内容。

二是创新企业试点,境外的公司回来在境内发行股票的情况下,生成的过程是满足跨境需求的,分红权、投票权可以得到满足。在这个情况下查询权、建议权、提案权、提名权和组织会议的权利等,怎么得到行使和保障,前期在创新企业试点制度安排下,投服中心怎么在这种情况下行使这些权利,除分红和投票权以外的权利也是值得研究的。

另外,我们还有一个新的项目沪伦通也是一样的道理,我们交易的是 CDR,在中国境内发行 CDR,CDR 的基础在英国,这和 CDR 之间是分割的,怎么保障 CDR 的持有者享有相应的权利是值得研究的。

三是加强制度建设,深化落实投资者保护安排网。跨境业务和跨境投资产品,是有境内的风险,加强跨境投资者的制度建设,强化证券公司市场化管理的安排,引导具有知识和能力的公司参加相应的评审是有必要的。制度安排中要关注境外发行人的情况和跨境安排,在制度安排中,比如可以设置一些预防性的制度安排,比如要强调在不同的国家里有不同的规则,还有同等保护原则,我国香港特别行政区法律下的最低保护原则,在最初的环境中作一个相应的安排,还要进行相应的测试,还有差异性披露,让投资者来了解两地市场的差异。这是预防性的措施。

还有救济性的措施安排,在协议中通过对于协议管辖和仲裁的安排来达到救济的措施。当然,更重要的可能是更高层面依法的改革。是否可以参照行为准则或者是效果准则的安排,完善有关的规定,投资者作为股东可以依据公司法来保护权利,作为投资者交易的环节,可以用证券法来保护自己的权益,可以承担相应的民事责任、刑事责任,法律里面还有更多连接点,否则没法立案。在行政立案上有合作方面的安排,另外还有司法部门相关的完善。

四是不断完善投资者教育的形式,适应新形势下投资者保护的需求。

最后还要进一步加强合作,集中大家共同的努力,推进投资者保护工作,这里面体现为国际合作和国内合作,境内的中小投资者服务机构要做好行权工作,监管机构需要做相关的安排,来巩固已有成果。

持股行权业务深化与规划

陈 洁*

持股行权业务的深化主要有三个方面的问题。一是为什么要深化持股行权业务;二是深化持股行权业务的方向和目标是什么;三是深化的路径是什么?

为什么深化持股行权的业务?

在我国家资本市场发展进程中,中证中小投资者服务中心(以下简称投服中心)的构建以及持股行权机制的建立实际上是我国资本市场投资者权益保护机制的一个重大创新,它已经产生了非常突出的成效并获得了市场、社会,乃至国际社会积极的反响。但从投服中心两年多来持股行权的实践中也反映出在这个过程中存在的问题,严重影响了持股行权效能的进一步提升。

首先,在现阶段的持股行权过程中主要有以下几个突出问题:一是投服中心自身的法律地位不够清晰,致使投服中心持股行权不具有市场威信。当自身定位不是很清晰的时候,持股行权业务不具有市场威信。二是持股行权制度的保障还不是很充分。现在虽然也有很多的规则指引,但这些规则比较粗糙。三是投服中心能力建设需要进一步加强。现在持股行权是面向整个证券市场,但投服中心行权事务部的人手短缺,人员数量和结构安排不足以满足业务推进的要求。四是行权后续配置机制不健全,在现有的投资者保护体系还没有高效配合的前提下,持股行权缺乏有效的制约机制。比如在证监会内部没有明确的配置机制,无法保证投服中心的实施效果。

其次,在深化持股行权的业务的方向和目标上,我认为也有四个方面的问题:第一个方面是要增加投服中心持股行权的专业性和权威性。投服中心仅持有每个上市公司100股,而且是普通股,行权主要是靠投服中心员工的专业能力,专业性不够。权威性问题实际上要通过外部来解决,如通过投资者保护条例、证券法确认;专业性问题需要外部专家团队和内部的咨询机制,现在已经开始成立专家委员会,保障专业性的解决。第二个方面是要进一步扩大持股行权的广度跟深度。从广度来讲,要扩

---

* 投服中心专家委员会委员、中国社会科学院研究员。

大持股行权的范围,现在对A股上市公司都已经涉及,但要尽快扩及新三板和CDR涉及的上市公司,扩大持股行权的覆盖面,提高持股行权的机动性和选择性。面对众多上市公司和资本市场主体的时候,投服中心人手不足,可以采用随机抽查的方式。从深度来讲,要提高整个投服中心持股行权参与公司治理的深度,主要是介入有持股比例和时间规定的行权事项,因为有比例和时间的事项是涉及公司股东和公司治理的重大问题,这些问题作为普通股东是无法深入的。第三个方面是要强化投服中心持股行权资源的配置能力。要扩大持股行权在投资者权益保护中的系统效益。比如,在监管体系下,怎么跟一般投资者的协调配合,在制度体系上怎么跟投资者权利、民事责任机制,包括相关诉讼机制的协调配合。第四个方面是要积极探索创新性的行权模式。现在主要的现场行权、发出建议函的方式已经不够了,为了有的放矢,形成规模联动效应,对上市公司普遍的问题专项行权,重大问题要集中行权。比如,对分红的问题,承诺的问题,担保、质押等连续性地行权才能解决问题。

深化持股行权的具体的路径有三个方面。一是法律层面,主要是证券法层面和公司法层面。证券法层面要明确投服中心的建构宗旨和形式,要明确规定证监会对持股行权的授权,支持、保障、授权要明确。在公司法层面,主要是确立投服中心作为公益股东特殊的一些权利配置,主要就是关于提案权跟股东代表诉讼的问题。二是制度层面,投服中心内部要对持股行权的范围、行权方式、专项行权的程序等作系统的、深入的规定。三是配套协调方面,主要强调投服中心作为投资者保护体系的一个子体系,在证监会系统内部怎么样发挥独特功能,既不同于其他的组织,又有利于它发挥作用。

双重股权结构下的公司治理变革

汪青松*

在此想和大家探讨的是双重股权结构下的公司治理变革。

双重股权结构自20世纪20年代在美国兴起,经过近百年的发展,在世界上很多国家的公司中得到适用。双重股权结构是相对于单一股权结构而言的一种资本结构,是根据每一股份上所附着的投票权的差异而对股份进行的分类,通常将股份分为

* 西南政法大学教授。

A类、B类股份,A类股份一般表现为一股一权或者无表决权的劣位股份;B类股份则通常附着数倍于A类股份的表决权,是优位股份。结合世界上各国对双重股权结构适用的情况进行分析,学界对于双重股权结构对公司治理所发挥的作用,不论是消极的或是积极的,都有很多不同的看法。

国内学界大约在10年前开始关注双重股权差异化配置,当时学界的重点工作是对国外制度的介绍,今天可能更多地是要考虑这样一个制度在中国特殊的社会情景下怎么去设计?在双重股权结构下公司治理特殊的安排体现在哪里?简单概括一下,可以看到双重股权结构下的治理机制创新及其特殊之处:第一个是表决权和现金流权利之间出现非比例配置;第二个主要是股权或者说股本的权利与持股者对公司的治理权利之间的关联被切断;第三个是少数股本持股人的控制权被固化。

这样的一个治理机制的特点会从理念到制度引起一系列治理机制的变化。传统的公司法强调资本民主,比如一股一权原则,现行公司法中有大量的治理机制以持有一定比例表决权为前提,而采纳双重股权后,股东的权利行使会面临一定困难。

通过将双重股权结构与单一股权结构相比较,能发现双重股权结构对公司治理有积极影响,其主要具有以下优点:

1. 双重股权结构解决了融资与控制权稀释的困境,保持了控制人对公司的控制。双重股权结构通常由希望保留公司控制权而同时可以从公共市场获得融资的公司创始人实施。为了满足公司的生产经营,扩大公司的规模,公司必须进行融资获得资本,但是在一股一权的结构下,经过一轮又一轮的融资,控制人所拥有的股权会被稀释。在外部股东投入了足够多的资本时,外部股东获得控制权,内部股东控制权将旁落。而在双重股权的结构下,控制人可以只投入少量的资金而将具有数倍表决权的B类股份控制在自己手中,同时只向外部股东发行只有一份表决权或者没有表决权的A类股份来获大量融资。这样,控制人既可以获得丰富的资本投资,又保留了对公司的控制权,解决了融资与控制权稀释的困境。

2. 双重股权结构能减少控制人的投资风险,丰富控制人的投资组合。在单一股权结构的模式下,控制人如果希望获得融资扩大公司的规模,且同时能继续保持对公司的控制,就要求控制人投入大量的资金,而这就会将控制人的资金困于一个公司中,增加了控制人的投资风险。而在双重股权结构下,控制人可以只投入少部分的资金而获得具有高投票权的优先股股份,掌握公司大量的投票权,控制着公司,从而使控制人能将其资金进行分散投资,丰富投资组合,减少投资风险。

3. 防止恶意收购。在实务中，恶意收购人先通过要约收购获得一定数量的股份，然后发起代理人征集，重组董事会。此时，新的控制人为了更好地掌控公司，可能会将原创始人－控制人赶出公司。很多公司在被恶意收购，失去创始人－控制人后陷入困境，经营困难，比如，"雷士照明"控制权争夺事件。而在双重股权结构下，因为大量的表决权被掌握在控制人手中，收购方不太可能在未经创始人－控制人同意的情况下获得高投票权股份，从而收购公司，重组董事会，所以能保持公司控制人－领导人的稳定，也能保持公司治理秩序的稳定。

从外部来看，国外学者特别强调的控制权市场对公司治理的改善功能，在双重股权下会大大弱化。针对这类公司，现有的研究一般从以下几个方面评价其治理的特征：

第一个要关注劣位股东或者说表决权被弱化的股东，是否对公司特殊的事项拥有一种特殊的表决权利？特定事项包括双重股权结构的采纳、董事选举、审计人的聘任、财务报告的批准等。

第二个关注的指征是双重股权比例是暂时性的、可变的，还是永久的、不变的。也就是说是否存在一个类似于国外学者讲的"日落条款"，即在特定情景下要变成一股一权形式。

第三个是董事会是否主要由独立董事构成。

第四个是董事长或者董事局的主席是否由独立董事担任。

第五个是公司章程是否为劣位股东设计一些在特定的控制权变更之下所享有的特别保护机制。通过这些方面评价一个双重股权结构下公司的治理机制到底是优还是劣。

在这样一个大的趋势下，中国未来双重公司股权治理结构的重心要从以下几个方面考虑：

一是要有强制性的"日落条款"，在特殊情况下，要把股权结构变回一股一权。二是限制高低投票权差异的幅度。三是在收购过程中，对于一股一票的投资者具有一些特殊保护的设计。四是在中国的公司下要有针对小投资者特殊保护机制的构建，比如投服中心所持有的 100 股，未来在双重股权结构下到底要设计什么样的模式。可以考虑赋予投服中心一些特殊的权利，比如将投服中心的持股定位为一种特殊的公益股，公益股的内涵里有一个特殊的救济机制，在特定情况下，可以依法行使针对中小投资者的救济权利。当然，这些课题需要各个行业的同仁一起努力，为未来中国股权设计一个完善的制度。

跨境投资者保护的若干问题

黄 辉*

投资者保护是证券监管的重中之重,也是国际证监会组织明确指出的证券监管的首要目标。在证券市场日益国际化的今天,跨境证券交易的投资者保护问题正日益凸显,我就以我国香港特区和内地之间的互联互通为中心简要谈一下目前这方面的挑战和前景。

投资者保护要靠证券法的有效实施,而实施模式主要分为两类:一是公共执行,也就是作为公共权力机关的证监会追究违法者的行政责任或通过法院追究违法者的刑事责任;二是私人执行,也就是投资者通过民事诉讼的方式寻求赔偿救济。上述两种模式相辅相成,通过惩罚违法人和赔偿受害人达到投资者保护的共同目标。在跨境证券交易的情形下,公共执行问题主要体现为监管合作,而私人执行问题主要体现为区际民事诉讼。下面我就分别谈谈这两种机制面临的若干问题。

首先看看监管合作问题。自20世纪90年代以来,内地与香港资本市场不断融合,从初级到高级,从单向到双向,“沪港通”和“深港通”的实行标志着两地市场的互联互通进入一个新的时代。在带来巨大经济效益的同时,紧密联系的两地市场要求中国证监会与中国香港特区证监会进行更高水平的监管合作。多年来,通过《监管合作备忘录》的签署与加入国际证监会组织等方式,两地的监管合作取得了很大成绩,然而,近来出现了不少问题,折射出监管合作中的难点与盲区。

2014年5月23日,香港特区证监会入禀法院,对国际四大会计师事务所之一的安永提起了诉讼,要求其提供相关的会计材料。安永在内地的合资所安永华明为一家申请在香港上市的内地公司提供审计服务,但这家公司涉嫌欺诈上市,香港特区证监会介入调查,需要安永华明提供相关会计底稿以便执法。然而,安永却以相关资料涉嫌中国的国家秘密,披露将违反中国法为由拒绝向香港证监会提供所需要的会计资料。

遗憾的是,目前中国的相关法律对上述诉讼涉及的国家秘密问题并没有提供清晰的答案。比如,到底什么是国家秘密?国家秘密由谁来认定?相关审批程序是什么?实际上,这个问题并不限于在香港上市的内地公司,也发生于去美国等其他法域

* 香港中文大学教授。

上市的公司。随着内地与香港特区证券市场的互联互通机制进一步深入,监管合作的需求也会相应扩大。如果上述问题得不到妥善解决,将会对香港特区接受来自内地公司的 IPO 申请造成重大障碍。

监管合作的另一个问题是监管机关信息交流的定性和程序问题。具体而言,这种信息交流是纯粹的监管合作问题,从而由监管机关自己解决,还是属于区际司法协助,需要走区际司法协助程序呢?比如,中国证监会向香港特区证监会提供了一些信息,以便香港特区证监会的调查和处理,但香港特区证监会随后提起了诉讼,涉及了司法问题。这是因为,与中国证监会不同,香港特区证监会的行政执法权力只限于持牌机构,对于其他市场参与人员需要通过司法程序进行处理。因此,这就产生一个问题,即这种信息交流是否构成区际司法协助。如果构成了区际司法协助,那么就需要遵循严格的区际司法协助程序,比如,需要通过司法部进行,而且要有协议为基础。

在互联互通的新形势下,跨境的不法行为日益呈现复杂化与隐蔽化的特点,这要求监管者作出更为及时与精确的反应,需要在信息交流方面更加有效。信息交流是监管合作的常态化机制要求,如果需要走区际司法协助程序,将会费时费力,不利于监管工作的开展。另外,根据香港特区民事诉讼法,诉讼程序启动的标志通常是诉状的送达。但在安永华明案中,香港特区证监会的诉讼是要求会计师事务所提供资料,而不是根据资料起诉欺诈上市的主体。因此,严格来讲尚未启动实质性的民事或刑事诉讼程序,将相关取证申请视为区际司法协助存在法律障碍。

除了监管合作,私人执行也是跨境投资者保护的一个重要机制,其同样也面临不少问题。第一个问题是起诉资格。假如内地投资者买了香港公司的股票,公司有虚假陈述等欺诈行为,那么内地投资者是否有资格去香港特区提起诉讼?当前的“沪港通”等互联互通机制都是采用多层名义持有制度,使投资者获得救济面临潜在的困难。具体而言,中国证券登记结算有限责任公司与香港中央结算有限公司相互在对方的平台设立证券账户,作为本地投资人的名义持有人,并且代为行使股东权利。因此,从法律上来讲,以内地投资者为例,他们通过“沪港通”购买香港公司股票,但在香港公司看来,持有股东是中国证券登记结算有限责任公司,而不是具体投资者。那么,内地投资者能否以自己的名义在香港特区法院提起民事诉讼呢?中国证监会于 2015 年 5 月 15 日声明,如果境外投资者可以提供证明其作为实际权益拥有人、直接有利害关系的相关证据,可以依法以自己的名义在内地法院提起法律诉讼。但迄今为止,香港特区尚未发布类似的声明,也没有相关案例,因此这还是一个悬而未决的问题。

私人诉讼的另一个问题是司法管辖。按照一般的司法管辖原理,如果内地投资者买了香港股票,受到欺诈行为的侵害,那么,投资者就要去香港特区提起诉讼。但是,在香港特区打官司成本高昂,旷日持久,加上过关签证等方面的问题,这对于跨境投资者保护是一个挑战。因此,如何更好地利用"一国两制"的独特资源,在司法管辖方面引入一些特殊的处理方式,是值得探讨的问题。当然,这个思路也同样适用于香港特区与内地之间跨境投资者保护的其他问题,以全面提升投资者保护的力度和促进两地资本市场的融合发展。

CDR架构下跨境投资者保护中的制度冲突

冷　静*

本次发言的关注问题如下:在CDR架构下,针对境外基础证券发行人在境内发行存托凭证并上市交易的情况,由于境内境外市场的法律、监管、财会等制度存在具体差异所带来的冲突,导致境内投资者(CDR的购买者,也是基础证券的实际权益享有者)之权益保护面临现实挑战的问题。下面从四个方面来讨论。

第一,澄清基础概念。目前已经推出的CDR制度安排包括2018年3月出台的独角兽红筹股CDR发行框架以及2018年8月推出的沪伦通CDR发行框架,分别指向的发行类型是对应增发股的融资型发行,以及对应存量股的非融资型发行两种情形。在"沪伦通"框架下,基本原则是只允许非融资型发行CDR,即发行人以已经在境外发行的基础证券作为依托,在境内发行对应数量的存托凭证,不发行新股,也不从境内市场获得新的融资。"沪伦通"CDR境外发行人的激励主要在于为基础证券创造更多的流动性以及提高国际化声誉,所以对资金压力较小的发行人来说更有吸引力,其投资者主体是满足适格性要求的境内机构投资者。与此相对,红筹股CDR则允许发行增量新股,属于融资型发行,且由于估值优势,其在A股市场中可以预期的融资功能强大,意向中的投资者也主要针对广大散户。

第二,在跨境发行上市中,制度冲突所指向的东道国市场之两种监管目标存在不可避免的内在紧张,实现完全调和的可能性几乎是不存在的:(1)提升境内资本市场国际竞争力,控制境外企业融资成本与合规成本;(2)维护境内资本市场法制的统一

* 华东政法大学教授。

性，维护经济主权和金融安全，保护境内投资者权益，特别是对两地或者多地上市的境外企业实现投资者的公平保护。应该追问，第二个监管目标所指向的“公平保护”意味着什么？是同等保护？平等保护？“相当”保护？目前在红筹股CDR和“沪伦通”架构下，要求关于投资者权益保护的安排总体上应“不低于”境内法律要求。那么，如果境外市场的股东权利保护水平高于我国境内水平（例如，股东代位诉讼在持股比例和持股时间上的启动门槛、股东查阅权的行权成本与行权程序），则存托凭证持有人实际享有的权益保护比起境外投资者是减等的，是一种实质上的不公平。由于境内境外市场的市场结构、投资者文化、监管理念与实践、货币汇率波动等方面可能存在重大差异，同股不同价的现象可能也将比较普遍，无法真正实现跨境投资者“同等保护”的现实后果是可以预期的。

其实，境外市场（美股市场、港股市场、台股市场等）也面临着同样的两种监管目标的平衡难题。对此，境外市场的处理路径基本上呈现出两种模式：就境内法律法规和监管要求的适用，对境外发行人实行比较宽容的超国民待遇或者豁免待遇（或者两者兼具）。如何借鉴值得继续研究。

第三，以“沪伦通”为例，可以观察到两个明显的制度差异。

1. 一个制度差异在于挂牌平台的质量和市场准入门槛：CDR将在上海证券交易所的主板挂牌交易，而GDR则将在伦敦金融交易所的国际订单簿（International Order Book）平台上挂牌交易。伦敦金融交易所现有的中国发行人发行的GDR不多，主要发行方式是在港股市场发过H股后再到伦敦金融交易所发行GDR，其中中石化GDR是第一家在伦敦金融交易所发行的中国发行人凭证，而且是在主板发行。其他国家企业GDR的发行平台除了主板之外还包括专业证券市场（Professional Securities Market）。伦敦金融交易所GDR发行门槛较低，比起主板市场高级上市板块交易的上市公司，有一系列财务及公司治理方面的要求不予适用，因此GDR主要由资深、专业的投资机构而非散户投资者购买，故流动性较低，在公司治理质量、市场信誉、价格等方面均逊于高级上市板块的挂牌证券，也不具备纳入FTSE富时指数的资格。由此来看，未来哪些公司西向去发GDR、哪些公司东向来发CDR，值得关注。

2. 另一个制度差异在于保荐人的角色：在“沪伦通”架构下，CDR必须有保荐人参与，这实际上相当于对发行人资质多了一层质量控制，多了一个发生问题后承担责任的主体，尤其是在A股市场已经建立了先行赔付制度的情况下，这种安排体现了对境内投资者保护的重视。而GDR的发行则不需要保荐人。

第四,共同适用于红筹股与“沪伦通”CDR 机制的跨境制度冲突集中表现在发行上市标准的法律冲突、公司治理标准的法律冲突、信息披露标准的法律冲突、会计准则适用的法律冲突、纠纷解决方式与程序的法律冲突五个方面。

1. 发行上市标准。研究指出,国际经验呈现出对境外发行人一般要求比本国发行人更严、更高门槛的趋势。例如纽约证券交易所对非美国公司的公众持股数、公众持股额、公司税前利润、现金流量等比美国国内公司要求更高,而德国法兰克福证券交易所也在上市条件上采用双重标准——针对欧盟国家的公司普遍采用一般标准(general standards),即在该交易所上市的最低标准,而对非欧盟国家的公司采用较高标准(prime standards)。也有学者指出,国际市场普遍经验是“低门槛、重义务”,即上市标准宽松,但上市后的持续信息披露义务很重。目前的红筹股 CDR 规则体现出对境外发行人的地位、规模、行业类型之相当高的要求,而“沪伦通”CDR 规则之下强调的则是合规性标准。

2. 公司治理标准。由于涉及文化因素,成熟的资本市场一般不强求以境内标准来对境外发行人实行“一刀切”适用,而是以豁免境内标准的适用为主要选择。例如,自 1934 年美国证监会(Securities and Exchange Commission,SEC)成立至今,监管者是在“复杂的心态”中,一直尽量避免干预境外企业的公司治理实践。但以 2002 年《萨班斯法案》作为分水岭,体现的则是针对境内外发行主体“一体适用”国内法所设定之公司治理标准的趋严态度。即使立法者期待的是一体适用严格化后的公司治理规范,但在上市资源国际竞争的现实压力下,SEC 又不得不针对境外企业制定一些零散的、应急性的豁免条款。

就公司治理结构而言,我国《公司法》《证券法》《上市公司治理准则》等法律、法规和规章的规定与境外公司治理结构之间存在一些重大差异。在当前 CDR 即将开闸、呼吁制度创新的现实下,境内监管机构和交易所在境外企业公司治理标准方面的态度已经松动。例如,上海证券交易所表示要尊重境外企业“董事会中心主义”的公司治理架构,允许其与我国公司法中的“股东会中心主义”取向适当背离。在“沪伦通”和红筹股 CDR 的规则中,则体现为在公司治理要求方面对境外发行主体实行“豁免”的原则性监管态度,例如不要求设立监事会、在一定限度下允许双层股权架构等。

3. 信息披露标准。这方面的关注包括招股说明书的格式及内容标准,以及持续信息披露标准。招股书方面,各个市场普遍对境外发行人适用另外一套格式。总体而言,境内与境外主要市场的招股书要求大同小异,在结构和必要披露事项的范围方面高度趋同。

就持续信息披露而言,不同法域的证券交易所对定期报告的形式以及披露时间等规定存在较大差异。对于多地跨国上市的企业而言,要实现不同地域的投资者同时获得相同的上市公司信息披露内容比较困难。例如,沪深证券交易所要求上市公司披露季报。而世界各主要证券交易所(如香港交易所、伦敦金融交易所和纽约证券交易所)均无季报要求。又如,境内上市公司应在每个会计年度的上半年结束之日起两个月内编制并披露中期报告,而香港交易所与伦敦金融交易所虽然有中期报告要求,但其规定的披露时间与沪深交易所规定的时间不统一。目前在"沪伦通"CDR架构下,定期披露中的季报披露已获得明文豁免,而对持续披露则笼统地要求境内境外"同步"披露,同时对于披露时机、披露语言、披露内容、披露形式和披露平台及介质等各个项目没有作出规定,有待规则细化。

4. 会计审计标准。目前"沪伦通"业务监管规定(试行稿)确认了会计审计标准的互认安排机制——"经财政部认可的其他会计准则"以及"监管机构认可的其他审计准则"就包括了国际财务报告标准(International Financial Reporting Standards, IFRS)。允许境外企业直接以IFRS来从事财务报告的编制与披露事宜,既可以降低境外企业的合规成本,也将加速我国会计准则向国际标准转换的进程。

5. 证券纠纷解决方式与程序。就纠纷解决方式与程序而言,目前梳理出来的需要关注,但尚未得出答案的问题集中在上市公司章程指导意见中有关"纠纷解决适用仲裁"的条款在跨境交易中的适用问题、投服中心的持股行权与支持诉讼功能对跨境上市公司的适用问题,以及跨境交易所涉诉讼中投资者赔偿标准的平等适用问题。

从中介机构角度看跨境投资中的投资者保护

陈 刚*

从资本市场中介机构的角度看,"跨境投资中的投资者保护"有如下几个方面值得讨论。

---

* 中金公司合规总监。

一、需要保护的“投资者”

中国的投资者保护制度应该是首先保护国内的投资者。世界各国多是如此。比如美国,其监管规则主要集中在对美国国内投资者的保护,因此有一类 Reg S 交易,就是在国外与外国投资者发生的交易,在很多监管要求方面是获得豁免的。当然,如果外国投资者到了国内市场,在国内市场发生的交易,这类交易则应受到国内投资者保护制度的同等保护。所以这个“国内”投资者,更多地是指在“国内”从事交易行为的各类投资者。

二、跨境投资的标的

资本市场跨境投资方面的改革开放包括“引进来”和“走出去”,今天我们谈论的跨境投资侧重点是“走出去”的过程,主要是指中国国内投资者投资海外证券的过程。国内投资者投资海外,投资的范围包括股票、债券、基金或者其他结构化产品,也可以投资房产等。我们今天所讨论的范围主要限定在前四类,将其统称为证券。当我们主要集中在“沪深港通”“沪伦通”等谈跨境投资时,其实我们忽略了投资上市证券之外的另一个非常重要的投资领域,也就是包括公募、私募基金等产品在内的资管产品投资市场。以国内市场为例,资管产品现在已经是老百姓理财的一种重要投资标的,从某种角度来讲甚至是相对于投资上市公司证券而言比例更大的一类投资标的。因此从标的的范围来讲,广义的证券至少应同时包括上市公司证券和资管产品两类。

三、中介机构持牌是基本的投资者保护的要求

从国际经验来看,一般来说各个国家的监管机构对自己国家投资者的跨境投资保护都给予了相当的关注,其中最主要的保护方式之一就是要求提供这一服务的中介机构持牌。也就是说,任何一家中介机构,无论是在国内还是国外,不能不持牌就给国内的中小投资者提供服务。

以海外市场 IPO 为例,虽然在 IPO 当地已经注册的承销商(underwriter)能接触 IPO 所在地之外的其他国家的机构投资者,但一家承销商,如果没有在其他国家当地

注册(持牌),其想接触其他国家本地的个人投资者,一般是不被允许的。接触机构可以豁免持牌,与接触当地中小投资者需要持牌,这是一个非常重要的区别。

相对而言,我国在中小投资者投资海外证券方面,目前没有监管规则要求为我国中小投资者提供服务的海外中介机构必须在中国持牌。实践中,一个中国国内居住的中小投资者,其只要在海外开有资金账户,在海外证券中介机构再开立证券账户从事海外市场的证券投资,我国对该海外中介机构没有法律限制,我国也没有相关的监管规则对中国的中小投资者进行保护。

虽然其间有一些在海外市场从业的中介机构在该海外市场持牌,在一定程度上受到当地监管机构监管并给予使用服务的国内投资者一定的保护;但两个市场之间与两个监管机构之间也充斥了很多不受管制的灰色区域。比如现在我国有相当多的中小投资者参与海外虚拟货币交易、外汇交易、结构化产品交易等,这些投资多数是通过离岸的中介机构或者境内非持牌机构执行的,这些提供服务的机构和个人没有在中国持牌就为中国境内的中小投资者提供服务。出了问题之后,离岸的中介机构与境内的非持牌机构跑路,国内的中小投资者得不到保护。

对国内投资者的跨境投资提供保护,这是一个长期的过程。在资本市场改革开放的过程中,在中央渠道方面,我们建立了“沪深港通”,要建“沪伦通”,这是扩大我们国家中小投资者去海外投资的一类非常有益的方式,同时也有配套的投资者保护方面的考虑。

但除这类中央渠道之外,另一类非中央渠道的交易方式,即由市场上的中介机构提供中心渠道之外的跨境投资交易的方式,是实践中更普遍,甚至规模也更大的一种跨境投资方式。在这个过程中,要求提供服务的中介机构在国内取得牌照,获得国内监管机构的监管,是一个非常重要的方面。

四、跨境投资标的的适当性管理

从跨境投资标的的角度来讲投资者保护,另一个重要的方面是适当性管理。比如,对一个境外上市的股票定一个什么样的风险等级?目前中国证券业协会将境外上市证券定为四级。四级大概是个什么概念?我们国内的一般的主板上市公司证券被定为三级。风险等级为四级的证券基本上是一些场外交易的产品。因此,投资境外上市证券相关的风险还是比较高的。在海外市场上,当地的券商为本地的投资者提供服务时,他们对投海外产品的风险等级的判定也是基本上按照这种方式处理的。比如,美国实际上将在外国交易所上市的产品,无论是主板还是其他板的上市公司证券,都定义为场外市场交易的证券。这一不同分级的依据是相对于本国交易所的上市证券、海外上市证券不同的信息披露程度和难以保障的投资者保护而言。所以从这个角度来讲,我们在对海外中介机构服务中国的中小投资者进行监管时,哪怕这一中介机构持了牌,其履行适当性义务时也应参照更高的标准。

五、建议中小投服也可以考虑在资管产品中持一点份额

呼应前面说的投资标的的范围。因为现实中国内中小投资者的投资范围是在投资上市公司股票之外更大规模地投资了各类资管产品。因而,是个人建议投服中心是不是也可以考虑在各类资管产品中,也像持股上市公司那样,持一点资管产品的份额。这样,投服中心也可以代表广大中小投资者的利益,在投资者投资资管产品的投资者权益保护方面,提供更强有力的支持。

专题论坛二：多元化解纠纷与规范运作

积极推进　开创资本市场纠纷化解新局面

刘　磊*

随着多层次资本市场的快速发展，矛盾纠纷数量也不断上升。有效化解和处理投资者纠纷，保护好投资者的合法权益，事关资本市场的健康发展。解决民事纠纷，可以通过和解、调解、仲裁或诉讼等方式。证券期货经营机构普遍重视投资者投诉，已经通过和解方式化解了绝大部分与投资者之间的纠纷。2013 年，证监会开通投资者公益服务热线"12386"，热线开通 5 年来，妥善处理投资者诉求 34 万余件，在切实有效化解矛盾纠纷、充分保护投资者合法权益、维护市场和社会稳定方面发挥了积极作用，成为证监会服务投资者的重要窗口。这些诉求中，有一部分是民事纠纷投诉，热线督促经营机构承担主体责任、首要责任，没有和解的投诉主要通过多元纠纷化解机制解决。

通过多元纠纷化解机制，给予投资者专门的帮助和支持，不仅可以有效平息纠纷、定分止争，实现案结事了，更为重要的是能够形成公平、公正的市场秩序，提振投资者信心。2016 年 5 月，最高人民法院、证监会联合发布《关于在全国部分地区开展证券期货纠纷多元化解机制试点工作的通知》。人民法院和证券监管部门坚持以人民为中心的发展理念，齐心协作、大力推进，试点工作取得累累硕果。目前，调解已覆盖全市场各个业务领域、各个监管辖区；调解组织和调解员数量充足，已经向专业化、专职化发展；已达成调解协议都能主动履行；经营机构普遍支持并积极参与调解机制。通过各个方面的共同努力，形成了"监管部门组织管理、调解机构具体实施、市场

---

* 中国证监会投资者保护局权益保护处处长。

主体积极配合、投资者理性参与”的证券期货纠纷多元化解工作新格局。

在试点中,人民法院与监管部门通力合作,通过纠纷化解积极维护投资者合法权益。从最高人民法院到基层人民法院,都向调解组织委托案件,保障了诉调对接顺利开展。在中国证券业协会制定欣泰电气“一对多”调解方案过程中,最高人民法院指导,福建省高级人民法院、福州市中级人民法院、辽宁省高级人民法院、沈阳市中级人民法院等大力支持,投保基金公司、深圳证券交易所、中国结算公司等分工合作,最终将1万多起案件化解在起诉之前,投资者获得2.4亿元赔偿,取得显著社会效果。有的法院在行政处罚前就已对虚假陈述案件立案并委托调解组织完成调解。有的基层法院还试点了远程视频方式司法确认。

在试点中,监管部门专门做出有利于中小投资者的安排。证券期货调解定位于公益服务,始终不收取中小投资者任何费用,目前也没有收取经营机构任何费用。要求证券期货经营机构应当积极配合参与调解,投资者单方即可启动调解程序。对于无正当理由而拒不履行已达成调解协议的证券期货市场经营主体,证券期货监管机构依法记入证券期货市场诚信档案数据库。

在试点中,调解组织坚持以投资者需求为导向,积极推进工作机制和工作方式的创新。积极探索小额速调机制,证券期货市场经营主体承诺对一定金额以下的纠纷无条件接受调解结果,大大提高了纠纷处理效率。除司法确认外,还以公证确认、仲裁确认方式赋予调解协议强制执行效力。还创造性开展了上市公司虚假陈述案件调解实践。

在试点中,调解组织错位发展,从联合开展业务逐渐走向业务融合。鼓励调解组织间资源共享,调解组织间签署合作协议,联合办案已经成为常态。投资者在自愿基础上选择调解组织,调解组织靠服务获得当事人认可,让市场最终决定调解组织发展。面对日益复杂的群体性、跨行业、跨地区纠纷,需要专业性、综合性调解组织。投资者对调解认知度还需要提高,需要更权威、更有公信力的调解组织。计划建设全国性证券期货专业调解组织,发挥其各方面优势支持各辖区完善多元纠纷化解机制,发挥示范引领作用,提高证券期货市场调解整体实力,增强我国资本市场对外竞争力,提升我国资本市场国际影响力。

在试点中,大力发展了远程线上调解。各调解组织实践了多种远程调解方式,其中开通在线调解平台的“中国投资者网”是证监会直接管理的为广大投资者提供公益网络服务的政府网站,由投服中心建设和运维。监管部门准备将该平台向各公益性证券期货调解组织开放共享,一个平台集中全市场调解组织、调解员、培训等资源,实现调解资源和市场需求在全国范围内匹配、对接,与人民法院办案信息平台联通,功能上实现在线调解,在线确认,在线接收法院委派委托、在线反馈评价,在线案件管理,通过IT技术的应用,持续提升纠纷解决工作的信息化、智能化水平,减少时间、空间的束缚,让调解更便捷高效,成本更低廉,用"足不出户"的调解体验,实现灵活便民的服务理念。

在纠纷处理中,监管部门重视树立源头治理、预防为主的意识。多地证监局定期组织调解员座谈,调解组织编写发布典型案例引导双方当事人调整预期。通过对没有违法违规但可能损害投资者利益的民事纠纷数据研究,将共性问题、普遍性问题作为监管问题,以问题为导向,推动完善监管政策制度规则,推动行业协会充分发挥自律引导作用,有针对性向投资者提示风险,保护投资者合法权益。

证监会商最高人民法院一致,正在总结前期试点的积极成效,准备完善有关政策文件,进一步推动证券期货多元纠纷化解机制发展。同时,证监会更加重视调解业务规范发展问题,计划制定统一规则,规范证券期货调解组织的工作制度、规范调解员行为,为纠纷化解工作长远健康发展打好基础。

从北京市一中院的角度看证券虚假陈述纠纷的现状、挑战及诉调对接机制的发展建设方向

张家华*

完善多元化纠纷解决机制是党的十八届四中全会确定的一项重要改革任务,从党中央到各个层面均出台了一系列文件,证券类案件的诉调对接工作是多元纠纷解决机制的重要组成部分。以下简要介绍北京市第一中级人民法院(以下简称北京市一中院)受理的证券虚假陈述案件的情况、诉调对接的情况和下一步诉调对接的发展方向。

一、北京市一中院案件的现状、挑战与探索

北京市一中院受理辖区内涉及中小投资者的证券类纠纷,尤其是近年来,随着金

* 北京市第一中级人民法院民事审判第四庭庭长。

融监管机关对上市公司违法行为处罚力度的加大、人民法院立案登记制改革以及证券市场投资者法律意识的不断增强,因广大中小投资者起诉上市公司所引发的证券虚假陈述责任纠纷案件,数量持续增长。就北京市一中院而言,自 2014 年至 2018 年 9 月,民四庭陆续受理投资者以虚假陈述上市公司为被告的证券虚假陈述责任纠纷案 1400 余件,案件数量的巨大增长,反映出投资者的维权需求十分强烈。此外,除因上市公司信息披露引发的证券虚假陈述责任纠纷外,近两年来,因公司债券引发的兑付纠纷数量也在增加。

就证券陈述责任纠纷案而言,此类案件的以下几个特点,为人民法院审判提出了一些挑战和考验。第一,前面提到的案件数量逐年增多,案件增长速度较快;第二,收案周期及审理周期长,管辖权争议现象突出,人民法院的结案压力比较大;第三,案件的专业性强,审理难度和争议较大,司法实践中关于信息重大性的认定、揭露日(更正日)的确定、系统风险的考量、投资差额损失计算方法等均存在不统一和争议;第四,总体来看,目前的调撤比例不高,从北京市一中院审理的案件看,除了少数案件得到调解,很多其他案件均是以判决结案,其中,系统风险是否扣除、扣除比例争议为主要争议。

为了解决上述案件提出的挑战,妥善化解矛盾纠纷,北京市一中院也积极探索,促进案件的解决,比如,就此类案件涉及的共通性和疑难性问题,经过多次调研,北京市一中院率先在北京法院制定了《证券虚假陈述责任纠纷案件办理规范》,梳理裁判规则,统一裁判尺度。但是从人民法院审理案件的角度而言,迫切需要能够缓解结案压力、提高结案效率、妥善化解纠纷的方案。

2016 年最高人民法院、中国证监会共同发布了《关于在全国部分地区开展证券期货纠纷多元化解机制试点工作的通知》,提出了诉调对接的方案,并确立了八家调解组织,其中中证中小投资者服务中心有限责任公司(以下简称投服中心)是其中之一。在与投服中心多次沟通之下,双方于 2017 年 10 月签订了证券期货类案件的诉调对接合作协议,建立了诉调对接的合作框架。目前,北京市一中院已经委托投服中心就证券虚假陈述责任纠纷的案件进行调解,投服中心对案件的调解工作一直在进行中。

二、诉调对接机制的发展建设方向

随着党中央对金融工作的不断重视,相关监管机关对金融领域监管的不断增强,对金融违法犯罪行为查处和打击力度的加大，在证券领域的案件数量还将不断增多，因此诉调对接程序的发展至关重要，发展空间仍然很大。在今后的合作中，可以从以下几方面不断深化完善并不断探索诉调对接的新机制。

第一，提升工作规范化水平，优化诉调对接程序。将诉调对接工作实践上升到理论和机制层面，推动完善先行调解和后端专业化审判紧密衔接的多层次诉讼制度体系。加强工作规范化建设，在总结诉调对接实践经验的基础上，将程序规则进一步优化，对调解期限、法院与调解组织的合作分工等具体事项进一步完善，避免“对而不接、联而不动、程序空转”。

第二，探索分类别的调解程序，提升调解效率。以灵活、便民、高效为原则，探索分类别的调解程序，针对不同的案件情况，如纠纷的类型、金额、人数、当事人主体、案件难易程度等，在具体的领域实现专业咨询和调解；探索建立小额速裁机制，尽量减少环节、简便程序、缩短时限。

第三，内外合力，强化调解成果的保障落实。对于因达成调解而向法院申请出具调解书、撤诉申请的案件，法院探索建立“绿色通道”；加强与监管机关的合作对接，对于已经达成调解协议、和解协议且无正当理由拒绝履行的证券市场经营主体，监管机构对其相关行为进行核查，以此共同形成合力，保障调解成果的落实。

第四，利用信息化技术，提升调解工作质量。探索远程调解、视频调解等新型调解方式，提升调解工作的质量和效率；探索搭建信息共享和传递平台，实现全流程在线调解；同时，为了提升批量投资者损失数额的计算效率和精确程度，充分发挥调解组织在证券业务领域的专业性、技术上的优越性，可以探索研发投资者投资差额损失的计算系统，以达到投资者投资差额损失计算的“一键化”处理。

第五，加强合作，建立专业规范的联席会议制度。由于证券领域的新问题、新情况层出不穷，为更好地应对诉调衔接工作中出现的新问题、新情况，共同研判证券类案件领域的难点、敏感、热点问题，就日常工作进行沟通和定期对证券纠纷多元解决机制合作情况进行评估，法院与调解组织应经常性地召开“联席会议”，定期对证券纠纷诉调衔接工作情况进行评估、总结、通报、宣传，对证券纠纷开展前瞻性调研，对领域内热点、难点问题进行研讨、交流；对群体性、敏感性和其他重大疑难证券纠纷进行联合矛盾化解、预防。

第六，双向培训，提升调解能力和业务水准。为不断提升调解员的理论、实务操作水平，法院与调解组织应共同开展对调解员的培训工作，包括但不限于典型案例研讨、组织庭审旁听等方式提升调解员的理论和实务操作水平;同时,调解组织的相关专业人士也应定期对审判人员开展证券业务培训,增强对证券案件分析与调研能力。

调解协议司法确认的路径和建议

陈　丽*

上海市虹口区人民法院(以下简称虹口法院)与中证中小投资者服务中心(以下简称投服中心)的合作,在司法确认方面是一大进步。虹口法院与投服中心在2015年正式签署合作框架协议,双方致力于纠纷调解司法确认工作和诉中纠纷委托调解工作,系开基层法院与投服中心合作的先河。

双方合作协议签署后,首先面临的一个实质性问题就是:虹口法院能否就投服中心在全国范围内促成的调解、达成的调解协议进行司法确认。因为按照目前的法律管辖,外地调解的纠纷本身诉讼管辖不在上海司法管辖范围,此类当事人住所地、合同签订地、侵权地皆在外域的调解上海法院能否受理确认?同时,按照诉讼法规定,调解组织的协议必须由机构所在地的基层法院确认。这就存在矛盾:当地法院受理司法确认于法无据,而上海法院又面临诉讼管辖的障碍。为了支持投服中心的业务,为投服中心提供坚实有力的司法保障,虹口法院就管辖问题专项向最高人民法院、证监会和上海市高院多次请示,并最终拿到"红头文件",确认有权对投服中心全国范围内促成的调解协议进行司法确认。

第一个司法确认的具体案件,也是反复磋商探索的过程。调解协议司法确认的内容范围、律师的代理方式、办理流程等很多具体细节都需要反复探讨达成一致。关于协议的履行,大部分纠纷调解结果确认后双方会自愿履行,不涉及后期执行的问题。但部分涉及最终需要强制执行的情况,我们会同投服中心进行了方案研究和部署,与协助执行机构多次沟通,明确司法执行的内容以及机构的具体要求,实现审判司法确认、执行裁定、强制执行三方面的无缝衔接,确保纠纷当事人第一时间实现权利。

针对诉调对接合作中面临的问题,有两点建议:

第一,建议在司法确认的立法管辖上进行一定的突破。投服中心司法确认受限

---

* 上海市虹口区人民法院金融庭庭长。

于民事诉讼法,必须在机构所在地法院进行。人民调解的逻辑是处理街道邻里纠纷,这些纠纷本身就是在辖区范围内进行司法确认。但是现在很多行业调解机构,包括投服中心的调解是跨行政区域的,不再局限于机构所在地,这种发展态势应该得到关注,并且在立法管辖上进行一定突破。

第二,建议在调解过程中,建立中立第三方评估机制。对于法官不熟悉、调解人员无法精准判断、纠纷本身比较新颖、专业和前沿性的问题,引入第三方评估机制,建立专家库,正式出具书面评估报告,作出专业判断。出具报告以后,当事人可以对调解结果有预判和预期。即使没有促成调解,专业的认证书也可以在司法程序中作为证据出示供法官裁断,甚至可以作为证据引用。如此,第三方评估机制也有助于更好地提升投服中心的权威性和认可度。

仲调对接及具体问题建议

张皓亮*

仲调对接已经在全国遍地开花,并受到了社会的关注。但是进一步发展好仲调对接制度不能局限在通过仲裁的方式对调解协议进行确认,而应该是一种全方位的系统性的对接。其体现在以下五个方面:

第一,保护投资者理念的对接。仲调双方应选择在中立的原则下实现保护中小投资者利益的目的。在裁断和调解中小投资者纠纷时,尤其在疑难及模糊的领域,要按照保护中小投资者利益的理念作出决策,这也是落实保护中小投资者理念的关键。

第二,专业水准的对接。仲调双方都要致力于保持相同及出色的专业水准。调解机构及仲裁机构对接时,在不同阶段、不同环境对相同的争议的认知、评估、建议和裁断要具有相当的一致性,才能使各方当事人信服,否则将会损害双方的公信力。

第三,结果确定性的对接。无论是调解机构还是仲裁机构,都应有一套成熟的程序、思路和理念,并且需要长期坚持,给予当事人确定的预期。当事人纠纷的调解评判以及仲裁裁断结果在一定的范围内都能合理预估,打消当事人对调解或者仲裁结果可能会反复及不可测的顾虑,保持调解机构及仲裁机构的权威性。

第四,适用行业标准的对接。行业标准是证券纠纷解决不可或缺的因素,甚至有

---

* 北京仲裁委员会秘书三处处长。

时是决定性的因素。在仲调对接过程中,调解机构和仲裁机构都要同时适用好行业标准,以便纠纷各方均在相同的语境中讨论纠纷解决问题,形成证券领域纠纷解决的特色。

第五,共同创新及研究方面的对接。调解及仲裁机构均需要不断地创新以及研究证券纠纷解决的程序、手段、技术,从而应对越来越复杂的纠纷解决局面。双方应共同致力于普及研究结果以及创新的程序、手段、技术,从而与社会同步提高纠纷解决的水平。

除建立好仲调对接的机制外,在保护中小投资者的具体层面还需要解决几个问题:

一是解决信息不平等的问题。应当建立证据披露制度,任何信息优势方均应当按照制度披露证据,从而使双方当事人在证据上"平权"。该项制度可以通过调解规则或仲裁规则来实现。

二是解决专业不平等的问题。建立和推广专家证人制度,使双方当事人在专业上"平权"。可以尝试以建立专家库的方式予以解决。

三是解决成本负担能力不平等的问题。建议建立中小投资者纠纷费用减免、后付以及纠纷基金支持制度,在费用上更支持中小投资者维护权利。

四是解决效率需求不平等的问题。中小投资者往往会考虑到较长的纠纷解决时间从而放弃请求或者做出妥协。因此,应当构建适用中小投资者证券纠纷解决的快速程序。

证券期货纠纷调解机构的组织形态选择

董新义*

在证券期货纠纷新型调解机制建设中,建立新型的、全市场统一的、独立第三方证券期货纠纷调解机构是证券期货纠纷调解机制建设的核心。而依据我国现行法律法规,证券期货纠纷调解机构可供选择的组织形态有公司制、事业单位、民办非企业单位、非营利法人和人民调解委员会五种。但是从选择的层面来看,需要具体分析。

一是营利法人公司制形态不可取。

* 中央财经大学法学院副教授。

虽然公司也是未来证券期货纠纷调解机构设立时可选择的一种组织形态，但鉴于公司一般是以营利为目的的法人，与作为证券期货纠纷调解的公益性目标不相符合。但我们可以借鉴英国、澳大利亚金融申诉专员制度（FOS）这种特殊公司组织机构的公益性、非营利性的做法，在未来我国建立非营利性公司法律制度的情况下，也可建立这样的FOS组织形式。

二是事业单位形态虽好但操作很难。

鉴于证券期货纠纷调解事业的公益性，设立事业单位性质的调解机构来专担证券期货纠纷调解工作，在理论上是可行的。但是，考虑到我国事业单位改革的政策精神，当前正在调整、合并、减少事业单位数量，尤其是要成立国家级的事业单位更是难上加难，需要证监会和中央编办、国务院法制办、人社部、民政部等部门进行全方位协调。设立地方级别的事业单位虽然可行，成立也比较容易，但是一个区域性的机构要开展全国范围内的证券期货纠纷调解业务，存在很大的局限性。

三是人民调解委员会形态不符合专业调解组织要求。

从《人民调解法》的规定来看，人民调解委员会主要是为了方便解决基层人民群众之间的一般民间纠纷而设立的，而证券期货纠纷的专业性极强，调解一般民事纠纷的人民调解委员会较难胜任。当然，人民调解委员会并非法律意义上的组织形态，由于其公益性目的，人民调解委员会最终也可以选择以民办非企业法人的形态而存在。

四是采取全国性的民办非企业法人形态具有现实可行性。

英国、澳大利亚的FOS组织是一种特殊类型的公司，此点类似于我国目前法制背景下的民办非企业法人。通过分析我国有关民办非企业法人和英国、澳大利亚FOS等制度，我们认为，目前我国证券期货调解的组织形式可以采用民办非企业法人形态。其具体理由如下：（1）民办非企业法人符合证券期货纠纷调解机构的公益性目的。因为民办非企业法人是指不以营利为目的，主要从事非生产经营活动的法人。（2）由于民办非企业法人具有民办和非企业法人性两个本质特征，可以在组织、机构、人事、财务等关键性因素方面不受行政机关的领导，可以真正实现自主管理、自我约束、自求发展、自我完善的道路。（3）从其性质上看，有利于维护调解机构的客观性与中立性，从而更权威、专业、独立地履行调解职能。

五是按《民法总则》规定确定为非营利法人形态最佳。

《民法总则》已经规定了非营利法人，将证券期货纠纷调解机构的组织形态确定为非营利性法人形态符合我国立法趋势，从民法法理来看也是最为科学的。还有，即使是成立事业单位形态或者民办非企业单位形态的调解机构,按照《民法总则》对非营利性法人的定义,事业单位和民办非企业单位仍然属于非营利法人范畴,只是出资的主体不同而已。故建议我国在筹建证券期货纠纷调解机构过程中,自始就应当按照非营利法人的成立条件来设立,避免今后变更组织形态而产生资源浪费的问题。

证券纠纷非诉解决机制构建的选择与深化

卢 勇*

一、构建新型非诉纠纷解决机制的目标模式

资本市场的健康发展,离不开一个公正、有效和透明的纠纷解决机制。从国际上看,为适应不断增加的金融纠纷的化解需要,针对金融纠纷的特点,以相对处于弱势地位的金融消费者的倾斜保护为核心和出发点,20世纪90年代,金融申诉专员制度(Financial Ombudsman Service,FOS)从英国发端,主要以调解与裁决相结合的方式来解决投资者与金融机构之间的纠纷,20多年来这一制度迅速在全球很多发达国家和地区的资本市场得到广泛运用。申诉专员制度加强和灵活运用行政监管与行业自律,通过协商、调解与裁决相结合的非诉讼方式,使金融消费者的权利诉求得到快速的回应和直接的救济,最大限度地减少了诉讼。

就调处程序而言,启动和终止FOS都由投资者单方决定,金融机构必须接受。就裁决结果而言,在一定额度内,FOS对金融机构有单方约束力。换言之,当投资者接受该裁决时,则裁决对双方都具有约束力,双方都应当自觉履行;而若投资者不接受申诉专员的裁决,则依然保留申请仲裁或者向法院提起诉讼的权利。分析证券申诉专员制度成功的原因,就是其适应了证券期货纠纷解决的规律性要求,有效弥补了传统金融消费纠纷解决机制的缺陷和不足。其一,调解与裁决相结合的纠纷解决方式既体现了调解的便捷经济,又以具有约束力的裁决实现了调处结果的权威性有效性;其二,具有法律、金融相关专业知识的证券申诉专员在处理纠纷时能够全面参考法律法规、判例和行业惯例,其程序设计也保证了纠纷处理的公正性,还可以进行事实调查,有利于形成被市场接受的公信力;其三,向中小投资者的倾斜保护秉持了实

* 德邦证券股份有限公司合规总监。

质公平的纠纷解决理念,大大增强了对中小投资者的吸引力;其四,作为普遍在金融监管部门指导下设立的专门性纠纷解决机制,与行政或自律监管的密切配合强化了纠纷解决合力,有利于实现解决个案纠纷与贯彻监管政策的统一。

无论从当代世界金融消费者保护和纠纷解决实践的发展、从中国资本市场过往的实践和问题,还是从世界银行和G20峰会《金融消费者保护条款》和中小投资者保护原理和规律而言,融会多种纠纷解决手段优势、有效化解纠纷理念的证券申诉专员制度符合现代证券期货纠纷化解的规律性,同样适用于当下中国资本市场的纠纷解决。近年来,投服中心作为中国证监会设立的直属机构积极探索创新单边受理、小额调裁一体的纠纷调解模式,为中小投资者提供倾斜保护,取得了积极成效,已然显现证券申诉专员制度的初步形态,投服中心的探索表明,在中国构建证券申诉专员制度具有现实可行性。笔者建议,中国资本市场的多元化纠纷解决机制改革要以构建中国特色的证券申诉专员制度为主要目标,努力实现证券纠纷调解机制向证券申诉专员制度的转变。

二、从证券机构角度看新型机制的深化建设

作为一个市场化法制化的纠纷解决机制,必须能够成为市场纠纷双方共同的经济理性选择。一方面,申诉专员制度作为一种倾斜保护中小投资者为特色的纠纷解决机制,应当在制度设计中充分体现对中小投资者的倾斜性,包括申请的便捷性、费用的公益性、程序的单边性、举证责任的调整、损失计算的协助等;另一方面,对于处于相对强势地位的市场经营主体,需要有行政监管、自律约束、司法衔接等方面的制度激励约束引导。笔者结合在证券经营机构从事纠纷投诉处理的体会,对引导经营机构参与纠纷调解处理建议如下。

(一)激励约束的引导

其一,在约束引导上。加强行业自治自律性机制,行业协会成员必须承担积极参与纠纷解决的义务,包括承担会费、积极参与纠纷解决程序、承诺接受一定数额下的裁决等,与投服中心签订协议,建立协商与调解(裁决)衔接的机制。在相关企业组织中设立专门负责纠纷解决的人员,回应投诉、参与协商、调解和处理程序,负责人应拥有相应的权限,在协商过程中作出和解处分和灵活处理。投服中心可将中小投资者投诉转至相关企业敦促其先行调解。对于双方达成调解协议后拒不履行的,监管部门要从严予以监管约束和自律处分。同时,设置调解前置程序,未经调解程序的纠纷

案件,人民法院不予受理。

其二,在激励引导上。针对市场经营机构的趋利避害的特性,对已经通过调解解决民事纠纷的案件,涉及《行政处罚法》规定的违法行为轻微,依法可以不予行政处罚的情形,受害人不再投诉的,监管执法部门可以直接结案,不再对行为人进行处理。尤其是改革行政和解的相关规定,放宽行政和解适用的范围,在监管机构与相对人进行行政和解的过程中,调解机构可以参与调解工作,促成涉嫌违法行为人与受害投资者达成调解协议,从而获得调查终止的效果。在其他的监管许可、评级评价、诚信激励等多方面均可以考虑相互衔接的激励机制。

(二)专业分析的说服

证券经营机构本身具有较强的法务和应诉能力,在资金、信息、专业上都具有一定的优势。因此,引导经营机构选择调解方式解决纠纷,需要通过专业的分析论证,充分展现调解方式的优势,从而引导市场经营主体认真评估不同纠纷解决方式的利弊,主动选择调解方式。一是对经营主体是否违反监管以及可能面临何种处罚的分析评估,二是对该起纠纷采用仲裁、诉讼方式解决的利弊分析,三是对该起纠纷法律关系、责任分配的分析。为此,需要建立一支专业权威的申诉调解专员队伍,同时建立各类型纠纷的实体裁决指引和规范的调解程序规则,确保调解裁决的专业性和权威性。

(三)调解效力的确认

调解协议是否具有法律效力,是否能防范对方的反悔,避免纠纷的反复,这是调解案件当事人的主要顾虑之一。在现阶段,可以通过司法确认使调解协议获得法律强制执行力,目前需要司法确认在各地的推广运用和法院管辖的放开。可在今后法律中直接规定申诉专员作出的裁决投资者一方认可后具有强制效力,从而确保纠纷不再反复,这也是吸引市场经营主体积极参与调解的重要机制保障。

证券投资纠纷调解的几点心得

袁立志*

调解作为纠纷多元化解机制之一,常常被拿来与诉讼进行对比。相比于诉讼,调解的优势在于其灵活性,那么调解的灵活性具体体现在哪些方面呢?我认为至少有

* 竞天公诚律师事务所合伙人、律师。

三个方面：一是认定事实的灵活性。在诉讼中一切以证据为依据，恰当的证据是认定事实的基础。法律对于举证责任、举证期限、证据形式及证据的认定都有明确规定，法官和当事人都要受到这些规则的约束，对事实的认定是在证据规则约束下进行的。而调解则不受证据规则的约束。比如，举证责任，在诉讼中是“谁主张，谁举证”，除非法律有特殊规定。而在调解中，我们经常适用的是“谁靠近，谁举证”，也就是说谁更接近证据、更有举证能力，谁就承担主要的举证责任。在投资者与经营机构的争议中，经营机构往往有更强的举证能力，所以主要由经营机构来举证证明自己不存在违约或违规。当然，这种举证责任分配原则不是刚性的，而是结合个案灵活处理，对于诉求明显不合理的投资者，也可以适当分配更多的举证责任。再如，证据形式，诉讼中强调原件，复印件需要与原件核对一致，如果是电子证据，原则上需要进行公证固定，但在调解中没有这些硬性要求，主要还是依赖对方当事人的认可。总的来说，在事实认定方面，调解员主要是引导当事人对基本事实进行自认，不在证据细节上作过多纠缠。即使是某些证据存在瑕疵，甚至某些事实环节没有证据支撑，但综合全案情况，或者参考行业的普遍现状等，可以基本确认的事实，也可以作为调解的基础。在通常情况下，当事人一般会予以配合，因为参与调解的当事人本身就是带着解决问题的意愿来的，没有诉讼中那么强烈的对抗意识。

二是法律适用的灵活性。中国不是判例法国家，没有“法官造法”的传统，法院的判决必须有明确的法律依据作为支撑。这就导致在一些缺乏明确法律依据的领域，尤其是一些新型案件，法院难以处理，甚至不愿意立案，导致当事人求告无门，社会矛盾累积。在调解中，除诉诸现行法律之外，还可以诉诸法律原理、法律草案、行业公认的原则或最佳实践、国内外的案例等，甚至可以诉诸公平原则。中国文化比较注重实质正义，当事人对公平正义的实际感受是纠纷化解的关键之一，严格依据现行法律作出判决，有时可能会偏离实质正义，或者与当事人的朴素的公平正义感相违背，调解则可以将现行法律及其他多种因素纳入考量范围，更好地回应当事人对实质正义的追求。

三是与其他法律程序的衔接的灵活性。现在的很多投资争议，往往是各种矛盾交织，反映在法律程序上，就是既有民事诉讼，又涉及行政处罚、行政诉讼，甚至涉及刑事诉讼，程序纷杂，相互纠缠。对当事人而言，更多关心的是自身的损失得到赔偿，但出于法律规定或者查清事实的需求，民事诉讼有时不得不等待行政程序或刑事程序的结论，有些案件行政程序或刑事程序久拖不决，导致民事诉讼迟迟无法判决，投资人的权益不能得到及时维护。如果通过调解来处理民事赔偿问题,则可以更好地与其他程序协调,双方达成调解无须以行政程序或刑事程序完结为前提。

最后,尽管调解具有诸多灵活性,但仍有两点需要注意。一是证券纠纷调解是专业调解,调解员不是"老娘舅",不能"和稀泥",上来就谈赔偿方案,而是要在查清基本事实和法律问题的基础上提出调解方案。这就要求调解员对相关的金融产品和金融服务有深入的理解,把产品结构、法律属性、法律关系、权利义务理清楚,这样既可以为拟定调解方案打下坚实的基础,也可以在此过程中赢得双方当事人的尊重和信任,这对劝服当事人至关重要。二是调解方案要做到基本的公平合理。通过对事实和法律的梳理,调解员要对案件作出一个客观中立的评判,这个评判划定了调解方案的基准线,后期调解就是说服双方当事人分别从两个方向往基准线上靠,只有这样才能以理服人。如果调解员心中没有这样的基本判断,只是指望压服经营机构来迁就投资者,或者通过忽悠投资者来偏袒经营机构,长远来看是对调解工作不利的。

专题论坛三：支持诉讼与示范判决

支持诉讼与示范判决分论坛嘉宾发言摘要

付金联*

中小投资者服务论坛是一个特别务实的平台，特别是支持诉讼和示范判决两个议题都是最高人民法院正在做的调研工作，参加这个会也可以作为预调研，借这个机会我谈谈对这两个问题的看法。

第一，证券支持诉讼问题。基本的态度是欢迎和支持，刚才有中心领导说道，老百姓怕打官司，打官司难，对此大家都深有体会。证券侵权诉讼这么专业的案件类型，由投资者保护机构来出面支持诉讼，实际上是发挥市场的正能量，这是好事。所以最高人民法院一直在关注支持诉讼进展，将匹凸匹证券虚假陈述损害赔偿第一案收入最高人民法院2018年3月全国人民代表大会的工作报告中，表明了司法审判机关的态度。

第二，示范判决问题。2016年最高人民法院和证监会就多元化解纠纷机制试点联合下发通知，明确建立示范判决机制。司法实践中一直也在探索，从最早的"东方电子案"到"银广夏案"，但当时还没有提升到示范判决的高度。另一方面是实践确实需要，司法审判中也考虑到废除前置程序是大势所趋，但废除之后，司法审判人手确实不足，技术层面也难以实现。多元化解纠纷机制试点范围很广，基本上省会城市均已覆盖，经过两年的实践，也被普遍认可，可以具体推进，最高人民法院也在和证监会商议对试点工作做一个总结，强调一下示范判决的意义和作用。对虚假陈述损害赔偿的损失计算，法官最大的工作量就是计算受损金额，如果有专业机构、有一款专

* 最高人民法院民二庭副庭长。

业软件能够提供帮助,将极大地减轻法官的工作负担,提高司法效率。这是非常值得研究和推广的好事。

另外,对于证券领域民事侵权司法解释,最高人民法院内部也在着手修订工作,同时也希望各界人士出谋划、出点子,群策群力,为保护投资者权益贡献出一己之力。

证券支持诉讼示范判决机制综述

单素华*

2016年投服中心提起"匹凸匹公司证券虚假陈述责任纠纷支持诉讼案",开创了证券支持诉讼领域的先例。目前关于支持诉讼的理论探索比较有限,对于支持诉讼的必要性及支持诉讼的具体方式也存在不同的见解。我个人认为,在证券侵权纠纷领域内,由国家层面设立的公益性专业化证券投资者保护机构支持诉讼是非常有必要的,主要有以下几个方面的原因:

第一,从法院目前受理的证券侵权类群体性诉讼案件来看,随着证券监管部门监管力度的加大,因违规被处罚的上市公司数量增加,近两年证券侵权类案件数量随之增长迅速,给法院的审判工作带来了非常大的压力。

第二,证券侵权新类型纠纷案件不断出现,除传统的证券虚假陈述责任纠纷之外,还有内幕交易损害赔偿群体性纠纷案件,最近法院还受理了操纵市场损害赔偿等群体性纠纷。这类证券侵权纠纷案件的专业化程度比较高,中小投资者自身提起诉讼后,在诉讼过程中的对抗力量是明显失衡的,即使有律师代理,对一些专业性法律问题,也很难形成有效的对抗。如果有中证中小投资者服务中心这样的公益性专业机构来支持中小投资者诉讼,则能够更好地保护投资者利益,法院对此也是持积极态度。

第三,证券侵权类诉讼前置程序取消以后,法院可能会面临很大的司法压力。根据目前关于证券虚假陈述责任纠纷案件审理的司法解释,案件受理需有前置程序,即对虚假陈述行为已有行政处罚认定或者是刑事裁决在先。随着最高人民法院立案登记制度的推进,虽然目前各地法院对此类案件的受理是否仍需前置程序的把握标准不一,但前置程序的取消应该是趋势。前置程序取消之后,法院对此类证券侵权类纠

* 上海金融法院审判委员会委员、综合审判一庭庭长。

纷案件所面临的首要问题就是如何认定侵权行为的成立。对于该问题的认定,从目前司法实践来看,无论是当事人的举证能力还是法院的调查能力都有很大的局限性。在这种情况下,如果有专业第三方组织来支持诉讼,就会从证据的收集、信息的来源以及调查取证等各方面加强案件审理的专业化程度,所以支持诉讼是解决因前置程序取消对法院可能造成的审判困境的一个比较好的路径之一。

就目前支持诉讼的司法现状而言,公益性支持诉讼案件,比如相关环境保护、劳动者保护和消费者保护等方面案件外,证券支持诉讼是近两年刚刚开始探索的。我国民事诉讼法关于支持诉讼的规定比较原则,对支持诉讼的条件、支持诉讼的方式、支持诉讼人的诉讼地位等具体问题,实践中做法不一,也存在一些争议。我个人认为,对支持诉讼的方式有必要作进一步的探索。在全国首例匹凸匹证券支持诉讼中,支持诉讼的方式是委派诉讼代理人,除委派代理人外,是不是还可以在起诉之前对当事人证据的收集、支持诉讼之后对后续平行案件的处理,如后续大量案件中关于损失计算以及市场因素评估等均发挥支持诉讼的功能和作用。以证券虚假陈述案件为例,可以在此类案件的诉前、诉中以及诉后平行案件的处理等不同阶段均发挥支持诉讼的作用,这也是法院接下来想进一步探索的方向。

关于支持诉讼和示范判决的结合问题,这两者如何有效衔接从而最大限度发挥支持诉讼加示范判决在证券侵权群体性纠纷案件的司法示范效应,是进一步探索的重点。关于示范判决,自从最高人民法院和证监会在联合发布的关于证券、期货类纠纷多元化纠纷解决机制的通知中,明确要探索证券侵权类群体案件示范判决机制之后,部分法院在这方面作过一些探索。该机制如何有效运行,首要问题就是解决如何把示范判决形成一个机制化、体系化、规范化的运作机制,充分发挥示范判决的效应,以解决目前审判实践中面对的困境问题。

示范判决是这两年司法现实状况下的必然选择。刚才提及关于案件数量激增的问题,除此之外,还有群体性纠纷诉讼解决机制欠缺的问题,这也是学界一直予以关注的。因投资者地域分布广泛、证券市场特殊性等多种原因,现有的代表人诉讼制度并不能有效解决证券类群体诉讼纠纷。对此,体会最深的应该是法院。由于缺乏有效的诉讼机制,对于群体性诉讼纠纷,存在审判资源浪费,审判压力大等突出问题。示范判决的必要性主要体现在以下几个方面:

第一,节约审判资源。对于群体性证券侵权纠纷案件,目前审判实践中的做法基本是个案单独起诉、视情况合并审理的方式。上海市第一中级人民法院曾经探索过将不同的单独诉讼合并为多个普通共同诉讼模式进行审理,但也面临一些问题,即在诉讼中对于同一个侵权事实,每一个案件仍必须按照审判程序进行开庭、质证和辩论,事实上是重复审理同一事实,这是巨大的司法资源浪费。

第二,引导当事人调解。在证券虚假陈述纠纷案件中,法院裁判之前,通常由于当事人对赔偿金额争议较大,上市公司一般不同意调解,并通过诉讼程序和实体权利的运用,使这一类案件难以得到高效解决。比如在诉讼过程中,上市公司会提出管辖异议,一审判决之后提出上诉,导致审理周期较长,调解难的问题造成了群体性的证券侵权案件基本要通过判决的方式来解决。示范判决则能够比较好地解决诉讼和调解的衔接问题,通过示范判决,明确司法裁判原则,引导当事人合理诉讼预期,以判促调。

第三,促进司法统一。在证券侵权纠纷案件中,如证券虚假陈述纠纷,目前仍存在很多法律争议问题,全国各地法院对一些问题的处理也存在司法不统一的现象,比如市场因素扣除比例、损失因果关系认定等。即使是同一批案件,不同的法官之间也会存在法律认识上的不一致。因此,通过示范判决机制可以解决以上问题。

示范判决的制度化建设

陈黎君*

我主要谈谈与证券行政监管密切相关的前置程序问题。现行司法解释对虚假陈述赔偿诉讼有一个前置程序,其主要功能是减轻原告的举证责任,有效防止滥诉,使行政和司法标准在很大程度上得到统一。

首先,司法解释的继续完善。虚假陈述民事赔偿诉讼前置程序将来取消以后,目前前置程序需要一系列配套制度修订、配套机制完善,使之更好地承载这些功能。比如,对原告举证责任,其实修改以后原告举证能力并不会相应提高,像中证中小投资者服务中心这样具有公益诉讼职能的机构来做一些支持诉讼,法院系统正在探索的示范判决制度,都能在一定程度上起到完善的作用。

其次,如何防范滥诉。每一家上市公司的投资者都是成千上万的,如果每一个投资者都以购买一手股票作为利害关系人提起诉讼,对上市公司显然是不能承受之重,

---

* 证监会法律部副主任。

法院也有不能承受之重。所以,法院是不是要把握重大性问题,在立案登记环节把好关,并非只要提起诉讼都得受理。还有,将来取消前置程序以后,重大性怎么判断?是不是更多地从交易因果关系来考虑?这个问题将来在司法解释中能不能体现,如果不能体现,是否从立案标准角度予以明确。

最后,行政执法和司法审判对违法行为认定标准的协调性。民事诉讼跟行政执法证明标准不同,不一定完全统一,但是总体来说,行政执法通过对社会整体利益保护实现对个体利益的保护,而司法恰恰通过对公民个人利益保护最后实现对社会整体利益的保护,具有异曲同工之妙。前置程序取消以后,可能未来实践出现的情形就会比较多,可能依然有监管机关作出了大量的行政处罚,在这种情况下司法机关大概率还是在违法事实描述方面会采纳行政处罚认定标准。可能还有一种情形,行政机关正好刚刚启动调查程序,那边投资者又到法院进行诉讼了,这时怎么办?如果同时进行,会不会最后出来的结果,即使大概率相同,但是不排除认定结果不同,这时怎么办?另外,行政监管机关没有启动调查,而投资者提起了诉讼,法院判决后,监管机关是不是必须进行调查?另外,如果法院认定上市公司行为不构成违法,在这种情况下如果监管机关启动了调查执法,认定构成违法,又该如何处理?因此,要取消前置程序,行政与司法的衔接一定要做好。

从巡回审理角度谈示范判决机制的推进

周伦军*

示范判决最大的问题是给谁示范,示范给谁看。我理解,示范判决的对象主要是针对处于类似地位的原告集团,其功能可以为处于相似地位的当事人提供明确的诉讼预期。示范判决机制目前最大的困难不是工作机制的问题,而是如何提高示范判决的质量,这就需要在司法规则的供给方面做出更多努力。

从目前的实际情况来看,审判一线对司法解释的需求实际上提出了更高要求,迫切需要对司法解释进行修订。原本虚假陈述司法解释是面对单一市场、单一品种股票,但是实际情况是单一市场发展到了多层次市场,原来发行和上市连在一起,现在发行市场也相对独立了。在发行市场的民事责任体系中,未注册发行的违法发行、经

---

* 最高人民法院第三巡回法庭法官。

注册的欺诈发行,销售者未尽适当性义务等行为均应承担相应的法律责任,这些责任制度是欠缺的。而且,从责任方式来看,发行市场损失赔偿可能重点是以发行价格为中心来赔偿,交易市场这种赔偿以交易价格为中心进行赔偿。面临多元化和多层次不同环节的市场,可能要有一个不同的制度设计,原来的司法解释已经不能满足市场发展需求了。在司法解释的修订过程中,可能有几个问题是需要重点考虑的:

第一,司法解释修订工作,应当能够反映市场实际发展情况。因为现在的市场跟十几年前的市场完全不一样了,因此应相应地扩大司法解释的适用范围,将股票、债券、基金等证券在一级市场、二级市场的发行和交易均纳入调整范围并明确损害赔偿的基本规则,为司法实践一线审判工作提供基本的遵循依据。

第二,司法解释的修订工作,应当吸收这些年人民法院在审判工作中总结出的审判经验。通过10多年的努力,人民法院在虚假陈述案件的审理工作中,已经对原有的司法解释进行了充实和微调,不断地明晰法律构成,比如交易因果关系问题、损失因果关系问题、系统性风险问题、正常的市场风险问题、重大性问题等,这些经验应当在司法解释修订过程中得到反映。

第三,司法解释的修订工作应当能够回应实践中已经提出的或者即将提出的问题。实践中,先行赔付人在承担赔偿责任以后,如何向其他责任人追偿,相关责任人之间的责任怎么分摊?相关的诉讼实际上已经出现,希望司法解释能够予以明确。还有,单纯虚假陈述行为是很好处理的,但实践中往往会夹杂其他的不法行为,比如操纵市场、内幕交易,典型的是文峰股份信息披露违法和徐翔操纵市场行为案例。司法解释的修订,应尽量将相关联的违法行为一并予以考虑,为基层一线审判工作提供基本的遵循依据。

证券支持诉讼若干问题思考

张　新*

目前证券支持诉讼可以借鉴的资料不多,现在学界对证券支持诉讼的研究材料太少,我结合理念和审判实践谈几点体会。

第一,证券支持诉讼的提出有“三性”:一是重要性,重要性体现在证券支持诉讼

---

* 上海市高级人民法院金融庭庭长。

是体系化构建证券投资者民事损害赔偿救济制度的重要组成部分。国家现在为了保护中小投资者合法权益构建了很多制度，包括民事损害赔偿制度、先行赔付制度、专业机构调解制度、行政和解制度等，证券支持诉讼制度恰恰是其中的重要组成部分。二是可行性，证券支持诉讼具有坚实的理论基础、法律基础和实践基础。理论基础就是社会干预理论，源于苏联国家干预理论，负有保护责任的机关、组织、公民，为了保护被保护人的合法权益，可以以自己的名义提起诉讼，这是其理论基础。法律基础是我国《民事诉讼法》第15条规定："机关、社会团体，企事业单位对损害国家、集体或者个人民事权益的行为，可以支持受损害的单位或者个人向人民法院起诉。"与《俄罗斯联邦民事诉讼法典》不同的是，我国《民事诉讼法》仅规定机关、社会团体、企事业单位可以支持起诉，公民没有资格支持起诉。实践基础是2017年5月上海市第一中级人民法院审结全国首例由中证中小投资者服务中心支持诉讼的"匹凸匹公司证券虚假陈述责任纠纷案"，标志着我国证券市场支持诉讼制度建设开始"破冰"。该起案件还写入了最高人民法院在十三届全国人民代表大会的工作报告中，影响非常大，被评为"2017年人民法院十大民事行政案件"。三是必要性，证券支持诉讼是人民法院破解当前证券侵权民事纠纷损害赔偿案件审判质量效率不高难题的迫切要求。

第二，证券支持诉讼中的几个问题：一是诉讼主体问题，根据《民事诉讼法》第15条规定，有资格支持诉讼的是对受害者负有保护责任的机关、社会团体、企事业单位，对以企业名义开展公益活动，但法律身份属于营利性公司的民间社团，不应纳入可以支持诉讼的范围。另外，支持诉讼的具体形式是以投资者让渡自己的"诉讼实施权"，以机构或组织的名义提起诉讼，还是以诉讼代理人的身份支持诉讼，均值得进一步研究。二是诉讼程序问题，对于证券侵权类诉讼，因为人数太多，每个国家都有不同的一些制度，比如美国的集团诉讼、德国的示范诉讼制度、日本的选定当事人诉讼等都有自己的特色。我国可以学习借鉴这些国家的先进经验，探索设置调解前置程序，明确支持诉讼的启动程序，示范案件的选定、其他案件的中止审理、示范判决效力的扩张、调解协议司法管辖确定等，这里面的问题很多。三是诉讼实体问题，众所周知，证券侵权民事损害赔偿纠纷案件具有涉众性、专业性强的特点，以证券虚假陈述责任纠纷为例，往往涉及证券虚假陈述行为重大性的认定、揭露日的认定、因果关系的认定、投资差额损失计算等多个难点问题，比如损失的计算牵扯法院很大精力，是否要引入独立第三方来进行鉴定，也值得研究探索。四是诉讼机制问题，证券支持诉讼不能一条路，要多措并举，要充分发挥专业机构和组织的作用，加强诉调对接，把证券支持诉讼和示范判决机制结合起来。

第三,证券支持诉讼的实现路径:一是要推动立法修改。二是要完善诉讼程序,包括明确诉讼主体资格,通过立法确认中证中小投资者服务中心、中国证券业协会、中国证券投资基金协会等证券调解组织、行业组织或公益机构,可以作为证券侵权民事损害赔偿案件的原告资格,而不仅仅是作为原告的诉讼代理人提起诉讼,进一步研究由中国证监会成为支持诉讼原告的可能性;选定示范案件,把证券支持诉讼的案件作为示范案件进行审理,解决证券侵权案件共性的事实认定和法律适用问题,从而对其他同类案件发挥指导作用;规范证据认证,明确法院可以依职权或依当事人申请,委托具有资格的证据认证机构调取相关交易数据或进行专业的统计分析计算等。三是要建立配套机制,具体包括完善诉调对接机制、建立诉讼费用奖励机制,完善证券投资者保护基金制度、完善先行赔付制度等。

示范裁判中的要素关系

黄德清*

示范诉讼的意义不言而喻,司法部门也在不断探索过程中。我们在探索过程中发现,证券类的民事诉讼和一般民事诉讼是有所区别的:一般民事诉讼当中涉及两方主体,一般是法院和当事人;但是证券类的民事案件,不仅有法院、当事人,还有监管机构、投资者保护机构,所以这几方主体关系对示范诉讼的作用也是蛮大的,下面谈谈这几者的关系。

第一点是法院和监管机构的关系。它们的目标基本一致,为了维护投资者合法权益,监管机构处罚决定都是作为民事诉讼前置程序,但是监管机构的处罚并不一定引起民事诉讼,同时还有可能会引起行政诉讼,这个会有比较大的影响,特别是对因果关系的影响都特别大。这是要重视的第一点。

第二点是投资者和监管机构的关系。监管机构的处罚决定一般是我们投资者维权的重要依据,所以对于投资者来讲,他们是非常喜欢监管机构这些处罚决定的。但是在投资者维权过程当中,对监管机构的立案调查或者说行政处罚是有选择性的。比如对监管机构的调查、立案通知,相关事实陈述,能不能作为案件认定依据,他们是

* 南京市中级人民法院金融庭庭长。

有选择性的,而我们法院在认定的时候可能会有所区别。比如,在案件审理过程中,经常会有当事人拿处罚决定书来对抗我们的意见,拿监管部门的意见作为自己的选择依据,这是从利益平衡的角度来考虑的。这个就是投资者和监管机构之间的关系。

第三点是投资者和投资者权益保护机构之间的关系,比如中证中小投资者服务中心(以下简称投服中心)。一是,我们在处理案件过程当中,发现投资者一旦自己知道权利被侵犯之后,其可能第一时间寻求保护的对象不是投服中心,而是相关的专业律师。从另一个方面说,律师可能在第一时间之内比投服中心更具有主动性去维护投资者合法权益。二是,相关的专业律师在处理案件过程当中,其不愿意将这些投资者推到投服中心的"羽翼"下保护,这里面实际上有追逐利益的考虑,律师希望这些案件由自己来代理。三是,专业代理律师在案件处理过程中,可能有一些考虑因素,不愿意到投服中心接受调解或者接受投服中心支持诉讼等,而可能直接进入诉讼途径,要求法院进行处理。四是,在处理这个关系当中,投资者权益保护机构如何把律师群体纳入自己门下,我觉得也很重要,因为在示范诉讼当中可能会有两条路:一条路是支持投服中心保护中小投资者合法权益;另外是专业代理人走的一条路。这是投资者和投资者保护权益机构之间的关系。

第四点是法院和投资者保护权益机构之间的关系。其实从保护投资者利益的角度我们可以大张旗鼓地讲,我们之间是可以相互支持的;但从另外,我们的身份感也要有明确区分,因为投服中心,包括投保基金,它们都在开发独立的第三方损失计算软件或者说是平台,这个软件作为第三方,它的独立性能不能完全体现,这是很重要的。因为在整个诉讼当中,投服中心是有倾向性的,它是站在投资者利益角度的,但是这时候当有一个第三方软件出现,其独立性如何体现就是个问题。

以投保监管视角谈投资者赔偿救济机制的完善

杜　娟*

作为一名监管工作人员,下面我从监管角度来讲一讲对投资者保护以及对投资者赔偿救济一些考虑。证监会一直都重视投资者保护,证券法就是投资者保护的基

* 中国证监会投保局维权部副处长(主持工作)。

础性法律,证监会的工作重心就是保护投资者,投资者保护镶嵌在监管工作的各个链条和各个环节中。

从监管角度来说,投资者保护是全方位、全链条的,但也可以说是比较间接的,它往往通过建立制度机制,通过监管履职,查处违法违规行为,恢复市场秩序,进而让投资者得到保护。但是对投资者的损害,其最直接的感受还是受到损害之后能够得到真金实银的补偿。近年来在证监会党委的领导下,投保局致力于制度机制方面的建设,积极探索并与系统各单位共同努力做出了一些事情:

第一个方面,推动了证券期货领域专业调解、支持诉讼,以及示范机制建设,能够便捷高效低成本地解决矛盾纠纷。2016年,证监会与最高人民法院联合发布了《关于在全国各个地区开展证券期货纠纷多样化试点工作的通知》,建立起了初步形成覆盖全国全领域的调解网络。针对中小投资者法律知识欠缺、诉讼成本比较高的实际情况,也指导投服中心开展支持诉讼工作,目前正在积极探索建立示范判决机制。

第二个方面,会同相关部门和单位积极参与共同推动行政和解试点和先进赔付工作,在诉讼渠道之外,探索投资者赔偿机制。这个大家比较熟悉,在此不作赘述。

上述这些工作可以说取得一些成绩,但是我们也清醒地认识到,这些努力跟投资者的期望还存在很大差距,所以非常希望能够借这个论坛,得到各方面专家的指导和支持。

具体而言,我们在探索工作中发现,有一些工作虽然取得了一些良好的尝试,但是还缺乏制度机制,比如支持诉讼工作,支持的资源供给与投资者大量诉讼需求还存在矛盾,如何更好地建立激励机制,提高公益律师的积极性也值得进一步研究探索。

比如,先行赔付工作,目前已经有三个比较成功的案例,社会效果也挺好。但是这三个案例,都是监管执法倒逼机制发挥作用的结果,是违法主体为了减轻法律责任而作的理性选择。如果违法主体不愿意或者无力赔偿,先行赔付工作推进也会步履维艰,所以先行赔付制度想要普遍适用还需要从法律制度层面提供保障。

再如,一些探索已经有了制度安排,但还缺乏实践。证监会在2015年年底即出台了行政和解管理办法,但目前还没有实践案例。还有一些工作,有制度安排,但是制度效力层级比较低,违法主体不履行时,缺少有效的制约手段,比如回购制度。

证券监管与支持诉讼在中小投资者民事保护上如何更好地衔接

黄江东*

中小投资者经济上的损失比较难得到赔偿，核心问题是《证券法》第232条"民事责任优先"这一规定没有得到有效落实，原因在于行政处罚和刑事程序在先，每年罚款非常多，但是这些钱收归国库，没有渠道用来补偿投资者经济损失。鉴于此，我们提出证券行政处罚、证券刑事程序与民事赔偿程序有效对接、交叉进行的设想，即在证券行政处罚程序中，证监会作出行政处罚事先告知后，就可以提起民事赔偿诉讼或启动先期赔付程序等，待投资者经济损失得到赔偿后，证监会在考虑违法行为人已做出赔偿的基础上，再从轻或减轻予以行政处罚。

（一）法律依据

《最高人民法院关于审理证券市场因虚假陈述引发的民事赔偿案件的若干规定》（法释〔2003〕2号）规定了证券民事赔偿前置程序。但根据2015年4月15日发布的《最高人民法院关于人民法院登记立案若干问题的规定》，人民法院对依法应该受理的一审民事起诉、行政起诉和刑事自诉，实行立案登记制。时任最高人民法院民二庭庭长杨丽萍2015年12月24日所作的《最高人民法院关于当前商事审判工作中的若干具体问题》讲话指出"根据立案登记司法解释规定，因虚假陈述、内幕交易和市场操纵行为引发的民事赔偿案件，立案受理时不再以监管部门的行政处罚和生效刑事判决认定为前置条件"。因此，在证券行政处罚决定作出前，法院受理证券民事赔偿案件在理论上不再存在法律障碍。

（二）相关程序衔接的具体制度构建

在行政处罚与民事诉讼有效对接程序中，以往的障碍在于在没有作出行政处罚的情况下，民事审判法官存在专业判断上的困难（也因此较谨慎）。如果将上述程序作一点小小改进，即以证券监管部门作出行政处罚预先告知书为分界，此前由证券监管部门进行调查（此阶段可由违法行为人主动做先期赔付或提出行政和解），行政处罚预先告知后即可启动民事诉讼，待投资者经济损失得到赔偿后，再回转到行政处罚

---

* 中国证监会上海专员办调差三处处长。

程序,证券监管部门在充分考虑违法行为人已做出赔偿的基础上,对其从轻或减轻处罚。

上述机制对各方均可接受:其一,对法院来说,行政处罚预先告知书已基本明确了相关专业判断,解决了技术上的困难,且从实践来看,最终行政处罚决定书改变预先告知书的概率较低;其二,对违法行为人来说,赔偿投资者经济损失即可获得从轻、减轻处罚,对其具有相当的吸引力,尤其是对持牌机构和个人来说更是如此(其更多考虑处罚对其持续经营的影响,而不是短期经济利益),至少比先受到较重行政处罚再受到投资者民事索赔的结果要有利;其三,对投资者来说,能够提前得到经济赔偿,更是求之不得;其四,该机制将行政处罚与民事诉讼巧妙对接、交叉进行,不存在任何与现行财政国库管理规定的冲突,完全可在现有制度框架下进行。

从操作程序上看,如果违法行为人具有和解的意愿,可在行政处罚预先告知后,由公益性投资者保护机构代表中小投资者与违法行为人谈判,优先考虑先期赔付;如果违法行为人没有主动赔付的意愿,则可由公益性投资者保护机构支持中小投资者提起民事诉讼,通过法院判决确定违法行为人的民事赔偿责任,并优先执行。

(三)相关问题探讨

(1)行政处罚事先告知书的法律性质是什么,有何意义,是否需要披露?《行政处罚法》第31条规定:“行政机关在作出行政处罚决定之前,应当告知当事人作出行政处罚决定的事实、理由及依据,并告知当事人依法享有的权利。”可见,《行政处罚事先告知书》是具有《行政处罚法》依据的法定文书,是行政处罚的必备程序,据此,证监会在作出正式行政处罚决定前,均向当事人发送《行政处罚事先告知书》,其目的是保护当事人的知情权,使其有机会进行陈述、申辩。由于《行政处罚事先告知书》并非具有最终效力的法律文书,因此,证监会对此不予公开披露,仅向当事人送达;但由于《行政处罚事先告知书》意味着随后很有可能发生行政处罚,因此上市公司必须对该等重大事项予以披露,以便公众投资者及时知悉这一事项。上市公司以外的其他当事人则没有披露义务。

(2)在行政处罚与民事诉讼、先期赔付、证券和解的衔接程序中,证券监管部门、涉嫌违法当事人的利益衡量。相关的问题主要有:在上述衔接程序中,必然会使行政处罚周期较长,有的办案人员是否会基于结案率等考虑而影响其启动上述程序的积极性?本文认为上述担心不足为虑,上述机制确实会使监管部门的行政处罚程序战线拉长,有可能长达几年结不了案,有的监管部门内部即便存在结案率等工作考核指标，但这也仅是指标之一，这时就涉及价值取舍问题。我们认为，相比及时结案等目标而言，投资者保护应是证券监管更注重的价值目标。如果从“政绩”角度来讲，运用创新工作方式和程序使中小投资者利益得到更好的保护，这应是更好的“政绩”，办案人员应有内在积极性推动这一工作。另外，从涉嫌违法当事人——尤其是上市公司方面来看，目前中国证监会有关于在立案调查期间不得公开增发等限制性规定，如果上述程序周期过长，则会影响上市公司配合的积极性。本文认为，该问题的确应当纳入整体考虑，由于上述规定也仅属中国证监会的部门规章，并非刚性的法律障碍，存在灵活调整的空间，如将来可以在关于“行政处罚与民事诉讼、先期赔付、证券和解的衔接”的相关文件中对此作出特殊安排，对此作出例外规定，以使上市公司打消此方面的顾虑。

大力发展行政和司法并进的投资者保护新机制

吴明晖*

当前，证监会贯彻依法全面从严监管，查处了大量违法乱象。2017 年证监会作出行政处罚决定 224 件，罚没款金额 74.79 亿元，同比增长 74.74%，市场禁入 44 人，同比增长 18.91%，行政处罚决定数量、罚没款金额、市场禁入人数均创历史新高。2018 年上半年证监会共作出行政处罚决定 159 件，比 2017 年同期增长 41%，罚没款金额 63.94 亿元，市场禁入 20 人，进一步巩固了依法全面从严监管的良好局面，保障了资本市场的健康稳定运行。在保护投资者方面，行政执法和民事司法在功能上各有侧重，前者侧重于惩处和阻遏违法，后者侧重于补偿投资者利益损失。实践中，由于民事救济渠道不畅，通过诉讼获得民事赔偿的投资者数量有限，导致违法者实际赔偿金额远小于违法盈利，无法对侵权者形成有利震慑。在此背景之下，大力发展支持诉讼示范判决机制是非常有意义的一件事情。

一、我国证券支持诉讼示范判决机制的现状和作用

全国首例证券支持诉讼“匹凸匹证券虚假陈述纠纷案”，是由证券金融类公益机

* 上海证券交易所巡回审理协作部、行政处罚委委员。

构中证中小投资者服务中心(以下简称投服中心)支持投资者提起的证券赔偿诉讼,这标志着证券支持诉讼的司法实践已经起航。此外,在证券支持诉讼的基础上,证监会和最高人民法院还在研究推动示范判决制度。赋予投服中心发起的支持诉讼案件以示范判决效力,可达到三重效果:(1)适法统一,同类案件同一判决,正确引导当事人与市场对后续案件的司法预期。(2)极大节约司法资源,投服中心作为证监会直属公益机构,具有极强的专业力、公信力和市场影响力,能够在诉讼环节特别是取证环节发挥专业能力,减轻法官压力。(3)促进和解进程,提高效率。以"上海绿新案"为例,该案共有 80 名适格原告,其中有 34 人庭中和解,和解金额达 62 万余元。

二、完善证券支持诉讼示范判决机制的建议

一是支持以投服中心为代表的证监会直属公益机构发起支持诉讼,在立法层面确立其支持诉讼的法律主体地位。现在多数证券维权案件都由律师代理,但律师工作以营利为目的,很难保证不发生因与被告公司或其他利益实体勾连而产生的与当事人利益相冲突的"代理问题"。相较律师,以投服中心为代表的证监会直属公益机构具有如下优势:第一,投服中心是公益性的事业单位,运作经费源于财政拨款,与上市公司或其他利益实体没有利益牵连,不存在"代理问题"。第二,投服中心专业能力强,能切实协助法院查清事实、作出公允判决。第三,投服中心采取"持股行权"的维权模式,通过公益股东身份代表其他中小股东寻求诉讼救济的股权处分权能,有助于维权功效充分发挥。第四,2016 年证监会和最高人民法院就证券纠纷多元化解决机制发过文,有政策层面支持。

二是扩大上海金融法院管辖范围,强化司法资源制度供给。金融审判的专业性比较高,确有必要建设专门的审判队伍予以应对。近期设立的上海金融法院,实际上为解决此类问题提供了路径,解决了案件审理的专业和效率问题,为推行支持诉讼示范判决制度创造了条件。目前,根据相关规定,上海金融法院管辖上海市辖区内应由中级人民法院受理的金融民商事案件和涉金融行政案件。我们认为,在条件允许的情况下,可对上海金融法院的地域管辖范围进行扩张,甚至扩展至全国。首先,全国金融审判需求量巨大,尤其是东部沿海等金融发展较快的城市。其次,上海定位于国际金融中心,金融要素市场齐全,金融市场交易额巨大,上海金融法院受案数量多,金融审判基础好,有条件在全国金融审判事业中发挥举足轻重的作用。

三是要建立证券支持诉讼信息披露制度。交易所《股票上市规则》规定,上市公司应当及时披露涉案金额超过1000万元,并且占公司最近一期经审计净资产绝对值10%以上的重大诉讼、仲裁事项。未达到前款标准或者没有具体涉案金额的诉讼、仲裁事项,董事会基于案件特殊性认为可能对公司股票及其衍生品种交易价格产生较大影响,或者本所认为有必要的,以及涉及股东大会、董事会决议被申请撤销或者宣告无效的诉讼,公司也应当及时披露。证券支持诉讼信息证券市场对诉讼信息极为敏感,任何诉讼信息都会对证券市场的主体判断产生影响,进而可能导致二级市场交易价格的波动。

因此,证券支持诉讼应当辅之以完善的信息披露制度。被告即上市公司应作为信息披露义务人,对相关诉讼及时履行信息披露义务,并对信息的真实性、准确性和完整性负责。以投服中心为代表的诉讼支持主体可督促被告公司及时、全面、真实、准确地履行信息披露义务,让更多的股东参与到支持诉讼中,发挥支持诉讼的更大效用。

探索适合证券市场大规模侵权纠纷解决的新型机制

叶　林*

证券市场汇集了拥有不同利益诉求的各类参与者,参与者相互之间必然产生各种争议。我国自20世纪90年代初建立证券市场以来,涉及证券和证券市场的纠纷不断出现。从最初的虚假陈述到目前的内幕交易和操纵市场,证券纠纷案件的种类不断扩张;从前期主要依据行政监管机制化解纠纷到现在更多借助民事纠纷解决机制发挥作用,证券市场法治化的不断发展;从最初主要依据民事一般法解决民事纠纷到现在更多运用特别法和专门法予以救济,证券法治正在经历前所未有的转型。在这样重要的历史转型节点,我们需要坚持公开和市场透明度的原则,公平协调各类参与者的利益诉求,公正处理证券市场各种纠纷。我相信,这既是证券法制的职责所在,也是证券市场可持续发展的依托。

* 中国人民大学法学教授。

一、发现证券市场侵权的特殊性

涉及证券案件有行政、刑事和民事案件,但民事案件是最重要的一类,在理论上又可分为合同纠纷和侵权纠纷,在实务上主要是侵权争议,侵权案件数量最多、争议最大、处理最难。在涉及虚假陈述、内幕交易和操纵市场的案件中,其典型表现是"一人侵权、多人受损"。对于这种新型侵权模式,部分学者主张引入大规模侵权的概念,搭建一个侵权法上的特殊救济机制。在涉及证券的领域,相关研究没有取得实质进展。首先,民法关于大规模侵权的立法规定不明确,理论研究有待深化,实务经验积累不足。其次,大规模侵权不是传统侵权法上的惯常形态,在民法学者看来,这是一种偶发的案件类型,不具有普遍性。最后,研究者对大规模侵权的研究不够,对虚假陈述、内幕交易和操纵市场等大规模侵权的构造或模型,缺少充分把握和足够的揭示,因而幻想借助侵权法一般规则予以解决。因此,在处理证券市场纠纷中,应否以及如何参考、引入大规模侵权理论,立法界、学术界难免存在疑惑。

这种大规模侵权通常表现为"一对多"模式,即"一人加害、众人受损"。在侵权人侵权获利的情形下,与侵权人同方向交易的其他投资者也会获利,众多受损者则主要是与侵权人反向交易的投资者。在这种特殊结构下,侵权者以及与侵权者同方向交易的投资者都是引起投资者受损的一种力量,即在一定意义上,侵权者以及同方向投资者的获利,相当于从事反方向交易之投资者的损失。在实务上,现有判决只是处理了侵权者,而没有触及同方向交易的投资者。

这种大规模侵权与证券价格的波动直接相关。从实务来看,投资者受损当然与其参与交易的投资行为有关,但证券价格的波动同样是至关重要的原因。涉及证券的侵权,往往与证券价格有关,也与证券的价值有关,这种涉及价格和价值的特殊侵权,不同于直接加害于某种财产或人身权利的一般侵权行为,其实质是侵权者将信息引起的价格波动损失转移给其他投资者,受损投资者保有的证券数量或许并未发生任何变化。

针对这种大规模且涉及证券价格和价值的特殊侵权,一般侵权法难以有效发挥作用。我国亟待创设一种适合于证券市场需求的新型的诉讼和纠纷解决机制,以实现降低诉讼成本、统一裁判尺度、增强市场预期,达到规范证券市场秩序的目的。

二、形成保护集体权利的救济机制

为了解决证券市场大规模侵权现象，在基础架构上，域内外分别采用了公力与私力救济两种模式。在私力救济中，美国和德国分别采用集团诉讼和团体诉讼模式。这两种模式根植于美国和德国的具体法制环境，其模式虽有差别，却存在某种连接。正如有学者所说的，德国对集团诉讼的态度是非常奇特的，即抵制和排斥，在视集团诉讼为异类的同时，又将其作为改造本国法的蓝本。在其他国家中，即使不采用集团诉讼或者团体诉讼模式，但是，律师以自由职业者的身份广泛参与、推动解决大规模侵权诉讼机制的建设，形成了其他类型的诉讼救济机制。面对如此状况，法官作为争端裁判者，究竟如何面对大规模侵权，往往是非常重要的，即裁判者是否对投资者保护机制持有一种宽容态度，是否允许产生某种特殊的诉讼机制。

在模型上，可以将受损害投资者视为一个受害者群体，他们有着相同的利益诉求，但在受损金额、诉讼能力、举证能力和诉讼技巧等方面却存在差异。在承认私力救济正当性的前提下，需要提出一种适合集体权利保护和集体损害救济的特殊程序。相反，在某些学者看来，面对如此特殊的权利和损害，更好的救济是公力救济，即采用没收非法所得和处以罚款等手段或许是更好的机制。笔者认为，这种过分依赖公力救济、忽视私力救济的主张，不利于建立投资者的信心，也不利于规范证券市场秩序。

我国关注了美国的集体诉讼和德国的团体诉讼模式，但受制于民事实体法和程序法的实定法规则，似乎选择了一条偏向德国模式、未放弃美国模式的中庸做法。一种广受瞩目的实务处理模式是，投资者提出诉讼并被法院受理后，投资者保护组织启动支持诉讼，当法院针对涉及大规模侵权的一个致损事实作出裁判后，其他基于同一事实而起诉的原告办理撤诉，再借助被告的赔偿承诺而解决实体争议。

这种“支持诉讼＋示范判决＋实际赔付”的三位一体的结构，是为了最大限度地符合现行民事救济程序的权宜之计，也是为了解决现有民事诉讼法规范供给不足的问题。鉴于大规模侵权和集体权利保护的特殊性，我国亟待正确评估集团诉讼和团体诉讼的优劣，结合本土实践和理论，创设或者改进形成一种适合于保护投资者集体权利的新型救济模式。

示范判决的案例指导功能

钱玉林*

我的发言题目是《示范判决的案例指导功能》。论坛的主题是"支持诉讼和示范判决",这两者确实是不同的问题,但是两者之间又有关联性。我国证券市场并不以机构投资者为主,而是以"散户"即自然人投资者为主的市场结构,散户市场的基本特征之一是投资者普遍存在信息不对称、专业知识缺乏、短期逐利心理较重等问题,这一特征决定了证券民事赔偿案件呈现分散、小额、人数众多的特点,如果投资者自行起诉维权,还可能面临调查取证难、周期长、成本高等困境。同时证券民事赔偿案件的专业性很强,在事实认定、侵权责任构成要件的判断,以及法律适用等方面都有较高的专业知识要求。因此,由中证中小投资者服务中心(投服中心)发起的支持诉讼与由此作出的判决并形成示范判决之间是有关联的。

示范判决的示范性体现在哪些方面呢?我个人认为,示范判决的示范性主要是针对主体,不同的主体体现在三个方面:第一个针对当事人,即对投资者而言,这种示范性实际上在于示范判决的效力,有没有既判力的问题;第二个是针对法官,对法官而言审理同类案件节约了司法资源,减少了诉累,等等;第三个是针对立法者,示范判决有一个非常重要的意义在于能够促进法律的发展或者是法律的完善,在这个层面上,示范判决对于推动立法进步是有意义的。

今天我谈"示范判决的案例指导功能"这个题目,主要是基于这样几个考虑:

第一,从法理上来讲,相类似的案件应该作相同的判决或者相同的处理,这是基本的法理,也是示范判决机制遵循的基本法理。

第二,司法裁判的过程,本质上也是法律解释的过程,即以待决案件事实去寻找适用法的过程。在法律解释、法律适用这个过程中,成文法这种抽象立法具体化到个案当中所体现的案情或者基本法律关系之间,要通过法律解释才能够把待决案件和所引用的裁判规范或者法律依据相关联起来,这就导致了我们在适用法律过程当中,由于案件多样化导致了同案不同判,或者裁判标准不统一的问题。示范判决机制的建立,可以有效地限缩同案不同判的现象发生。

---

* 华东政法大学副教授。

第三，我国不是判例法国家，但是事实上2010年最高人民法院在推指导性案例的时候，也是在强调指导案例要参考适用，对于案情相同的要参照适用，如果不参照适用是要说明理由的。所以我个人认为示范判决应该也起到类似于指导性案例的功能，对证券这种群体性诉讼示范判决可以参照指导性案例来建立。

证券支持诉讼示范判决的案例指导功能，至少体现为两个方面的内容：

第一，对于这种示范判决，尤其是由投服中心支持诉讼形成的判决，要确立一个裁判规则或者是裁判要点，包括裁判的基本理念和裁判方法，这一点非常重要。如果仅仅是提供一个裁判文书，很难对同类案件产生指导作用。

第二，示范判决的裁判理由一定要充分。我觉得这个裁判理由特别有价值，证券民事赔偿案件所涉及的侵权行为构成要件，尤其是因果关系、赔偿数额的计算等问题，可以通过裁判理由来予以说明。所谓裁判理由，是裁判正当化的理由，原本应局限于个案，但是这种示范判决裁判理由和示范判决所涉的个案裁判理由其实是有区别的。个案当中的裁判理由仅仅局限于个案事实，主要说明个案判决结果的正当性，但是要形成一个示范判决，它凝练出来的裁判理由具有一定的抽象性，要适当高于示范判决所涉的个案本身，它一定要具有一定的代表性，也就是说，它跟指导性案例在确立理由方式方面有很大的相似处，这样的示范判决才有意义。

总之，证券支持诉讼案件由于投服中心专业机构的介入，使这类案件的处理相对比较专业、规范，有代表性，对此类案件形成示范判决才具有意义。示范判决不仅仅是解决裁判尺度、法制统一，以及司法效率问题，更重要的意义在于，示范判决所建立的裁判规则，一方面可以累积司法经验，另一方面又可以极大地推动证券法制的逐步完善。

投资者保护与专属管辖：以金融市场基础设施纠纷为例

郑　彧*

如果说研究诸如支持诉讼、示范案例等中小投资保护方式是在微观层面研究如何落实对于中小投资者的保护，那么对金融市场基础设施的特别保护则是在宏观层

* 华东政法大学副教授。

面探讨如何能够通过一个有效、安全的市场交易机制确保投资者的交易结果和交易安全,通过有效、畅通、快捷的交易实现投资者整体利益的保护。

在上海建设国际金融中心的大背景下,国际金融中心地位的树立不仅仅要依靠合理有序的资金流、信息流、人才流,还需要一系列能够支撑这些资金流、信息流的金融辅助设施系统。但就我国目前金融市场基础设施的现状而言,我国既不能像英美判例法系那样创立新例,也不存在德国那样在“民商分立”模式下由商法独立规范商事交易的立法模式,这导致一方面由于缺乏统一的监管安排和监管规则,我国尚未对金融市场基础设施建立起统一的管理规则和指引,现有的金融市场基础设施的运行和监管主要依据监管部门的零散规定,并没有健全的、成体系的上位法予以保障,且金融市场基础设施日常运行所依赖的法律环境还存在不确定性,亟须修改完善;另一方面,受限于我国法律传统深受“民商合一”(将传统民法与现代商法在逻辑体系上视为一家,称为“民商法”)理念的影响,现有的法律体系遵循民法体系的基本逻辑,强调对个体交易的“公平保护”,强调“意思自治”和“等价有偿”,禁止双方当事人在担保过程中事先设定“债务人无法清偿债务时,担保物所有权自动归属债权人”的“流质条款”,也不承认以“先卖后买”的交易形式所实现的实质上的“让与担保”。这些传统民法逻辑的路径使我国金融市场基础设施在所有权让与、新型金融产品质押登记、提前终止净额清算的有效性、结算的最终性等方面产生了金融市场基础设施运营所依赖的法律基础存在不确定性等一系列的问题。因此,如何在我国现有的民法、商法法律框架下合理解决金融市场基础设施在执行金融交易、提供金融服务的过程中可能遇到的法律纠纷成为目前金融市场基础设施群体最关注和担心的问题,因为事实上在日新月异的金融市场上,为这些不断涌现的金融创新产品提供交易、登记、清算和交收服务的金融市场基础设施不断面临着所有权转移、担保物登记效力、抵押品快速处置、提前净额结算效力等看似与现有传统民商规则体系不同的内部规则制定和执行语系。因此,本文主要通过比较金融市场基础设施运行过程所呈现的与现有民法体系的不同,以说明上海金融法院将金融市场基础设施进行专属管辖的必要性。

一、金融市场基础设施面临的法律冲突

(一)金融市场基础设施法律地位不明导致规则效力不明

虽然国内主要金融市场基础设施设立的依据不尽相同,各自所采取的组织形式也不尽相同,但各类金融市场基础设施都面临着一个共同的基础性问题,即现有各类金融市场基础设施多以“公司”形式存在,而以公司组织颁布的内部规则“排他性”效力并无明确的法律保障。这些以“公司”形式存在的金融市场基础设施最大的问题就是其可能合法成立并存续,但由于大多数金融市场基础设施是依据公司法而设立的“企业法人”,在法理上面临企业法人如何对外行使“管理”职责的问题。

(二)金融市场基础设施的所有权变动规则与传统民法要求存在冲突

在金融市场基础设施中,由于交易量的巨大,目前绝大部分金融市场基础设施都采取持续净额清算交收的方式提供交收服务。但问题也会由此产生:由于交收是在交易结束后的净额结算与交收,这导致在交易时段客户之间的买卖交易在本质上因交收未最终完成而处于“待交付状态”。这意味着在民法的解释方法论下,即便客户在证券交易阶段的交易已经得到确认(相当于合同已经订立),但在证券交收完成前(相当于货物交付之前),卖方的证券所有权并没有实际发生转移。

(三)金融市场基础设施对“证券”的出质、质押登记并无法律效力

现有的担保规则遵循“物权法定”的原则,但在金融市场基础设施的业务实践中已经出现的其他具有担保价值的权利(如保单、账户、各类收益权等)不是法律授权的可用以质押的权利类型,这导致以这些权利进行质押突破了现行“物权法定”的基本原则,权利质押的效力容易受到市场参与主体的挑战。

(四)金融市场基础设施对质物的快速处置效力并无法律授权

现有金融市场基础设施在发生结算参与人违约情况之时普遍采用快速处置方式对质押物进行处置,这种快速处置在道理上有利于保护交易对手方,有利于金融市场的稳定、有效,但在某种程度上,由于法律立法理念和修法的滞后性,这种安排与现有物权法有关“禁止流质”的传统规定存在不小的冲突。

(五)金融市场基础设施的提前终止净额结算规则缺少法律保护

由于提前终止净额结算目前在我国仍只是合同法项下的合同约定,受合同法的保护,而破产法是针对破产行为的特别法,按照“特别法优于一般法”的传统,现有金

融市场基础设施在格式合同中所设计的提前终止清算条款在作为一般法的合同法保护框架下并无法对抗作为特别法的破产法的有关破产的普适性规定。

二、金融市场基础设施纠纷实施专属管辖或指定管辖的必要性

(一)金融市场基础设施所越来越多样化、专业化的服务需要统一的、可被市场合理预期的审判机制

在越来越多样化、复杂化的金融交易背景下,看似越来越复杂的金融交易反而需要越来越简单、透明、可预期的交收规则以确保以最低的成本、最小的出错率完成金融交易。所以,从金融制度实施的效率与成本角度考虑,如果能够将所有金融市场基础设施所发生的交易、交收、纠纷统一在一个集中性的法院进行管辖和审理,这就有可能最大限度保证有关涉及金融市场基础设施的纠纷得到统一的判决,有利于市场参与者对于交易结果的预期,从而保证金融市场基础设施依据其规则所提供服务的确定性、稳定性和可执行性。

(二)金融市场基础设施服务对象所呈现的专业性和创新性需要有统一的司法认知和司法保障

对于金融市场基础设施所采取的这些规则或措施需要有正确且统一的司法认知,防止不同的司法部门对于这种形式上呈现的有别于传统民法的规则要求作出不同的判决,出现“同案不同判”的问题。

(三)金融市场基础设施的纠纷往往存在“牵一发而动全身”的传导效应,对法官的审判能力和专业能力有着更高的要求

以民法思维处理案件看似符合诸如“公平”“等价”“有偿”的要求,但却可能在更大程度上损害商业活动的正常流转和商事主体对交易自由设定的需要。在对待金融市场基础设施这类纠纷时,我们就需要法官具备法律、金融的基础知识,能够正确认识商事交易和金融交易的本质,区别金融产品与普通商品在交易规则方面的差异性,从而正确地审理涉及金融市场基础设施的纠纷案件。

律协研究委员会在公益律师支持中小投资者维权中的功能与定位

丁德应*

上海律师协会(以下简称上海律协)与中证中小投资者服务中心(以下简称投服中心)的合作交流始于2017年。2018年9月10日,投服中心与上海律协还签署了战略合作备忘录,这也是投服中心和第一家地方律协签署合作备忘录。接下来我结合战略合作备忘录的一些要求,包括在发挥上海市律师协会证券业务研究委员会(以下简称证券委)在公益律师支持中小投资者维权中的功能和地位谈谈感想,主要是讲五大功能和一个定位。

第一个功能是合作招募公益律师。第一批按照投资中心的要求我们会招募50位公益律师来参与,接下来会和投服中心一起合作,对这50位律师进行更专业、更系统的培训。

第二个功能是合作开展支持维权专题研究。因为作为证券委,我们各个委员主要就是做证券有关的业务,这些委员有诉讼的,也有非诉讼的,大家在维权研究这一块,包括在证券法律知识专业这一块的水平毋庸置疑。2018年上半年出版了《证券法律业务律师实务》,总结了证券法律业务服务中非常实务的操作。这本书也是上海律协进阶教材。因此,证券委在专业研究成果总结方面还是比较有经验的。

第三个功能是协助推动建立示范判决机制。示范判决机制的重要性我相信大家都意识到了。律协本身作为中国法制建设重要力量,有很多机会,有很多场合,可以利用自己的优势和资源去呼吁,大家尽快地一起参与到示范判决机制里,形成的一些典型案例包括示范判决,也可以协助进行推广,形成更大的影响力。这样就可以达到引领投资者全面知权,积极行权,依法维权的目的。

第四个功能是协助推进对投资者维权的宣传教育。我们可以与投服中心一起协助推进,可以各种形式,包括发倡议书、公开讲座、公益研讨,包括为投服中心媒体、报刊提供内容支持。这样能够对投资者进行正面宣传,达到合法维权、正确维权、理性维权的正面教育作用。

---

* 上海市律师协会证券业务研究委员会主任。

第五个功能是合作评估公益律师支持维权的效果。确实有很多优秀律师一直在参与中小投资者的维权,上海律师可以协助相关机构,对表现优秀的律师给予某种形式的肯定和鼓励,为这些律师提供更大的平台和舞台,让越来越多的素养高、能力强、爱公益的公益律师能够参加中小投资者维权公益活动。

我们是围绕一个定位,作为协会的证券法律业务研究机构,主要是定位在专业支持,围绕专业支持来进行,这样可以去招募更专业的公益律师队伍,形成更专业的调研报告,从而促进维权所需的法律环境更专业、维权机制更专业,并达到更专业的维权效果和社会影响力,从而促使中小投资者能够更专业地进行维权。

结合首例市场操纵支持诉讼"恒康医疗"案谈谈市场操纵案件

程晓鸣*

受中证中小投资者服务中心(以下简称投服中心)的委派,本所代理了投服中心提起的第一起证券领域操纵市场民事赔偿案件——"恒康医疗集团股份有限公司操纵市场案"(简称"恒康医疗案")。由于操纵市场案件目前没有司法解释和判例,案件更复杂,所以我们先挑选了这样一个比较典型的操纵市场案例来做尝试。

一、案件背景介绍

2017年8月11日,中国证监会对恒康医疗研究顾问机构上海蝶彩资产管理有限公司(以下简称蝶彩资产)、蝶彩资产实际控制人、恒康医疗控股股东及实际控制人合谋操纵"恒康医疗案"作出"没收蝶彩资产违法所得4858万元,处以9716万元罚款"等行政处罚。

恒康医疗控股股东为达到高价减持公司股票目的,联合蝶彩资产及其实际控制人以"市值管理"名义,在减持期间夸大恒康医疗研发能力,密集发布一系列利好信息,不及时、准确、完整披露对恒康医疗不利信息,影响投资者预期并造成股价波动。不同于传统的交易型操纵证券市场违法案件,本案是证监会首例"仅因单一的信息披

* 上海市上正律师事务所合伙人。

露操纵行为(没有连续交易配合)”对上市公司实际控制人作出市场操纵定性并处罚的案件,是“假借市值管理,行市场操纵之实”的新型违法案例。

我受投服中心委派,作为本案公益律师,代理一名投资者,就恒康医疗操纵市场行为给投资者造成损失,正式向成都市中级人民法院提起民事诉讼,已于8月2日正式立案受理。

二、本案诉讼要素的考虑

(一)原告资格的确定

对于本案具有损害赔偿资格的原告确定有两种观点:一是被告操纵股价开始实施日至操纵股价行为结束日期间买入并卖出股票受损的投资者,具备请求赔偿损失权利(根据证监会《行政处罚决定书》,为2013年5月9日至2013年7月4日);二是操纵股价开始实施日至基准日之间买入恒康医疗股票的投资人。主要考虑操纵股价结束之日并没有使股价回归“真实”,建议将基准日定位为操纵股价结束之日后该股票换手率达100%之日。

本案中的原告均在被告操纵股价开始实施日至操纵股价行为结束日期间买入并卖出,情况更典型。

(二)被告及管辖地的选择

根据证监会作出的《行政处罚决定书》,可以将阙某某、蝶彩资产及谢某某3个共同行为人作为共同被告。后来本着“追首恶”的原则,我们选择在上市公司实际控制人阙某某所在地成都起诉。

(三)管辖法院级别的确定

我们认为本案应当由成都市中级人民法院管辖,主要考虑以下几个因素:(1)操纵证券市场案件专业性较强,涉及面广,一般属于“在本辖区有重大影响的案件”;(2)参照“虚假陈述证券民事赔偿案件”管辖,应由中级人民法院管辖;(3)已经有投资者提起的操纵市场案件已由上海市第一中级人民法院立案审理。

三、证券操纵市场民事损害赔偿的因果关系及损失计算

(一)证券操纵市场侵害行为与经济损失的因果关系

1.证券市场操纵违法行为的主要侵害后果是行为人利用股票操纵手段,使该股

票的交易价格严重偏离该股票的真实价值或真实价格，从而为在此期间买入该股票的投资者造成交易损失，主要体现为垫高了投资者买入该股票的交易价格。

2. 证券市场操纵人，应就投资者在其操纵该股票期间(或之后只当时间内)因股票价格被垫高而多支付的交易成本进行民事赔偿，但投资者因买卖该股票遭受的其他经济损失，根据因果关系原理不应在赔偿范围之内。

3. 投资者在该股票被操纵市场期间卖出股票，其卖出价格也可能因为该股票偏离市场“真实价格”而发生溢价获利，该部分因股票真实价格被垫高而取得的卖出获利，应在计算投资者损失时考虑相应扣减，方符合市场操纵侵害行为与损失结果之间的逻辑关系。

(二)损失计算方法的选择

一种观点认为，应参照证券虚假陈述案件的损害赔偿计算方法，赔偿投资者在市场操纵期间买卖股票的全部差额损失。我们认为简单参照该方法，未能区分不同种类违法行为的损害特征，也不符合侵权责任法因果关系的原则。

另一种观点认为，应通过拟制的“真实价格”计算出净损差额的方法。证券操纵市场违法行为的直接后果，是使股票的交易价格严重偏离其真实的市场价格。我们认为将拟制的“真实价格”作为判定投资者损失较合理。本案中我方采取“申万三级”指数作为计算该股票在市场操纵期间的拟制“真实价格”，从而计算出该股票被操纵期间的“真实价格”。根据《侵权责任法》第 19 条规定：“侵害他人财产的，财产损失按照损失发生时的市场价格或者其他方式计算。”我们认为拟制的“真实价格”就是投资人财产遭受损失之时的市场价格。

损失计算的具体方法。通过将投资者买卖该股票价格，与市场操纵期间股票“真实价格”比较来计算投资者损失：(1)投资人在操纵股价行为实施日及以后至结束日之前，买入该证券，并在结束日以前卖出该股票证券的。对于此类投资者，分别计算投资者在此期间买入或卖出该股票使得实际交易价格与“真实价格”之间的差异，作为投资者的损益计算依据，差额相抵为正数，说明未受损失；如为负数，则具有索赔资格。(2)投资人在操纵股价行为实施日及以后至基准日之前，买入该证券，但在基准日以后卖出或一直持有未卖出的。对于此类投资者，应单边计算其在操纵股价行为实施日及以后至结束日之前买入该证券的价格与“真实价格”的差异，因被垫高而增加的买入成本，即为索赔损失。

专题论坛四：投资者教育

拓展教育深度广度　培育成熟理性投资者队伍

林丽霞*

我国资本市场投资者已突破1.4亿名，95%以上的投资者为持股市值在50万元以下的中小投资者。这种以中小投资者为主的市场结构是我国资本市场的一个显著特征，且在未来几年内难以发生根本性变化。中小投资者在资金实力、信息获取、专业知识、风险承受和自我保护能力等方面处于弱势地位，合法权益易受侵害。因此，加强投资者教育、提升投资者风险防范意识和自我保护能力，是资本市场健康可持续发展的重要基础工作。

习近平总书记在2015年11月10日召开的中央财经领导小组第十一次会议以及之后的全国金融工作会议等多个场合，多次提出要形成投资者权益得到有效保护的多层次资本市场体系；国务院领导在证监会调研时强调要通过不断教育、引导，在社会心理、共识上形成理性认识。证监会党委高度重视投资者保护工作，多次强调“投资者保护重如泰山”“投资者保护工作永远在路上”，始终坚持把投资者特别是中小投资者合法权益保护作为一切工作的出发点和落脚点。针对我国以中小投资者为主的投资者结构特点，证监会持续开展形式多样、内容丰富的投资者教育工作。可以概括为“三个持续”：

一是围绕监管中心工作和投资者现实需要，持续开展投资者教育专项活动。近年来，相继组织了“公平在身边”“明规则、识风险”案例教育和私募、债券、“理性投资，从我做起”等投资者教育专项活动，围绕相关主题，形成一系列权威、专业的投教

---

* 中国证监会投资者保护局教育服务处处长。

产品,对中小投资者开展知识普及,进行风险提示。党的十八大以来,共组织系统单位制作书籍、视频、游戏等各类投教产品6000多种,发放数量数约400万个,组织开展投资者培训、座谈会、上市公司集体接待日活动及市场经营主体现场宣传活动等投教活动17万多次,发布典型案例600余个,向投资者发送警示词条、公益短信1000多条,受众达到数十亿人次。

二是持续推动投资者教育纳入国民教育体系工作。大力普及证券期货知识,使投资者教育惠及社会公众,是投资者保护的重要内容和基础工作,这项工作可以说是功在当代、利在千秋。国办发〔2013〕110号文件提出“将投资者教育逐步纳入国民教育体系”,证监会一直在推动这项工作。目前全国已有25个省、自治区、直辖市开展试点工作,500多所学校设置投资者教育课程,覆盖班级数近2000个,涉及数百万学生。在义务教育和高中教育阶段,上海、广州等地已将投资者教育纳入中小学课程设置,编制了中小学普及金融知识教材,并在经费保障、师资培训等方面取得了地方政府的支持,已有7.3万的中小学生在学校学习了金融理财知识;在高等教育方面,各地普遍将投资者教育纳入高等学校课程体系,作为选修课或必修课,浙江、湖南、四川、天津、青岛等地学校联合市场机构开设实务类课程、开展金融知识竞赛等,加深了学生对资本市场的认识和理解;在继续教育、民族教育方面,上海、宁夏、大连等地探索开展“资本市场进党校”活动,内蒙古自治区等地开发双语投教产品、编写双语教材,促进投资者教育的进一步普及。

三是持续做好投教基地建设和管理工作。建设公益性、一站式、体验性的投资者教育基地,可以很好地满足中小投资者在获取投教知识方面的需要。老百姓只需动动手、迈迈腿,就可以便捷、免费地获取所需的知识和服务,改变了投资者到处查资料、听消息、交学费的困境,生动实践了“共治、共建、共享”的发展理念,有效解决了投资者教育中面临的许多难题。目前已授牌国家级基地29家、省级基地83家,从评估和反馈情况看,投教基地总体运行效果良好,在线接受访客上亿人次,现场服务社会公众500多万人次,举办投教活动1万多场,已成为展示资本市场发展成果的重要阵地,成为证券知识普及教育、投资者保护的主阵地。

投资者教育是一个长期的、“润物细无声”的过程,面对1.4亿庞大的投资者群体,亟须进一步提升投资者教育的规模、力度和效果,培育成熟理性的投资者队伍,持续营造长期投资、价值投资、理性投资文化。

精准服务中小投资者是投资者保护的应有之义

徐良平*

经过近30年发展,我国资本市场已经具备了补齐短板、在更高层面谋求发展,尽早建成具有国际竞争力的多层次资本市场体系的基础。当前,聚焦如何精准服务中小投资者,进行研究探讨非常有意义。

章往考来,我国资本市场投资者群体的演变和投资者保护工作的开展呈现重要的"变"与"不变"。从投资者方面说,投资者的结构、行为特征正在不断演变,当年的股市小白成长为颇具经验的投资者,价值投资理念不断构筑;与此同时,频繁交易、炒新炒差等各种非理性的投资行为却依然存在。从投资者保护工作来说,保护投资者的合法权益始终是最大的"不变",是资本市场长期健康发展的基础。与此同时,针对投资者呈现的新特征,主动求变,在不断拓展投资者服务广度与深度的基础上,加强服务的精准性和有效性,可以说是当前及未来时期投资者教育服务保护工作的重要命题。

首先,投资者群体已形成分层次特征,精准服务是新时代对投教工作的新要求。

目前,我国投资者人数已突破1.4亿人,按照不同的划分标准可以分为多种类型。其中,按照资产规模分类,是最重要的分类之一。深圳证券交易所的调查显示,我国中小投资者与机构投资者及大户、超大户的行为特征有明显差异。例如,中小投资者交易更加频繁,2017年中小投资者平均持股期限约为23天,而超大户和机构投资者的平均持股期限分别为70天和117天;持股偏好上,中小投资者更偏向持有低市值、高波动率、高市盈率、前期高收益的股票及ST股。此外,中小投资者在投资知识水平、信息获取能力、自我保护能力等方面处于弱势地位,需要提供针对性的投资者教育与保护服务。

从投资者年龄分类看,不同年龄层次的投资者呈现各自鲜明的特点,尤其是"新""老"两端的投资者存在较为突出的问题。"新"一端投资者呈现如下特点:一是未掌握足够的证券知识便急于入市。二是风险偏好程度高且投资风格较为激进,交易频率和持股集中度也处于较高水平。三是投资策略易变,易受网络信息影响。"老"一端投资者呈现如下特点:一是通常没有精力与能力学习新的投资知识。二是他们处

---

* 深圳证券交易所投资者教育中心总监。

于收支生命周期的末端,风险承受能力较低。三是防范风险的意识和能力较弱,容易受到非法营销手段的诱惑,成为金融诈骗的受害者。“新”“老”两端投资者呈现不同的特点,对精准化投资者教育保护工作提出了特别的要求。

其次,从投资者地区分类看,各地区投资者的投资知识水平并不均衡。调查显示,2017 年华东地区投资者的投资知识得分为 71.1 分,明显高于西北地区投资者的平均得分,后者得分仅为 66.9 分。

相关调查研究勾勒了投资者结构与行为特征,也为投教服务工作的开展提供了重要参考。以此为先导,深圳证券交易所在精准服务投资者方面进行了实践与探索。

围绕中小投资者权益行使,深圳证券交易所打造了全方位、立体化的“服务 365”权益平台。近两年,在原有服务体系基础上,针对不同资产规模、不同年龄、不同地区的投资者差异,深圳证券交易所继续发扬“服务为本”的传统,重点在“找准服务定位、找准薄弱环节”上形成突破。

一是精准定位服务需求。针对近年来新入市年轻投资者增多的趋势,牵头组织券商、基金、律所等市场机构撰写《股市入市手册》《基金入市手册》《投资者维权手册》等,精准服务股市小白;针对老年投资者群体,联合深圳证监局及深圳投教联盟,组织“险有所知、投有所得、老友所享”专项活动,走进社区主动服务老年投资者,引导老年人树立理性投资理念;针对投资者咨询服务不断增长的形势,推动服务热线智能客服建设,探索利用文本挖掘与人工智能技术,精准处理投资者诉求;针对投资者向移动端转移的趋势,推进互动易微信版开发,让投资者享受直达掌上、兜里的精准服务。

二是精准服务薄弱环节。中西部是资本市场发育不充分地区,也是投资者教育服务薄弱环节。针对中西部投资者特点与需求,深圳证券交易所联合安徽、云南、贵州、四川、西藏等地证监局、协会及中证中小投资者服务中心(以下简称投服中心)等单位,凝聚共识、整合资源、充分发挥各自优势,举办“投资者服务周”和“投资者服务西部行”活动,服务投资者 3200 多名,举办各类主题活动 40 多场,对资本市场薄弱地区投资者教育工作起到了良好的示范引导作用。

三是精准应对跨境投教挑战。“深港通”开通后,投教工作面临互联互通新形势,对投资者的港股风险教育也是薄弱环节。为此,深圳证券交易所与香港交易所投教部门互换合作文本,建立深港交易所投教协作机制,联合开展“深港通”专题投教活动,将本所走进上市公司活动扩展到港股通标的,实现优势互补,打通投教服务地域。

总体来看,精准服务投资者需求取得良好成效。特别是“互动易”投资者累计提问数达 235 万条,2017 年服务投资者 9.2 亿人次,相比 2016 年增长 60%,互动易手机 APP 用户比上一年增加一倍,切实将"沟通、互信、透明"理念贯彻到了投资者服务工作中。

新时代对资本市场建设提出了新任务、新要求。投资者教育服务工作也面临着进一步提高精准度和有效性的挑战。

未来,深圳证券交易所将坚持"以人民为中心"的发展理念,不断完善投教服务平台建设,深耕投教产品和投服活动,引导释放会员投教力量,进一步将精准服务投资者落到实处。

一是以投资者需求为导向,优化服务平台建设。未来,深圳证券交易所将借力移动互联、大数据、人工智能等技术手段,描绘"投资者画像",做好信息搜集、分类、筛选和共享工作,同时整合、优化"六位一体"服务平台,为投资者提供精准化、智能化服务。特别是为投服中心提供个性化服务:比如,完善互动易功能,为投服中心网上行使建议权、质询权提供定制服务;再如,推动征集投票制度及电子化平台的建设,为投服中心作为中小投资者代言人发起投票权征集提供平台。通过为将平台优化与投服中心职能精准结合,充分发挥投服中心"持股行权"的引导、示范作用。

二是坚持风险揭示为主,深化投教宣传引导。在我国经济增速换挡、改革发展进入关键期的宏观背景下,以风险揭示为中心的宣传引导,仍是投教服务中重要的基础性工作。深圳证券交易所将在内容上应紧跟市场新动态、新形势、新问题,做好舆情引导、宣传解释和风险提示。同时积极采用文章、漫画、公益广告、微电影等多种形式,制作投资者"看得懂""记得住""有文化""有意思"的投教产品,真正帮助投资者把投教信息"看在眼里,记在心里"。

三是完善机制建设,激活会员投教力量。我国个人投资者数量巨大,应充分发挥会员最为贴近和了解投资者的优势。但是证券经营机构的逐利性和投资者教育的公益性的矛盾天然存在,需不断完善会员投教工作机制建设,构建相应的激励约束与效果评估机制,推进投教工作纵向延伸,进一步激活会员投教潜在力量。为此,深圳证券交易所将联合中国证券业协会、上海证券交易所,制定证券经营机构投资者教育工作指引,就开展经纪业务的证券经营机构投资者教育工作的目标、内容、机制、评估和检查等方面进行规范,发挥市场组织者功能,积极引导规范证券经营机构做好投资者教育工作。

投资者教育服务工作是一项需要激情和坚守的工作,更需要大家群策群力。未来,深圳证券交易所愿同各单位携手,共同探索新时代下精准服务、有效服务、智能服务的投教工作新局面。

借平台、聚合力，新时代投教应有新特色

杨 欣*

中小投资者权益保护是资本市场一项基础性、根本性工作。一直以来,党中央、国务院高度重视投资者保护工作。党的十九大作出了关于中国特色社会主义进入新时代的重大政治判断。在新时代,切实保护好广大投资者,尤其是中小投资者的合法权益是贯彻落实党的十九大提出的“坚持以人民为中心”发展思想的重要举措。良好的投资者教育是维护投资者权益的最佳方式之一。在进一步探索行之有效的投教投保新举措、新机制和新模式的工作中,应体现“四新”特点。

一、适应新时代,树立新理念

在新时代,投资者教育与权益保护工作要上台阶、见成效,工作理念要作适度调整,以符合市场的新趋势、投资者的新需求。2018 年是改革开放四十周年,要在以往的投教和投保工作中坚持不断探索、创新,放宽视野、拓宽思路。一是坚持研究新问题。在过去近十年的时间里,上海证券交易所(以下简称上交所)对境外 10 余个市场的几十家监管机构、交易所、行业协会的投教、投保工作开展了较系统的研究。除编制常规的年度沪市投资者结构与行为研究报告,还注重加强对投资者行为和心理的分析,探索运用行为经济学研究成果开展投教工作,以进一步提升投教投保工作的针对性和有效性。二是建立工作新机制。为提升投教工作的影响力和覆盖面,探索建立“交易所—会员—投资者”的多层工作机制,积极引导会员发挥投资者教育工作主力军的作用。为引导会员做好投教工作,持续完善会员投教监管工作规范体系,2018 年,上交所与中国证券业协会、深圳证券交易所共同研究探索制定会员投教工作规则,进一步作好工作规范和评估。三是倾听投资者的新声音。坚持投教工作的“人民性”,离不开对市场投资者心声的了解和倾听。为此,通过会员单位、分支机构和营业部调研群,上交所持续启动对投资者适当性管理、上市公司信息披露等专题问卷调研,累计收到问卷近 10 万份。上交所不断优化调研方法和途径,注重受教育者的动态反馈,加强与中小投资者交流沟通,努力提升投资者服务温度。

---

* 上海证券交易所投资者教育部(企业培训部)总经理。

二、顺应新需求，开拓新手段

由于不同年龄和性别的投资者对获取信息的内容和渠道选择存在差异，上交所致力于制作多元化的投教产品。通过形式新颖多样，内容生动活泼的长图文、海报、视频等原创投教精品向投资者系统解读创新产品业务规则，及时传递监管政策理念，充分揭示证券投资风险。此外，为契合移动互联网时代投资者的阅读习惯，满足投资者利用“碎片化”时间及时获取信息的需要，上交所打造了投资者喜闻乐见的投教有声读物。2016年，利用新技术新手段，以在线音频直播形式的“上交所微课”上线。2017年，尝试通过真人场景融合特效动画方式制作投资者教育视频《股民的名义》推出。2018年，“上交所投教下午茶”系列有声读物的播出，深受投资者喜爱，得到市场一致好评。

此外，上交所推动整合投资者服务的“一站式”综合平台，统一调动上证“e互动”、股东大会网络投票平台等投资者服务资源，进一步畅通中小投资者知权、行权的渠道。持续优化“我是股东”等品牌投教活动，联合地方证监局、上市公司协会、各会员单位，带领中小投资者走进上市公司，引导投资者树立股东意识，积极行使股东权利，进一步提升在资本市场的获得感。

三、拓宽新渠道，开展新互动

当前，人类社会已经进入了崭新的移动互联时代。证券市场上信息的传播、知识的获取都亟待现代信息科学技术的持续开发和大力支持，投资者教育也是如此。在这样的时代背景下，上交所积极探索利用现代信息技术打造传播迅速、参与者多、覆盖面广的多层次投资者服务渠道。一是丰富渠道。借助会员公司总部和营业部的投教联络人，建起了投教工作联络网，完善投教产品共享机制，不断提升面向会员推送投教产品的频率和投教产品的受众面，更好地传播投教知识。二是广建平台。上交所在积极推动与中央、地方等新闻财经媒体合作的同时还注重新媒体和自媒体的运营。通过“上交所发布”“上交所投教”微信公众号及“上交所”APP等投教产品发布平台，建设投资者教育移动化渠道，扩大用户群形成投资者移动社区。此外，牵头组织会员单位、新闻媒体合作搭建了“百川众学”平台。这是国内资本市场首家以自媒体方式运行、汇集多方投资者教育和保护精品教材的共享平台。三是创新互动。

2018 年上半年,上交所推出了综合运用体感互动、智慧型投教机器人、3D 打印、VR 设备等新技术、新手段为广大中小投资者提供服务的投教基地。这一基地的建成与上交所投教网站间有效进行线下线上统一联动的综合性投资者服务网络。投资者可以“一站式”获取上交所市场的投教知识和服务,就此,中小投资者对投教投保工作可谓是看得见、摸得着、感受得到。

四、打造新队伍,营造新氛围

行之有效的投资者教育工作不能靠单打独斗实现,亟待市场上有一支适应新时代、战斗力强、能打胜仗的投教“铁军”。证券公司是资本市场联系广大投资者的重要桥梁和纽带,是资本市场稳定的“第一道防线”,投资者教育应当发挥会员的“主力军”作用。上交所推动各会员建立起投教联络人工作机制,2017 年 9 月和 2018 年 3 月,上交所与中国证券业协会和深圳证券交易所在福州和北京举办了会员投教联络人培训,进一步聚合市场投教投保工作力量,提升服务投资者的实效。2018 年,举办了证券行业首次“投教新锐”展播活动,涵盖了来自 26 个省、自治区、直辖市的 80 家会员单位,分享了 118 个一线投教投保故事。活动评选出“投教新锐百强”组织“投教新锐”成立“投教新锐宣讲团”,面向分支机构和营业部从业人员、中小投资者代表开展主题宣讲活动,推动全行业形成“学习投教好榜样,传递服务正能量”的热潮,提升整个投资者教育服务队伍的综合素养。

党的十九大召开为我们吹响了新时代做好投教投保工作的号角。站在新的历史起点上,我们应当不忘初心,牢记使命,牢记加强投资者权益保护的使命,在中国特色社会主义新时代奋力谱写资本市场发展中投资者教育与保护工作的新篇章。

投资者教育的内涵及实现路径

——投资者保护的最基础性工作

董登新*

投资者教育是投资者保护最重要的基础性工作。它不仅是实现“卖者有责”“买

* 武汉科技大学金融证券研究所所长。

者自负”的前提条件,而且也是投资者学会自我保护、自我维权的必要条件。当然,更重要的是,投资者教育的最终目的,是帮助投资者构建正确的家庭理财观,让投资行为变得更长远、更理性、更从容、更快乐。

2005 年 8 月,中国证券投资者保护基金有限责任公司(以下简称中投保)注册成立,主要应对证券公司倒闭破产引发的投资者债权损失风险。2011 年年底,中国证监会投资者保护局(以下简称投保局)正式成立,并负责中投保的业务监管。中国证监会投保局的一项重要任务就是督导并促进投资者教育服务。

2013 年 12 月 25 日,国务院发布《关于进一步加强资本市场中小投资者合法权益保护工作的意见》,其中,对投资者教育工作提出了四个方面要求:(1)将投资者教育逐步纳入国民教育体系,有条件的地区可以先行试点。(2)充分发挥媒体的舆论引导和宣传教育功能。(3)证券期货经营机构应当将投资者教育纳入各业务环节。(4)提高投资者风险防范意识。自律组织应当强化投资者教育功能,健全会员投资者教育服务自律规则。

2014 年 5 月 9 日,国务院发布的《关于进一步促进资本市场健康发展的若干意见》明确提出,加强投资者教育,引导投资者培育理性投资理念,自担风险、自负盈亏,增强风险意识和自我保护能力。同时,健全投资者特别是中小投资者权益保护制度,保障投资者的知情权、参与权、求偿权和监督权,切实维护投资者合法权益。

2014 年 12 月 5 日,中证中小投资者服务中心有限责任公司(以下简称投服中心)在上海市注册成立,归属中国证监会直接管理,并负责中国投资者网站的运营。投服中心核心业务是持股行权、纠纷调解、诉讼与支持诉讼、投资者教育等。2015 年 11 月 12 日,投服中心“知权、行权、维权”投资者教育正式起航。

2015 年 9 月 8 日,中国证监会发布的《关于加强证券期货投资者教育基地建设的指导意见》指出,投教基地是指面向社会公众开放,具有证券期货知识普及、风险提示、信息服务等投资者教育服务功能的场所、网络平台等载体,是开展投资者教育的重要平台,可以由下列三类主体建设运行:(1)证券期货交易场所、行业协会;(2)证券期货经营机构,上市公司、非上市公众公司,以及证券期货中介服务机构;(3)其他机构,包括教育科研机构、新闻媒体等。

2016 年 5 月,由中国证监会命名的首批 13 个全国证券期货投资者教育基地正式授牌。其中,实体基地 7 个,互联网基地 6 个。实体基地包括:东北证券、华福证券、华泰证券、历道证券博物馆、新三板、深交所、万科;互联网基地包括:广发证券投资者教育基地、上交所投资者教育网站、新华网投资者教育服务基地、中国期货业协会期货投教网、中国证券业协会投资者之家、中金所期货期权学院。

2018 年 1 月,第二批国家级投资者教育基地挂牌共计 16 家,其中,实体基地 7 个,互联网基地 9 个。实体基地包括:长江证券、国联证券、国融证券、国泰君安证券、兴业证券、中泰证券、中信建设;互联网基地包括:东海证券、机构间市场、江海证券、平安证券、深交所投资者教育网站、天风证券、西南证券、中国结算投资者在线、中国银河。

此外,还有许多未授牌的金融机构及市场参与主体均设立了自主命名的"投资者教育基地"。由此可见,经过近 5 年的努力,我国投资者教育的基本架构大体形成。

从现有授牌和未授牌的"投资者教育基地"来看,它们的主要工作大致集中在以下几个方面:第一,各金融机构利用自身的业务优势,分别向投资者进行各自领域的专业知识普及。券商教你如何炒股,期货公司教你如何炒期货,基金公司教你如何买基金,保险公司则教你如何买保险等。第二,大多数金融机构投资者教育基地网站都会重点投放一些本领域的专业知识及操作技术方面的课件,并附带介绍一下本公司的产品及营销渠道。第三,有的基地网站设有在线互动环节,可以接受投资者在线咨询,另有少数平台设有投资者参观、调研、参会环节,为投资者提供现场观摩与参与机会。

不过,从目前投资者教育基地运作模式来看,它们大多仍侧重或停留在各自业务领域的实操技术部分对投资者进行教育,比如,券商教投资者如何炒股,期货公司教投资者如何炒期货,保险公司教投资者如何购买保险产品。这样的投资者教育内容当然是必要的,也是无可厚非的,但对投资者而言,这些知识可能有些支离破碎,甚至会有些急功近利,他们无法从中寻找到系统而正确的"家庭理财"之道。很显然,这种碎片化、功利化的投资者教育模式,对投资者保护是不利的,必须尽快改变。

值得欣慰的是,自 2017 年 9 月以来,证监会正在推动将投资者教育纳入国民教育体系试点。目前上海、广东、四川、青岛、宁夏等 20 余个省、自治区、直辖市已开展试点工作,将投资者教育纳入中小学、高等院校、职业学校等各级各类学校的课程设置中,编制了中小学普及金融知识教材,培训了近万人的师资队伍,各类课程已覆盖数百万人。请注意,纳入国民教育体系的金融知识,是综合性、基础性的金融理财知识,而不是炒股技巧。

其实,早在 2014 年 3 月,广东证监局就向广东省政府建议,将金融理财知识纳入国民教育范畴,并在广州市试点。2015 年秋季学期,广州市 36 所中小学正式试点开设金融理财知识教育课程,试点学校覆盖对象包括小学五年级、初中一年级和高中一年级近一万名学生，系列教材名称为“金融理财知识教育读本”。这标志着广州成为国内首个将金融理财知识教育纳入国民教育体系的地区。

在欧美国家，投资者教育从小学开始就被纳入“国民教育”体系。据了解，目前全世界已有 53 个国家和地区将金融教育纳入国民基础教育。公开信息显示，英国曾在 2013 年的新课程设置中将金融理财教育纳入英格兰各中小学的必修课。英国的理财教育在不同时期有不同要求，儿童从 5 岁开始，接受理财教育；7 岁到 11 岁主要学习如何管理银行和储蓄账户，如何做预算；而中学将着重开设与信用卡、贷款和家庭财务、负债有关的课程。

在成人后，在欧美国家的家庭理财，大多是由理财规划师（理财顾问）或基金经纪人来指导完成的。当这些专业人士对投资者提供理财咨询时，他们总是将家庭理财与“养老”联系在一起，他们会告诉投资者：养老是家庭理财的最高目标，也是最长远目标，养老储蓄与养老投资是覆盖全生命周期的，它是家庭理财的核心载体及最终归宿，因此，在国民理财教育中，人们已经达成了“为养老而储蓄”“为养老而投资”的社会共识。这正是国民理财教育的结果与成效。只有这样的投资观和理财观，才能理性、长远、从容、快乐。2016 年年底美国家庭资产分布见表 1。

表 1　2016 年年底美国家庭资产分布

单位：万亿美元

2016 年年底	家庭资产	分布结构
总资产	107.91	100%
私人养老金	25.33	23.47%
不动产	26.53	24.58%
基金与证券	26.97	24.99%
存款与现金	11.39	10.56%
其他资产	17.69	16.40%

资料来源：美联储。
注：私人养老金不含社保。

以美国为例，美国政府是世界上最大的赤字政府，也是最大的外债政府，美国人偏好信用卡透支消费，他们基本上不怎么存款，因为信用卡太发达；他们不囤房，因为房地产要征缴财产税、资本利得税、遗产税及财产赠与税；大多数美国人也不炒股，因为他们认为专业人做专业事，美股散户交易占比仅为 11%。

然而,值得我们高度关注的是,2017年年底美国家庭的私人养老金储备(不含社保)却高达28万亿美元,远超国内生产总值(GDP),占全美家庭金融资产的比重高达35%,这才是美国人和美国家庭的最大财富与底气。曾有人狭隘而片面地认为美国人储蓄率低,这是十分错误的。

反观我国投资者的家庭理财结构,14亿人口的私人养老金储备几乎是"空白项"。截至2017年年底,中国家庭的私人养老金储备(只有企业年金)仅为1.3万亿元,不足我国国内生产总值(GDP)的几十分之一。虽然我们已经"解决温饱"问题,但社会的浮躁与急功近利、赚快钱与一夜暴富的梦想,仍是每一个家庭难舍的追求,还无法将全生命周期的"养老储蓄"与"养老投资"作为家庭理财的最高目标与追求,因此,不重视长期投资和价值投资,热衷于高频率短炒、追涨杀跌赚快钱,特别看重短期收益或超短期收益率,而长达二三十年规划的"养老储蓄"与"养老投资"却很少在家庭理财的考虑范围。这就是我们的投资者教育的客观基础与真实现状。

在经济转型、产业升级的当今,在即将全面建成小康社会的明天,我们的人口老龄化正在加速,我国60岁以上的老年人已达2.4亿,然而,我们的国民还没有将养老储蓄与养老投资的理念纳入家庭理财观。目前,我国三支柱养老金现状是:第一支柱(基本养老保险)独大,作为私人养老金的第二支柱(企业年金和职业年金)仍很弱小,第三支柱的个人养老储蓄与养老投资观念还十分淡漠。因此,将全生命周期的家庭理财纳入投资者教育,重构以养老为目标的家庭理财观,已是迫在眉睫、刻不容缓,很显然,在我国,将投资者教育纳入国民教育体系,确实任重而道远。

事实上,在资管新规打破"刚性兑付"的潜规则后,金融机构的"资产荒"与投资者的"理财慌"的矛盾更加凸显。要想解决这一现实矛盾,我们必须重构以养老为目标的家庭理财观,将投资者"短炒"、追涨杀跌赚快钱的理财行为导向以养老为目标的长期投资与价值投资理念上来。为此,我们必须加大对投资者的教育和引导:第一,将全生命周期的养老储蓄与养老投资观念植入国民理财教育体系中;第二,各类金融机构在投资者教育上,除根据自身业务发展需要对投资者进行专业知识教育外,还应强化对投资者的家庭理财教育及引导;第三,各类金融机构应加大对长期投资产品的研发,比如,正在落地实施的养老目标证券投资基金、个税递延商业养老保险,以及反向抵押的以房养老,以此满足投资者财富保值、家庭理财的客观需要。

可以想象,当14亿人口的养老储蓄形成一定规模后,它对中国资本市场的影响力将是不可估量的。首先,公募基金将成为最大的受益者。根据美国的经验,私人养老金的一半是用来购买公募基金的,因为只有公募基金才是真正的“投资专家”。其次,庞大的私人养老金及其支撑下的公募基金,将会成为A股市场最大的机构投资者,而且是长期机构投资者,再加上我国资本市场的对外开放,不断吸引成熟的境外机构投资者,这将极大地助推A股市场的机构化、国际化进程,并为我们的投资者带来真正意义上的“慢牛”“长牛”。实际上,这样的投资环境,恰恰是对投资者的最好保护,这才是投资者最大的幸福。

因此,在小康社会即将全面建成、人口老龄化不断加剧的大背景下,我们必须通过有效的投资者教育,尤其是家庭理财教育,将投资者短炒、追涨杀跌赚快钱的投机行为导向以养老为目标的家庭理财行动,让私人养老金与公募基金成为14亿中国人理财的最重要投资标的,同时使之成为A股市场最重要的长期机构投资者,这将是A股之幸,也是股民之福。

开放公益办学

——如何突进建立多层次的投教服务体系

黄德良*

近年来,在证监会投保局的有力领导下,券商充分发挥自身优势,积极建设具有各自特色的投教基地,投教工作取得新发展。华福证券一直高度重视,将投教工作作为公司的一项重要工作抓好、抓实。在福建证监局悉心指导下,华福证券加强领导、加大投入,以实体投教基地为平台,结合移动互联技术,不断丰富投教产品与活动的外延,强化各项投保工作的落实,在完善投教设施、充实投教队伍以及投资者培训等方面取得了一定的成绩。

2017年以来,华福证券投教基地获得中国投保基金、沪深证券交易所及证券期货业协会等机构颁发的优秀投教单位奖等大小奖项共计14个。同时承办证监会投保局、中证中小投资者服务公司、投保基金、中证协、沪深交易所、股转公司等各类型活动,接待同行交流80余次。华福证券希望把投教基地建设成为监管部门的指导阵地、同业交流的平台和服务投资者的桥梁。

2018年,为更好地服务投资者,华福证券投教基地尝试走出大楼,拥抱投资大众,

* 华福证券公司总裁。

用短短1个月时间搬迁至中国十大历史名街——福州三坊七巷,并取恪守市场正道之意命名为“守正学堂”。新投教基地积极响应习总书记关于贯彻弘扬优秀传统文化精神的号召,以三坊七巷古建筑群悠久的历史为底蕴,辅以中国资本市场历史文物,设证券历史馆、闽台证券馆和科技投教馆三大主题馆。秉承“开放、公益、办学”的全新理念,融合中国优秀传统文化、证券文化和闽台文化,致力于把基地打造成为“有意思、看得懂、有文化”的投资者服务学堂。据统计,投教基地2018年6月运行以来,参观人数已超4万人次,日均来访客流约500人次,周末及节假日的最高峰值达1000人次以上,极大提高了投教工作的受众覆盖面和实体投教基地的品牌价值。

结合对投教工作的实践与深入思考,华福证券倡导“1-3-3”的投教服务体系,即一个核心理念、三类投教产品维度、三大宣传渠道。

一、一个核心理念

投教基地以学校形式运行,投资者即学生,投教产品即教学课件,秉承“开放、公益、办学”的核心理念,认真做好投教工作。

二、三类投教产品维度

为充分体现办学理念,投教课件主要围绕市场自我净化、市场主体自我约束和投资者自我保护三条主线。

一是市场自我净化。把市场不规范或非法现象分为远离非法集资、远离场外配资、远离非法咨询等12个系列,以帮助投资者识别并免受非法证券活动的侵害。

二是市场主体自我约束。市场主体不规范经营行为对市场的破坏性更大,更易产生危害性更大的系统性风险,因此券商等市场主体更要加强自我管理、自我约束,确保合法机构规范化管理。

三是投资者自我保护。适当性原则是投资者保护的重中之重。投资者要学会自我保护,分辨是非,免受不当产品带来的风险。

三、三大宣传渠道

在做好学堂场地、生源、师资和课件等的情况下,公司通过三大渠道认真经营投教基地，做好品牌推广。

一是以实体基地为核心阵地。借助三坊七巷，举办各项公益活动，提高曝光率和知名度，宣传华福证券投保品牌。不只在基地内办活动，还走出去办活动，更敞开门欢迎各界部门、各级单位一起合作做好投教活动。

二是总分联动，全国推广。目前华福证券拥有 193 家分支机构，已覆盖除西藏自治区外的全国各大中城市。华福证券把基地办学精神理念，通过总分联动的模式在全国推广；举办“走进社区”“走进高校”“走进上市公司”的“三走进”活动，多维度、多角度开展投教工作。

三是整合社会各资源。投教是全社会的事，华福证券在监管部门、交易所、投服中心的指导下，联合媒体、政府部门、教育部门等社会各界力量进行合作。比如与福建省经济财经频道达成友好合作共识，独家冠名开办投教大讲堂电视栏目，和福建省金融办、公安厅、人行等一同开展走进高校、走进社区、走进广场以及各类金融公益活动，从证券角度为客户排忧解难。

尤其值得一提的是，华福证券投教基地充分发挥闽台特色，于 2018 年 5 月与台湾富邦证券在厦门举办资本市场高峰论坛，共同促进闽台证券文化相互交流与落地。

不忘维护资本市场健康发展初心，牢记保护投资者权益使命，华福证券投教基地将继续恪守正道，在监管部门的关心指导下，切实维护投资者尤其是中小投资者的合法权益，开启投教工作新征程。

整合媒体资源　合力打造中国投资者教育社会传播工程

朱　博*

投资者服务的核心工作——教育与保护，是资本市场的重要基础性工作。党和国家领导人在多个场合反复强调了保护投资者合法权益、加强投资者教育的重要性。在中国证监会的总体领导与有效协调下，在推动《国务院办公厅关于进一步加强资本市场中小投资者合法权益保护工作的意见》，建立“12386”服务热线，中国投资者网站，设立投保、投教专门机构等服务平台等方面均取得了丰硕成果，投资者教育保护的知识、产品、服务模式得到极大的丰富。

* 《华夏时报》投资者教育中心主任。

“投资者教育”是老提法、新内涵,是把过去对投资者有些模糊的、被动的、吃亏上当长记性式的教育方式,转变为系统的、主动的、投资者保护型的教育方式。一个健康的、稳定的、可持续发展的中国资本市场是证券从业机构、财经媒体安身立命的根本。教育投资者、保护投资者权益就是保护我们自身长久的利益。

投资者教育应该有有效的模式与方法。教育和媒体的属性很相似,那就是评价与传播。“评价”就是投资者教育内容的生产,“传播”就是投放渠道与影响力范围。投资者教育绝不是做做专业名词解释,再往网站上一挂就结束了,而是要根据不同阶段投资者群体的需求,有针对性地提供包括投资理念、知识、技能、方法、避险工具等系统性的帮扶,敢于对侵害投资者合法权益的行为进行揭示。投资者教育的过程就是用正确的价值观为投资者创造价值的过程。“传播”是投资者教育的主要手段,否则没有“传播”的投资者教育就是在做无用功。要做好投资者教育就不能闭门造车,需要联系团结券商、上市公司、投顾公司、专家学者、财经媒体等证券市场方方面面的参与力量,尤其是财经媒体和门户网站更要在“传播”方面充分发挥积极作用,把投资者教育打造成影响力巨大的社会传播工程,推动投资者教育纳入国民教育的范畴。

显然,“传播”成为目前投资者教育的“短板”。可以看到,在具体实践过程中,行业上下为之付诸的努力与想要达到的社会效益之间还有较大的落差,投资者教育的有限传播成为制约投资者教育事业发展的“短板”。弥补这个“短板”,需要整合媒体的力量,借用媒体传播与资源整合的优势。

媒体要担负起应有的责任。作为责任媒体,尤其是与资本市场密切相关的专业财经媒体,应该在投资者教育领域承担起应有的媒体责任和社会责任。2018 年以来各类媒体机构也纷纷设立与投资者教育相关的板块、部门,但大多并不清楚该如何开展投资者教育这项公益事业。

媒体应不同于现行的各类投资者教育基地,媒体的传播属性与资源特点就决定了其在资源整合与传播领域具备更大的优势,媒体应该成为中国投资者教育工作的“联络员”与“宣传队”,在监管部门的领导下与各级、各类投教基地紧密合作,把投资者教育打造成一项重大的社会传播工程,有效解决投资者教育目前面临的最大“短板”。据了解,多种媒体传播渠道均明确表示,愿以媒体特有的方式投身于中国投资者教育事业,为中国资本市场的健康发展承担责任、贡献力量。

开展“中国投资者教育神州行”全国巡讲活动。从传播学的专业角度来讲,大型社会活动最具新闻点和传播效应,是以点带面、资源整合的最佳模式。通过发起“中国投资者教育神州行”系统大型公益巡讲——充分整合各类投教资源，与各类媒体通道建立紧密合作关系，用线下线上全网立体传播的模式，打造中国投资者教育社会传播工程。

优势1：众人拾柴火焰高

用大型公益巡讲活动的组织形式，整合优质的投资者教育内容资源、产品资源、传播资源，把分散的力量通过“中国投资者教育神州行”组织起来、联动起来，营造传播效应中的“热点”。

优势2：多快好省（联合的价值见图1）

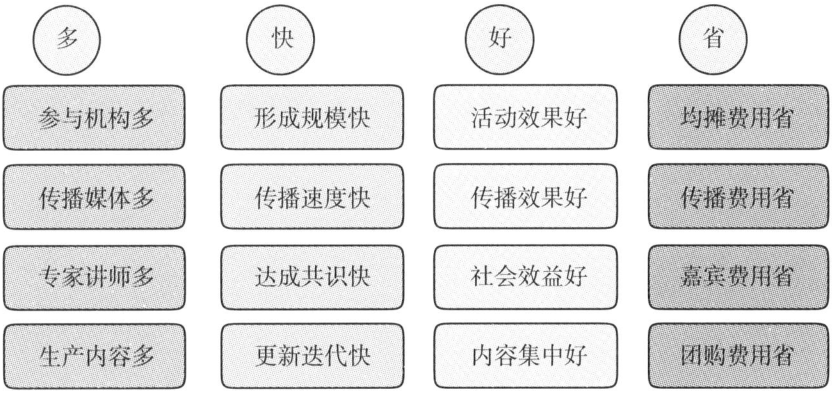

图1　联合的价值

优势3：强化监督与舆论引导

通过大型活动建立监督机构、投教基地与媒体的日常传播联动机制，监管机构提供指导，投教基地提供内容资源，媒体提供传播资源和流量资源。资源互补的同时，一方面，解决投教基地当前的“孤岛困境”；另一方面，也强化监管机构对舆论导向的监督与引导。

优势4：推动投资者教育标准化体系的建立

大型公益巡讲既是投资者教育传播的过程，又是投资者调查的过程。在实践中根据受众反馈进行总结、归纳、梳理，逐步建立中国投资者教育的标准化体系。同时，可将大型活动与高校结合起来，有效推动投资者教育纳入并深入国民教育。

综上所述，《华夏时报》作为责任财经媒体，在相响应监管号召，积极申办投资者教育基地的同时，不仅仅把自身的媒体资源投入投资者教育这项公益事业，而更希望团结更多志同道合的资源和力量，以“中国投资者教育神州行”大型公益巡讲活动为契机，做好中国投资者教育事业的“联络员”和“宣传队”，用实际行动服务于中国资本市场的健康发展。

市场实务

INVESTOR

中证中小投服者服务中心有限责任公司的地位、职责和权限问题研究

白　江*

摘　要：本文通过事例方式分析指出，投服中心，是受证监会指导下的公司制法人组织，依照国家的法律和法规成立并运行，在证监会与市场之间发挥功能传递作用，在市场主体之间发挥服务纽带作用。在研究投服中心的地位时，除对先前法律、政策的理解外，本文更注意从市场经济运作的角度考察，按照法理学的原理指导服务实践活动，确认责任与权力界限应成为投服中心运作的内在的、不可分割的组成部分。本文由以下几部分组成：首先，根据权益股东身份以及权利让渡的比较分析，笔者强调投服中心"管制"的地位，真正来源于自身股东权利与让渡，而作为监管的辅助机构，它侧重于保护和教育，相较于一般意义上监管机构的信息披露核查、市场检查、违规行为查处等事后监管具有的前置性、直接性等不同特征。因此，与其说投服中心是市场"监管"，还不如将之定位为市场"管制"更准确，仅在部分领域内有限度地解决部分问题。不难发现，从整体上看，投服中心应该遵从上市主体与中小投资者自治优先、市场竞争机制优先、市场自律优先以及事后监管优先等原则，其揭示和倡导的深层次的职责取向，恰恰是限制其前置行为、放松事先管控，实行"有限管制"。而这些特征对市场经济的持续和稳定发展具有极其重要的作用。其次，笔者简要地分析了目前作为监管的辅助机构，投服中心具有侧重于保护和教育双重职责的五大职责。其功能之一就是解决当市场主体失灵时，中小投资者需要保护的问题，以及与目前市场状态相适应的理由。最后，论述了在证监会框架下，投服中心的权力边界应该具有扩张与萎缩性，笔者特别分析了权力的扩张与萎缩的几种样态，指出这一命题，是适

* 才轶律(上海)企业咨询管理有限公司总经理。

应或能够促进市场主体的成熟与发展需要,而这必然是长期平凡而琐碎的工作积累而成。只要投服中心的最终目的旨在保护中小投资者的共同利益,并且是在股东权力的范围内行使,无论是否真正实现了所有股东利益最大化,投服中心的权力扩张都是合法和值得提倡的。另外需要提及的是,要警惕防范投服中心"逾越权力"与防止出现监管机构所不期望的、不合理的不作为"形式化"倾向,而如何防范两种倾向,最好的方式是程序,如何按照一定程序和机制,是需要从制度层面回答的问题。

关键词:投服中心　地位　职责　权限

中证中小投资者服务中心有限公司(以下简称投服中心)是经中国证监会批准,于2014年12月注册成立并受其直接管理的证券金融类公益机构。经过几年的不懈努力,投服中心形成了以投资者教育为基础,事前持股行权、事中纠纷调解、事后支持诉讼的"投服模式"。那么投服中心与其他主体之间是何种相互关系?换句话说,主要是在各自领域内,主体相互之间是何种权力关系,以及这种权力关系的特征是什么?在过去的环境下,不可能思考、讨论或具体确立这些目标。很显然,妨碍人们思考、讨论的主要障碍,并非是由于缺少某种理论原则,是因为缺乏动力去探究这些问题。随着国内资本市场渐进式完善趋势,[①]投服中心的成立,一个机构做什么,人们希望它做些什么,什么才是它应当尽力去实现的,渐渐地进入人们研究的视野。[②] 笔者认为,这种研究视野,应该是投服中心在中国证监会整体监管框架下进行,对于证监会来说,投服中心是被管理的对象之一,但投服中心在某些领域又是"管制"自己和其他市场主体。虽然人们认为这些都有受制于既定的权力范围,而对权力已经加以限制,至少看上去已经限制了。然而,投服中心作为独立法人主体的公司制机构,其服务职能已不再是行政职能,也不再受到严格而相对狭窄的行政职能限制,与此同时产生如下相应的思考关注点:投服中心的地位以及其正当的职责是什么?权力的来源与边界在哪里?很显然,没有人会希望一个政府有逾越这些权力范围的活动,[③]或者

① 参见证监会网站披露:在江苏南京召开证券投资者民事损害赔偿救济法律制度完善座谈会上,这次座谈会的召开,是证监会贯彻党的十九大提出的"坚持以人民为中心"的发展思想,落实习近平总书记"尽快形成融资功能完备、基础制度扎实、市场监管有效、投资者合法权益得到有效保护的多层次资本市场体系"要求的具体工作措施。做好这项工作,事关规范公正的市场秩序,事关市场恒久信心,对于切实维护广大中小投资者合法权益,深化市场改革,促进市场发展,更好地发挥资本市场服务实体经济的功能作用,具有重要意义。

② 证监会主席助理黄炜指出,不同于海外市场,国内股票市场99%的是散户投资者。

③ 迈克尔·奥克肖特:《哈佛演讲录——近代欧洲的道德与政治》,顾玫译,上海文艺出版社2003年版,第10页。

说,没人会因为无法限制权力范围,就同意投服中心的不当行为。

一、投服中心的地位与特点

证监会是证券市场中的管理主体,除此之外的任何主体,都被纳入管理对象的范畴,所以,投服中心是接受证监会管理的对象或者说是被管理主体,这一点是不难理解的。那么,怎样理解投服中心的"管制"者地位,以及怎样理解投服中心对除证监会以外的其他部分主体的"管制"者地位呢?

(一)投服中心的地位

投服中心是有限公司制的市场非营利主体,又不同于行业(产业)协会、行业(产业)公会等组织,而是根据法律、法规的授权,对上市公司和其他相关的市场主体进行"管制"的主体。投服中心在实施股东行为时,是以自己的名义进行,这时其在法律性质上是一个独立主体。同时,投服中心一方面能将中小投资者的个人利益上升为集体表达,另一方面又能把握、控制这些利益,限制、规范、教育中小投资者,消除破坏团体利益和社会公共利益的行为。"管制"关系主要表现为对企业或者中小投资者市场营利主体的不规范行为,利用现有规则,合理约束主体的异常行为,实现股东内部的自我监督,同时保护中小投资者的利益。投服中心的这种"自治性",决定了其有着不同于行政职权的股东权利,作为上市公司市场营利主体的股东,严格遵守与利用外部法律法规,以及上市主体内部公司章程和规章制度,一旦发现有违,投服中心可以对涉嫌违规上市主体进行质询,提出意见或建议,并且鼓励中小投资者对其监督、相互制约。另外,投服中心还可向中小投资者收集或提供市场信息、对投资者进行培训、组织成员之间的业务交流等。当然市场上市主体也享有不采纳投服中心的质询与建议,但是这种不采纳可能会对上市主体产生不利的影响,可能因此而引起更多的市场质疑。

投服中心的这种"管制",是通过法律赋予股东机制的运行,规范市场,维持市场的良好秩序,使之与整个社会的法律秩序相协调的行为。在这种关系中,投服中心相对上市主体或中小投资者处于"管制者"的地位。这种"管制"权力来源于正当的股东权利或中小投资者的"团体契约"。当中小投资者接受投服中心服务,就意味着其自身的部分权利在约定的限度内向投服中心让渡,投服中心凭借中小投资自愿让渡的权利对后者进行"管制"。当上市主体违反规则时,投服中心就有权在自身权利与受让的权利范围之内,对违规成员进行行权质询与建议,从而迫使其控制自己的行为,遵守市场及监管规则。对于不服质询的上市主体或纠纷,投服中心通过行权、纠纷调解、公益诉讼、影响商誉等方法对其施加不利影响,迫使其遵守规则。而这种"管制"就是一种权力。关于权力的来源,现代理论一般认为一种权力都源于人民,人民是权力的前提,人民权利是基础,人民是一切权力的最终所有者。① 当政府无法将所有的个体偏好综合为社会选择,实现社会均衡发展,况且已深入人心的对公权高度戒备使人们更愿意将这种权力保留在私领域,而不愿意再让渡给公权。于是在现代社会产生的种种社会问题面前,社会契约论在权力问题上进行了修正,即将原先保留在个人手中的一部分权利让渡给第三部门的非政府组织,这种让渡是一种动态的让渡,②同时,监管基于确保投资者安全稳定与发展的必要,也希望投服中心通过合法合规的方式去改变市场主体的行为,于是投服中心在市场主体内部寻求合法性解决问题的方法,与之达成了一种默示的"妥协"。同时,投服中心通过对市场主体自身的变革,也进行培养、教育中小投资者。而这种"管制"的过程不仅是动态的,更是多次的、连续的,投服中心的"管制"地位就是这种自身权利的来源与让渡的结果。

(二)投服中心的"管制"特点

投服中心与市场主体之间是相互独立的法律主体,前者实施"管制"的权力真正来源于自身股东权利与让渡。笔者认为,与其他机构或组织不同,它既不是国家法律法规授予的行政职权,也不是因为具有某种得到法律确认的权利,而具有司法与执法权。要找到特点答案,首先必须了解投服中心与市场主体之间的关系前提,才能基于关系推导出"管制"特征。

1. 作为个体契约的股东法律关系。由于投服中心与上市主体之间相互独立,在法律地位上平等,因此,投服中心没有权力对上市主体实施主动的、强制性的监督和管理职能,上市主体也没有接受投服中心运营管理的义务。但是,一旦上市主体发生重大事项时,投服中心依据其特有公益股权,对市场主体的特定事项履行权利进行审查、质询并制作相关报告或建议时,特定的市场主体和投服中心之间就发生了实质上的"管制"与"被管制"关系。例如,上市主体重大资产重组、高送转配套股东减持或存在不当反收购限制条款等时,可能影响中小投资者利益,投服中心会有针对性地出

① 法学教材编辑部编:《西方法律思想史资料选编》,北京大学出版社1983年版,第51页。

② 王全兴、管斌:《社会中间层主体研究》,载漆多俊主编:《经济法论丛》(第5卷),中国方正出版社2001年版,第49页。

具股东建议函、问询或意见，并将该意见作为法定必要文件。而发函、参加股东大会、现场查阅、现场问询、公开发声、提起诉讼等方式，都是行使股东查阅权、建议权、质询权、表决权、诉讼权等无持股比例和时间限制的股东权利，且积极探索创新，通过公开征集的方式，行使提案权、股东派生诉讼权等有持股比例和时间限制的权利。从而投服中心通过上述对上市主体信息的收集、整理、甄别，客观上起到了"管制"上市主体依法依规履行相关法律法规的作用。

2. 投服中心作为公益性机构，为保护中小投资者而建立的保护、教育、调解等多务服务关系。此处的服务关系，不同于国家有关机关依照法律规定，直接、强制性向特定的市场主体提供调解的关系，而是根据当事人的意思自治选择的服务调解或投资者教育。比如，投服中心建立的小额速调机制，是针对简易小额纠纷，投服中心与地方监管局依据有关法律法规、行业惯例等作出调解行为，如果投资者接受调解结果，争议双方均须自觉履行调解协议。如果投资者不同意调解结果，则调解结果对争议双方均无约束力，投资者可寻求其他救济途径。从这里可以看出，这种速调机制，有两个基本的价值性因素：主体、合意。所谓主体，不是唯我独尊，而是"相互主体"。所谓合意，不是你好我好的相愿，而是求大同，存小异的有原则自愿。所谓速调，不是单纯的利益交易，而是指"在法律阴影之下的交涉"，但不是片面宣扬规范和强制。笔者有必要强调的是，这种速调与传统的民间调息、"和稀泥"式的妥协、权威主义的调处应该有本质的不同，可以说包含着利己动机和共同动机两方面的"契约型调解"。从契约性的合意的角度来把握调解，意味着一种相对立的意识的存在。[1] 投服中心正是通过契约关系这一中介环节，将调解与法制结合起来了。

由此，投服中心相对于市场主体"管制者"的主体地位，与监管、司法执法机构相比具有明显的特征：(1)缺乏强制性。第一个表现是中小投资者或指定人，可以自由选择机构或者组织。例如，中小投资者打官司可以通过投服中心救济，也可以不通过投服中心，上市主体对投服中心的质询或意见认可或接受也行，不认可或不接受也行等。缺乏强制性的第二个表现是，投服中心对服务对象只有义务，没有权力。例如，投服中心有勤勉、尽责的义务，但是没有要求服务对象履行任何行为的权力，例如，不能强制要求上市主体提供某些证明文件，不能对上市主体的有关资料进行非自愿的监察等。(2)缺乏拘束力。例如，就同一事项，纠纷调解当事人有时可以寻求其他机

---

① 季卫东：《法治秩序的建构》，商务印书馆2014年版，第467页。

构或组织提供救济途径,投服中心的调解成果并不一定被纠纷调解当事人使用。(3)没有制裁手段。尽管投服中心对上市主体的一些事项评价可能对上市主体造成某些不利的影响,但这些不利影响并不是由投服中心对上市主体施加的,而是上市主体的一些行为内容散播到公众或有关监管机构中之后,引起的评价或监管机关、司法的后续连锁所造成的。换句话说,如果上市主体的一些行为结果没有公之于众,没有引起监管机构或司法介入,那么无论上市主体的违法问题有多严重,财务状况有多糟糕,投服中心的"有限管制"都不会对上市主体产生太大影响。

需要强调的是,上述特征并不能否定投服中心客观上具有的"有限管制"的地位。事实上,这种"有限管制"是辅助证监会参与管理市场主体过程中不可或缺的组成部分:(1)一旦特定的上市主体与投服中心形成股权关系,二者之间就形成"管制"关系。换句话说,确定的投服中心与不特定的上市主体之间不存在"管制"关系,但是一旦这种不确定性转变为特定主体之间的确定性,则"管制"关系随之产生。(2)理想状态下投服中心对上市主体的服务内容,应该具有一定拘束力。尽管在大多数情况下,上市主体可以自主选择接受还是不接受,但是如果投服中心严格依照法律法规赋予的股东权利来实施服务,则其服务结果在法律性质上而言,应当具有同一性。也就是说,无论上市主体情势未来如何进一步发展,其得到的服务结论和法律评价都不应因机构或组织的不同而有所不同。(3)投服中心不具有制裁手段,是投服中心辅助证监会行使管理职能的一个明显特征和证据,但从某种意义上来说,证监会对上市主体的管理是不可能独占实现的,需要证监会各职能部门与投服中心分别对管理过程中的不同管理阶段划分职责。

投服中心作为监管的辅助机构,应侧重于保护和教育,相较于一般意义上监管机构的信息披露核查、市场检查、违规行为查处等事后监管具有的前置性、直接性等不同特征,因此,与其说投服中心是市场"监管",还不如将之定位为市场"管制"更准确,其仅在部分领域内有限度地解决部分问题。不难发现,从整体上看,投服中心应该遵从上市主体与中小投资者自治优先、市场竞争机制优先、市场自律优先以及事后监管优先等原则,其揭示和倡导的深层次的职责取向,恰恰是限制其前置行为、放松事先管控,实行"有限管制"。

二、投服中心在监管框架下职责

投服中心,是受证监会指导下的公司制法人组织,依照国家的法律和法规成立并运行,在监管与市场之间发挥功能传递作用,在市场主体之间发挥服务纽带作用。笔者认为,在比较典型的市场经济体制中,现阶段上市主体的发展和市场成熟,尤其是中小投资者的成熟度,都离不开投服中心,其兼具"保护"和"教育"双重职责,承载着转变职责功能、促进依法行权、保护中小投资者、合法有序保护市场经济的厚重任务,可以被认为是我国市场经济发展史上坚实的一个里程碑。投服中心采取的是一种刚柔并济的服务方式,是以公益股东的身份介入市场,实现"有限管制"和保护的一种特定形式。就此,投服中心应有以下基本职责:

1. 服务职责。履行法律赋予的股东权利,做积极股东、合格股东、示范股东,切实维护中小投资者合法权益,是投服中心成立与服务的初心。随着服务水平、制度、流程不断完善与逐步提高,投服中心的服务范围也应是不断扩大的过程。随着上市主体情势的发展,以及投服中心与其他机构之间的分工与合作,投服中心的作用和服务范围也同样将不断扩大。比如,由起初主要提供行权、维权等服务,发展到如今提供法律、调解、信息披露、咨询、培训、技术、委托公益诉讼等。

2. 沟通职责。投服中心通过服务,成为各类市场主体之间沟通的桥梁和纽带。未来科技与金融的发展,投服中心沟通的领域会越来越宽,渠道也日益多样化。只有投服中心不断完善,才能使上市主体之间、监管与上市主体之间、中小投资者与上市主体之间、国外上市主体与国内上市主体之间的关系变得更加便利和通畅。

3. "管制"职责。近几年来,随着投服中心作用逐步被认可,其"救济人"的职能日益得到加强,特别是其在"管制"上市主体行为、调解市场纠纷、稳定市场秩序等方面已发挥着不可替代的作用。其中,"管制"职责较强的就是,投服中心与各地区证监局签署纠纷调解合作事宜。另外,对上市主体的"管制"方式主要有:行使表决权,建议、质询等股东权利,例如,投服中心坚持问题导向,选择市场难点和热点,重点聚焦上市公司年度报告、重大资产重组、公司治理规范性、中小投资者投票机制、高送转配套股东减持等投资者关注的主要问题和事项;参加政府决策过程中的听证;运用其所掌握或影响的舆论媒体,通过投服中心自主信息披露平台,"中国投资者"网站及时公布持股情况、行权进度、行权结果等信息或通过"四大证券报"等媒体发布,从而对上市主体施加压力以实现对上市主体的监督与权利制衡等。需要指出的是,投服中心在对上市主体进行监督、权利制约的同时,是不得干涉上市主体正当经营。也就是说,这种监督与权利制约同样必须是以法律赋予普通股东身份权限予以确认,在法定的范围内依法定程序进行,否则就是干涉上市主体事务,应当予以禁止。

4. 保护与教育职责。中小投资者求助于投服中心，就是因为其自身利益维护的需要，当个体利益在原子化的状态时，其利益的诉求力度往往较弱，而投服中心就是将这些利益整合起来，为中小投资者提供凭个体无法达到的权益。同时，通过现身说法，教育中小投资者改变投资理念，要注意或评估行业所面临的风险。[①] 当作为服务对象的中小投资者对投服中心的服务感觉不满时，则可以"用脚投票"，甚至选择退出。因此作为一种保护与教育职责，投服中心既要通过自身公益股东的身份规范上市主体的行为，同时又必须利用自我保障机制加强与市场主体以及其他机构的沟通、交流与互动，维护中小投资者的合法权益。简言之，投服中心应为中小投资者扮演对外利益代表的角色，这一职能表现为，代表中小投资者与监管机构、与其他上市主体和利益集团的沟通和交涉。如投服中心可通过制度性的对话渠道向监管或机构反映正当的利益诉求，对政府的宏观调整决策及立法提出建议，以此争取监管制定有利于中小投资者保护的政策和法律。

5. 合作职责。投服中心因其所处地位、所占资源、所辖范围等不同，与其他具有各自优势和局限性的机构之间应该是分工、合作和制约等多重关系，但合作是第一位的。比例，投服中心与地方证监局合作、投服中心与司法合作又遵从司法等。上述权力机构享有社会权力的主体地位，但并不意味着权力是排他的，如此，也就构成了在市场监管中，投服中心与其他机构相互之间的合作职责。笔者认为，投服中心与其他机构之间的关系，首先是辅助中的合作关系。如前所述，投服中心享有的职责最初动因是为了保护中小投资者，人们通过"动态的社会契约"赋予投服中心以权力，如何更好地行使这些权力，是投服中心需要借助上述权力机构的，而辅助的合作则需要法律加以细化与明确。其次投服中心的服务对象享有求助和接受、异议的自由权。当上市主体或中小投资者对其结果表现不满时，则会选择退出其原归属投服中心的服务，可以选择其他相应机构或组织解决。而上市主体与中小投资者乃是投服中心存在的根本，没有了上市主体或中小投资者的认可，投服中心就成了"无源之水、无本之木"，失去了存在的价值，因此，投服中心与上市主体以及中小投资者之间也必须构成一种合作关系。但是需要注意的是，投服中心的合作应是一种法律法规授权范围内的合作，为避免这种滥用与不作为合作，需要通过法律加以规范，这也为投服中心对上市主体或中小投资者的"有限管制"提供了可能性与必要性。投服中心与上市主体以及

---

① 例如，2018年7月10日证监会网站披露：证监会打非局日前发布一份非法证券期货风险警示，提醒广大投资者警惕互联网"非法荐股"风险。投服中心如何做好教育投资者注意与评估风险需要落在实处。

中小投资者相互间的“有限管制”也并非要排斥相互间合作，投服中心通过以公益股东的身份来维护中小投资者的个体利益，同时支持合法合规的上市主体的正常运行，最终促进市场整体利益的实现，因此投服中心的最终目标是实现市场整体利益的平稳、有序，而不是单个个体组织自身的团体利益。需要说明的是，这种合作绝不是无原则的“一团和气”，而应是一种“管制”中的合作，是投服中心与上市主体或者中小投资者相互间的“有限管制”中的合作。

投服中心上述职责的引入，功能之一就是解决当市场主体失灵，中小投资者需要保护的问题。笔者认为，投服中心在一定程度上可以对监管机构的行为进行辅助，但其自身也会出现“失灵”，我们不能在确信市场和监管会失灵的同时，却一味相信投服中心是万能的，不会出现失灵。实践表明，任何组织均可能会存在不正当竞争、垄断、权力滥用、内部人控制等风险，以及对市场产生有意或无意的破坏，[①]于是投服中心的引入同时带来另一个问题，即权力的滥用以及由此导致的干预失灵问题。正如孟德斯鸠指出：“有权力的人们使用权力一直到遇有界限的地方才休止。”[②]因此投服中心在加强自身能力和组织建设的同时，仍需要监管机构作为监管主体对其进行监督和制约，例如，通过立法的方式对投服中心的确立和管理加以规定；完善相关的执法机制，由有关监管执法部门对投服中心的活动进行查验审核；对财务进行审计；对投服中心的违法行为进行调查和处罚等。需要指出的是，这只是一种监督，而不是干预投服中心的活动，监督的方式与内容需要通过正当的立法加以明确，以免为有关监管机构过度干预投服中心的活动留下借口，从而影响投服中心的独立性。由此，投服中心的权限范围在哪里？也即权限的边界也成为需要考量的问题。

三、投服中心的权力边界

（一）权力是权利的衍生

我国的市场经济与法治进程都处于起步阶段，一方面，股权结构高度集中，公司中的主要矛盾不是管理层与股东之间的矛盾，而是控股股东与少数股东之间的矛盾；另一方面，我国的公司治理结构体系零散而微弱，以至于公司沦为控股股东的提款

---

① 例如，证监会网站披露：按照中介组织勤勉尽责与上市公司信批同步关注的原则，2018年上半年证监会对11家证券中介机构启动调查，同比增长22%，涉及评估机构2家，这些案件主要涉及机构在提供证券服务时未勤勉尽责，表现为不遵守业务规则，个别机构的从业人员甚至参与合谋造假。

② ［法］孟德斯鸠：《论法的精神》（上卷），孙立坚等译，陕西人民出版社2001年版，第183页。

机,少数股东沦为出资囚徒。[①] 因此,适当的中小投资者保护,对于防止公司控股股东的掠夺行为,提升公司治理水平具有重要的积极功能,其在我国现阶段尤为重要。[②] 但是证券市场是市场经济的高级形态,其组织化、规模化、信息化、自由化和竞争性、复杂性程度要远高于一般的要素市场,证监会在证券市场中的角色冲突,也是问题产生的原因之一。我们知道,由于特定的历史背景和特殊的国情,证监会承担了发展证券市场和监管证券市场的双重责任,毋庸置疑,这两者的价值取向和政策目标并不一致有时甚至是对立的。特别是近年来,我国证券市场陷入困境,市场融资功能严重削弱,[③]中小投资者与大股东之间的利益冲突在股票市场上尤为突出。[④] 目前上市公司的大股东可以凭借自己的经济实力在资本控制权方面占有绝对优势,影响甚至人为控制其运行,有的大股东既规避风险,又能攫取暴利。而中小投资者势单力薄,既没有经济实力,也没有影响决策的发言权,往往只能在资本市场上"仰股兴叹",大股东似乎永远是胜利者的角色。[⑤] 究其原因,首先,初次分配的制度就因向大投资者倾斜而呈现不公。中小投资者在现行股市结构中处于不利地位,持有同一公司股票的人因持有的股票类别不同而受益不同,往往是"同股不同权""同股不同利",严重违背了股票市场的一般分配规律。其次,中小投资者于股市承担之义务与收益不匹配。许多企业在上市改制时对大股东的资产评估及折股采用了明显不同于中小股东的歧视性政策。例如,公司上市之后,在实施配股增资方案时,往往存在折价或优惠价格定向增发,一旦批准入市后,利益既得者往往却在有限时间内,疯狂减持或交易,造成市场"圈钱"现象,以至于中小投资者从一开始起就在事实上承担了为上市公司提供

---

① 王林清、顾东伟:《新公司法实施以来热点问题适用研究》,人民法院出版社2009年版,第294页。

② 中国股市历来有重融资、轻投资传统,融资过程的恶意圈钱、欺诈上市、减持套现等行为让融资者快,投资者痛。不少上市公司趁股市反弹,迫不及待地拿出增发、配股计划,无异于"抢钱"。再融资过后,则往往是股价下跌、业绩下滑,留下"满地鸡毛"无人收拾。

③ 最近有媒体报道,2018年8月以来,两市共成交了5.19亿元,平均每笔成交金额14,779元,这也是2009年4月(14,588)以来最低水平。股市连跌了7个月,很多个股更是大跌超过50%,绵延不尽的阴跌加上时不时地大跌,账户资金不断缩水,股民自己都忍不住自嘲"韭菜瘦了"。

④ 参见《上海证券交易所统计年鉴》(2018卷),最新报告显示,整个2017年沪市中个人投资者贡献了相当于机构投资者5倍的交易额,占到了总交易量的近八成,却只获得不足机构30%的盈利,在总盈利中的占比还不到一成。

⑤ 参见《证券日报》报道:证监会上市公司监管部副主任曹勇表示,目前极少数上市公司还存在着编制虚假财务报告,信息披露故意使用晦涩语言给投资者理解带来歧义;业绩预报与实际情况相差较大;选择性信息披露行为、非主观上对特定群体的信息披露等问题。

发展资金支持的主要义务，但是中小投资者却没有从股市上获得相应的权利。[①] 再次，中小投资者的投票权形同虚设。股东行使控制权可以通过“用手投票”和“用脚投票”两种方式，但在我国“一股独大”是股市结构的基本特征，中小投资者既不能“用手投票”又起不到“用脚投票”的作用，在占绝对控股地位的国家股、法人股主体代表不到位的情况下，极易产生内部人控制。在此局面下，中小股东的表决权、知情权、质询权、受损诉讼权不是得不到保障，就是流于一种摆设。比如，2016 年的“宝万之争”期间，中小投资者因势单力薄，“用手、用脚投票”成为“局外人”。事实证明，有的大投资者或其代表常常利用自己的经济优势和管理优势，损害中小投资者的利益。中小投资者在受到由大股东的价格操纵、内幕交易、不实陈述等侵害时，[②]目前的保护机制又并不充分与有效。

鉴于我国证券市场正处于艰难的转轨时期和缓慢的市场化过程中，证券市场的“政策市”特征短期内又无法消失，证监会的角色冲突也非短期内能够消除，我国公司弊案屡屡发生以至于人们司空见惯，短期内也难以彻底解决。[③] 如何维护市场稳定，切实保障投资者，特别是中小投资者的合法权益，在证券市场不断需要进行干预和监管完善过程中，投服中心孕育而生。作为一种服务于中小投资者的组织，它有一种组织起来的力量，可以在一定程度上利用权利保护与教育中小投资者，这既设立投服中心的原始欲求和基本起点，也是投服中心权力的衍生、最终目的地和自然归宿。由于权力具有扩张性，保障权利的权力有可能异化为侵害权利的力量，[④]现在所急需的是对投服中心以服务的方式进入市场和市场主体私权领域实行“管制”进行反思，权力

---

① 例如，市场操纵行为呈现新特点，内幕交易，企业上市以后违规信息披露、财务指标发生太大的变化，上市企业财务造假或“变脸”的程度太快等事例不断出。2017 年 5 月 27 日针对“董监高”的减持新规，其目的是有助于解决“变脸”以及过桥、减持或者套现问题。但实际结果是，减持新规出台六天后，就有市场关于针对减持新规的应对办法，甚至还有通过离婚的方式减持等。过去为了买房子，有人可以做到离婚、裸婚，现在是为了减持、卖股票也能做到这个程度，可想而知，这些人是否能真正思考如何更好地把企业经营好？甚至有的股东把银行当作自己的提款机，少数不法分子通过复杂架构，虚假出资，循环注资，违规构建庞大的金融集团。

② 有些违法行为人为获取更大的资金优势，通过民间配资、资管计划、私募基金等途径“加杠杆”实施操纵，所动用的资金量往往非常巨大，在个股盘中交易快进快出，极易引发市场异常波动，释放虚假的市场信号，严重干扰投资者正常的交易决策，损害投资者合法权益。参见 2018 年 8 月 10 日《21 世纪经济报道》。

③ 例如，根据 2018 年 8 月 10 日融钰集团公告，因公司披露的与中核国财投资集团有限公司战略合作相关信息涉嫌存在误导性陈述，公司涉嫌信息披露违法违规，证监会决定对公司进行立案调查。例如，2018 年 8 月 14 日中弘股份(000979)晚间公告，因公司披露 2017 年一季度报告、半年度报告、三季度报告涉嫌虚假记载，安徽证监局决定立案调查。再如，2018 年 8 月 10 日，证监会网站公布行政处罚决定，因立信所在对金亚科技 2014 年度财务报表审计时，未勤勉尽责，出具了存在虚假记载的审计报告，分别对会计师与事务所进行了行政处罚。同月 3 日，证监会官网挂出大华会计师事务所的处罚决定，在其对佳电股份 2013 年至 2015 年财务报表审计过程中，出具的审计报告存在虚假记载。

④ 文正邦：《当代法哲学研究与探索》，法律出版社 1999 年版，第 354 页。

的边界在哪里？对投服中心权力领域的限制，并不是削弱权力，恰恰相反，它是通过权力制约的途径，更好地实现保护中小投资者权利的根本目的。

例如，2018年7月曝出长生生物（股票代码：002680）弊案，证监会于2018年7月27日发布实施《关于修改〈关于改革完善并严格实施上市公司退市制度的若干意见〉的决定》，强调上市公司退市涉及诸多方面，为做好对重大违法公司的强制退市工作，有关方面将加强统筹协调与工作配合，全面贯彻落实《证券法》和《关于改革完善并严格实施上市公司退市制度的若干意见》（以下简称《退市新规》）等相关规定，充分发挥退市制度积极作用，努力维护市场稳定，切实保障投资者，特别是中小投资者的合法权益。但中小投资者的个人权利是分散的，面对大股东，很难有能力与之抗衡，况且类似的退市情形具有偶然性及不可预判性，因此中小投资者在强制退市过程中的利益该如何保护？未来中小投资者如果采取主动维权求助于投服中心，投服中心在权利衍生出权力之后，如何组织推进证券市场的支持诉讼，同时在我国现有的法律框架下，并非所有退市情形都有索赔的法律基础下，建立完善的证券市场索赔制度仍需要时间，[①]笔者认为，投服中心所采用的公益集团诉讼可以与法院发挥合作责任，[②]例如，（1）中小投资者原告可以通过投服中心口头起诉汇集；（2）法院可以用简便方式随意传唤当事人、证人；（3）不受审前准备程序、法庭调查、法庭辩论顺序的严格限

---

① 参见2018年8月24日证监会网站披露：围绕投资者损害赔偿救济这一核心，一是加快推进证券法修订、期货法制定等法律法规制度修改工作，进一步完善投资者损害赔偿救济的专门法律制度；二是进一步完善证券市场虚假陈述、操纵市场、内幕交易民事损害赔偿司法解释，加强对投资者损害的司法救济保护；三是探索完善适应投资者保护特点需要的诉讼机制，研究开始支持诉讼、示范诉讼、公益诉讼等试点工作；四是在总结经验基础上，进一步完善先行赔付、行政和解等制度机制，深化实践探索；五是深入研究境外市场的经验做法，包括责令回购股权、通过公平基金赔偿投资等，为我国建立相关制度提供参考借鉴；六是进一步加强投资者教育工作力度，增强投资者的理性投资于维权意识。

② 2018年8月24日证监会网站披露，证监会主席助理黄炜指出，加快健全完善证券投资者损害赔偿救济制度，用创新的理念与思维，在达成市场广泛共识基础上，通过立法、行政、司法以及法律理论界和实务界等社会各方面共同努力，实实在在，久久为功，一步一个脚印推动完善有中国特色的资本市场投资者损害赔偿救济制度。8月24日，证监会在江苏南京召开证券投资者民事损害赔偿救济法律制度完善座谈会。全国人大、最高人民法院、最高人民检察院、司法部、江苏省高级人民法院、上海市高级人民法院、南京市中级人民法院等部门的负责同志，有关专家学者，证券经营机构、律师事务所等行业代表，证监会系统相关部门单位的负责同志，参加会议。证监会始终高度重视证券市场投资者权益保护工作，这次座谈会的召开，是证监会贯彻党的十九大提出的"坚持以人民为中心"的发展思想，落实习近平总书记"尽快形成融资功能完备、基础制度扎实、市场监管有效、投资者合法权益得到有效保护的多层次资本市场体系"要求的具体工作措施。做好这项工作，事关规范公正的市场秩序，事关市场恒久信心，对于切实维护广大中小投资者合法权益，深化市场改革，促进市场发展，更好地发挥资本市场服务实体经济的功能作用，具有重要意义，讨论：一是监管机构如何支持投资者维护自身民事权益，包括支持诉讼，和解金赔偿制度，先行赔偿制度，责令回购制度，责令公开承诺强制履行制度等；二是如何进一步完善证券领域的民事诉讼制度机制，公益诉讼制度，责任分配环节的举证责任制度，惩罚性赔偿制度等；三是如何发挥仲裁、调解等社会机制在投资者损害赔偿方面的功能作用，包括专业仲裁制度，小额纠纷调解制度，诉讼对接制度等。

制;(4)实行独任制;(5)缩短审理期限。由于特别程序比法院简易程序更能简便迅速地解决纠纷,因而在法律没有规定的情形下,中小投资者特别程序的建立,在法律上使当事人双方能够通过一种更简捷、低廉的方式实现权利义务,因此能够有效、快速地吸收因中小投资者损害所引发的市场不满。当然,应当在立法上确立特别诉讼的基本原则,比如确立立案数额;确立体现简易、快捷、高效的诉讼程序规则;建立不同于一般诉讼的管辖制度,以便利中小投资者的请求等。

同时权利衍生出的投资者教育权力,《退市新规》如何为中小投资者敲响了投资理念的警钟,在如何以案例性的教育投资者方式等方面,仍值得探讨。笔者认为,多年以来,市场呼声往往保护的强调多于教育,其实对于成熟的资本市场,其成熟中包含对中小投资的教育,中小投资者的成熟才是解决问题的本源。

(二)权力的扩张与萎缩

1. 权力的扩张

作为投服中心服务的具体表现形式,权力的正当性和限度首先只能在于保障和实现社会公共利益,对于投服中心而言,不要干预上市主体,限制私权,除非有足够的理由保护中小投资者权益。接下来的逻辑是,既然投服中心权力的正当性在于维护中小投资者权益,则只要界定好国家利益(或与社会利益重叠)、市场弱者利益,自身利益,权力的不当使用问题似乎便迎刃而解。但事实远非如此简单。证券市场在本质上是一个资源再配置、利益再分配的市场,我国现行证券市场形成了不同的利益群体,如政府、证券发行人、证券经营机构、证券自律管理机构、机构投资者、公众投资者等,利益主体的多员性必然导致利益结构的复杂性,使我们对证券市场社会公共利益"合法目的"或"违法目的",这个抽象概念本身,并不容易作出准确而又能被广泛接受的理解,实践中需要有具体证据去证明目的的合法与非法。[①] 笔者认为,需要给投服中心法律上设定一个标准或制度(包括实质与程序),比如,服务须以书面形式为之,这是由投服中心自身特点和更好地保护中心投资者利益需要所决定的。所谓书面形式

① 国内股市设立的初衷,以服务企业脱贫解困,融资成了股市至高无上的使命,甚至成为唯一的功能。上市公司重融资轻回报,甚至为了融资而不惜弄虚作假,有的管理部门也为融资圈钱大开方便之门。发展到如今,这种圈钱的本性并没有改变。无论是机构,还是上市公司,都深知中国股市只适合短期投机炒作,绝不能异想天开地进行所谓的价值投资或长期持有。股市恶意圈钱的本性演绎到今天,不仅表现为有的大股东对中小投资者利益的掠夺,随着创业板中小板的大规模上市,一批又一批的原始股东演绎了一轮又一轮的疯狂套现,一些人不费吹灰之力就成为亿万富豪、千万富豪。谁来承担责任?中国股市的暴富神话往往随着一大批散户的泪水和哭喊,而股市的传奇永远会有一个中国式的结局,当股市在创造财富神话的同时,也在把投机理念灌输给亿万股民。例如,全国关注的"ST长生疫苗造假案",披露其家庭成员奢靡的生活。投资者教育反倒为另一个方向投机与暴富埋下了种子,这样的股市,是否失去了正确的方向?

并不限于传统意义上的纸质文本,随着科学技术的发展,可以记载当事人真实意思表示的方式越来越多,例如,我国《合同法》第11条就规定,“书面形式”是指合同书、信件和数据电文(包括电报、电传、电子数据交换和电子邮件)等,可以有形地表现所载内容的形式。权力行使须有时间限制,严格遵守《公司法》《证券法》等相关法律规定,在规定的期限内完成,超过期限无效,这也是加快我国市场经济法律制度完善的重要途径。同时,权利保护应进行登记与公示。凡是需要行权、维权、调解等需要参与涉及的地方,均以公示为要件,公示的公信力不仅是对外界的一种权利宣示,也为权利的保护提供了技术上的支持。公示具有权利正确性的推定效力、善意保护效力和风险警示效力,而可以规避权利的冲突,使权力成本内在化。只要是权力的行使符合法律规定和公共政策,即认定为“合法”,否则便是违法。上述制度设计既节约了证明目的的合法与否的成本,同时未来也为司法审查权力目的正当性提供了保证。按经济学分析的观点来看,它的重要性在于,减少了这种保护所需要的交易成本。通过确定的程序,不必将个案分别处理,这就如同围棋中走定式而不必重新研究每一步的优劣一样。①

只要投服中心的最终目的旨在保护中小投资者的共同利益,并且是在股东权力的范围内行使,无论是否真正实现了所有股东利益最大化,投服中心的权力扩张就是合法和值得提倡的。

2. 权力的萎缩

美国大法官斯通曾指出:人并不是孤立地活着,也不是仅为自己而活着。这样,一个复杂社会的组织工作就具有了重要意义,②证券市场社会公共利益的不确定性,还在于投服中心自身利益也会夹杂其中,投服中心所代表的利益除社会公共利益(中心投资者利益)外或者还有一种自身利益的可能存在。以股东名义代表中小投资者利益是法定义务,体现“代理人”属性,代表自身利益则体现“经济人”属性。当投服中心代表其自身利益的时候,它所代表的就不是中小投资者利益,而是“权力利益”。“权力利益”既包括机构作为一个整体在与社会公众的矛盾之中体现的利益,也包括权力为个人谋取的利益。③ “权力利益”与“公共利益”在很多情况下不完全一致甚至完全不一致。④ 例如,证券行业内一个众所周知的事实是,提交证监会的股票发行申

① 苏力:《法治及其本土资源》,北京大学出版社2015年版,第98页。

② 许道敏:《民权刑法论》,中国法制出版社2003年版,第4页。

③ 参见2018年1月30日中纪委官网刊发的中央纪委驻中国人民银行纪检组组长徐加爱署名文章。载凤凰网:http://gd.ifeng.com/a/20180202/6355211_0.shtml,最后访问日期:2018年10月15日。

④ 刘文静:《公共利益的定位为何不好下》,载《检察日报》2004年8月25日,第6版。

请,几乎全部符合《公司法》第137条规定的股份发行条件和第152条规定的上市条件,同时还必须满足其数量众多的行政规章和规范性文件规定。但近年来,公司上市后频发事件,暴露出诸如财务造假、上市标准,涉及关联交易、内部治理结构、募集资金投向、税收、环保等诸多领域问题,由这些因素决定,相关机构[①]“小圈子”或“个人利益”问题的事后曝光也是相当惊人。[②] 依照制度经济学关于委托-代理理论的观点,如果代理人得知,委托人对代理人的行为细节不很了解或保持着“理性的无知”,因而自己能采取机会主义行为而不受惩罚,那么“代理人”就会受诱惑而机会主义行事,这已经被我国公司实践中控股股东或控制股东对中小投资者和公司的“掠夺”以及“内部人控制”现象所证明,[③]想要发现大股东实际上在做什么,并不是一件容易的事情,中小投资者对上市主体监督的成本会非常高。而且,由于真实的信息披露较差,由此决定了中心投资者“用脚投票”的外部监督市场也不存在。在这样的环境下,如果再使投服中心的权力不萎缩,将会使弱者中小投资者利益设置处于非常不利的位置。长此以往,会严重影响国内证券市场的良性发展。笔者认为,我国构建投资者保护中心时,应该尊重现阶段我国证券市场和公司治理的状况,投服中心应该是作为非营利性质的公司制组织,其为自身利益的权力行使,是受证监会领导下的监督,同时也为其中工作人员可能滥用权力提供一个较好的外部控制手段。在这里,投服中

---

① 参见2017年5月24日东方财富报道:中信证券、海通证券、国信证券三家券商,还有国信期货遭到证监会处罚。公告显示,主要因为四家公司违规向司度(上海)贸易有限公司提供融资融券业务,载东方财富证券网:http://finance. eastmoney. com/news/1349,20170525741518780. html,最后访问日期:2018年10月15日;具有意味的是:2018年11月5日,三家机构分别披露了证监会下发的《结案通知书》,认为公司因司度(上海)贸易有限公司涉嫌违法违规案违法事实不成立。虽然没有公开数据支持,但业内人士都有共识,根据过往案例,证监会推翻拟处罚决定,较少见。有业内人士认为,这其中很重要原因在于,证监会作出处罚决定都十分审慎,并且掌握了较确凿的证据。此次推翻拟作出的处罚决定,主要基于两方面原因:一是因为上述券商违法违规行为确实不成立;二是证监会以更开发的心态去重新评估了整个事件。载新华网:http://www. xinhuanet. com/money/2018 - 11/20/c_129997813. htm,最后访问日期:2018年10月16日。

② 类似的报道举例:《上海证券报》报道:6月中下旬,长城影视、华平股份、华铁股份、华鼎股份、银亿股份、春兴精工等六只股票在“同日、同时、同刻”出现整齐划一的跌停,经查这种“闪崩”是这些公司部分股东配资账户被强制平仓所致,这就牵出一条隐秘、异化的场外配资的灰色链条,并隐匿着操纵股价的违规行径。另外近期的大连电瓷、凤形股份等也显示,高压打击下屡禁不止、监管与实际需求之间博弈并生成,未来如何兴利除弊,也是对监管的一种考验。载新浪财经网:http://finance. sina. com. cn/stock/stockptd/2018 - 08 - 07/doc - ihhkusks7767831. shtml,最后访问日期:2018年10月17日。另据《中国基金报》2018年8月17日报道:上市公司春兴精工董事长因内幕交易被证监会立案调查。载新浪财经网:http://finance. sina. com. cn/stock/s/2018 - 08 - 18/doc - ihhvciix278,最后访问日期:2018年10月17日。《中国经济网》8月16日报道盖茨基金会在长生借壳前突击买入,难洗内幕交易质疑。载新浪财经网:http://finance. sina. com. cn/stock/usstock/c/2018 - 08 - 16/doc - ihhtfwqs0825583. shtml,最后访问日期:2018年10月17日。

③ 例如,2018年7月25日,证监会网站披露:浙江证监局对万隆评估的行政处罚书。提及万隆评估在对宏磊铜业拟收购项目涉及的广东合利金融科技服务有限公司股东全部权益价值进行评估,在评估项目时犯了折现公司使用存在错误。多计资产、未扣除代收项目、披露事项不完整等多重致命问题,导致评估结果被严重失实。载证监会官网:http://www. csrc. gov. cn/pub/newsite/,最后访问日期:2018年10月15日。

心的权力萎缩在保护中小投资者利益上具有制度优势。投服中心自身利益的存在与个人权力的滥用,会违背法律与公共政策,不利于保护中小投资者的利益。所以,如何防止投服中心工作人员不忠实、不谨慎、违背中心投资者合法权益,将是制度设计的关键,投服中心的权力萎缩是一个需要公权力介入的领域。

我国证券市场,行政机关往往是公共利益的代言人,同时,由于证券市场带有浓厚的公有制特征,国家是证券市场的一方利益主体,行政机关又是国家利益的代言人,两种角色集于一身,无疑增添了国家利益和社会公共利益相互冲突的概率。更为重要的是,在我国,国家利益经常以社会公共利益的名义出现,容易导致国家利益和社会公共利益的混同,造成识别上的困难。比如,2018年7月27日晚间,证监会发布修改退市制度的重大决定,明确上市公司除构成明确上市公司构成欺诈发行、重大信息披露违法外,涉及国家安全、公共安全、生态安全、生产安全和公众健康安全等领域的重大违法行为,证券交易所应当严格依法作出暂停、终止公司股票上市交易的决定的基本制度要求。ST长生"疫苗事件"符合新增的涉及"公共安全""公众健康安全"重大违法触及强退的条款。虽然7月23日,ST长生收到证监会《调查通知书》,因该公司涉嫌信息披露违法违规被立案调查,但7月29日,长春新区公安局依据《刑事诉讼法》第79条规定,对ST长生相关犯罪嫌疑人以涉嫌生产、销售劣药罪向检察院机关提请批准逮捕,ST长生股价累计跌逾五成。此时,公众健康安全、疫苗事件存在国家安全、公共利益、消费者利益、公司退市、中小投资者利益、大机构投资者利益等多重利益的交合,涉及刑法、民事赔偿、行政处罚、投资者索赔等一系列问题,谁来维护?需要权力的识别。目前状况中小投资者权益维护前置条件是。依据虚假陈述方面生效的违规披露、不披露重要信息罪的刑事判决或者为证监会的行政处罚决定。而ST长生"疫苗事件"涉及的危害公众健康安全的性质,依据西原春夫所说,在存在侵害他人利益的人的情况下,利益持有人会对自己的利益继续存在感到不安,就会有希望国家来保护自己的利益欲求。当这种希望保护自己的欲求达到一定规模时,作为国家来说,就感到有必要保护该利益,就会有制定刑法的动机。[①] 于是需要确定公、检、法涉及的权力范围。另外涉嫌信息披露违法违规被立案调查,又权属于证监会。未来如果涉及退市,修改意见中将执行权属授予交易所。当然,刑法目的的实现是一个向深层次不断推进的过程,秩序无非是权利的外壳,刑法实现保护秩序的机能,目的还

① [日]西原春夫:《刑法的根基与哲学》,顾肖荣译,法律出版社2004年版,第82页。

在于保护珍藏于秩序外壳之中的权利内核,[1]对于踩雷 ST 长生的投资者的权利内核,需要投服中心来保护中小投资者应有的权利和利益。基于这一动机,投服中心要保持权力的正义性、合目的性和稳定性,在上述机构履职节点时,就必须区分投资者与中小投资的界限,以及是否与何时介入的领域,而不是简单等待结果。投资者包括机构投资者与个人投资者,中小投资者是否涵盖机构投资者?大的个人投资者是否需要服务?笔者认为,目前阶段,机构投资者作为投资人(中、小机构投资者),往往具有完善的流程与尽调过程参与投资,或者采取分散的投资组合策略,或者采用机构专用席位卖出或买入退市股,有时候甚至是上市主体兴风作浪的参与者,[2]其不应该纳入弱者利益群体范围。而大的个人投资者,仅从文字上看,其确实不在中与小的范围之列,但是否有个大与中的可量化标准呢?是否应该摒弃服务范围的泛概念化观念,确保投服中心的权力与服务范围不做扩张解释。明确投服中心自身的目的,维护投服中心性质的稳定和连续性,是投服中心保持自身独立性的前提。

投服中心的设立,是证监会完善监管政策、丰富投资者保护体系、切实加强中小投资者合法权益保护工作的重要举措,也是我国资本市场迈向法治化、成熟化进程的重要标志,但仅仅是序幕。[3] 现代法治经验告诉我们,由于社会公共利益的不确定性,使其很容易被盗用,成为权力者假借牟利的工具。[4] 特别是在我国资本市场发展的当下,为了应对突发的社会和经济变故,有些部门职能限制并不成功,逾越既定的权力范围的情况时有发生。在关注投服中心建构中的"逾越权力"倾向的同时,我们更应警惕"形式化"倾向,防止出现监管机构所不期望的不合理的不作为,致使偏离其固有目标,而防范两种倾向的最好方式是程序,如何按照一定程序和机制,是需要从制度层面回答的问题。

---

① 许道敏:《民权刑法论》,中国法制出版社 2003 年版,第 99 页。

② 参见《7 亿老鼠仓大案曝光,基金经理跟老婆帮同学老乡炒股获利 1600 万》,载凤凰网财经:http://finance.ifeng.com/a/20180814/16449561_0.shtml,最后访问日期:2018 年 10 月 30 日。8 月 8 日,新华社报道:近两年"老鼠仓"案发数量大幅减少,但呈现三大新动向:(1)重点领域"老鼠仓"时有发生,公募机构专户产品涉案较多,有的外部投资顾问直接下达投资指令;(2)私募行业"老鼠仓"抬头;(3)违法样态由从业人员私下直接交易向泄露、互换信息以及共谋违法交易演变,隐蔽性更强。载中证网:http://www.cs.com.cn/xwzx/hg/201808/t20180808_5855251_1.html,最后访问日期:2018 年 10 月 15 日。

③ 笔者认为,任何资本市场,如果以投资者的损害而最终离场,那么任何创新与任何融资功能也将没有任何意义,因为"水源"没有了。另外需要提及的是,在实践中如果认为只要多立法,加强执法(况且也未达到)就可以促成和发展市场,而轻视资本市场与之相适应的投资者保护建设的长期性和复杂性,市场也是难以完善的。

④ 例如,2018 年 8 月 20 日,中国证监会发布了〔2018〕85 号至 87 号 3 份行政处罚决定书,披露一起涉及银行员工的股票内幕交易案。

股东投票代理机构的域外实践与中国启示*

郭　雳** 赵轶君***

摘　要:20 世纪 80 年代以来,随着机构投资者的壮大以及针对其投票行为和上市公司治理的监管变革,股东投票代理机构在以美国为代表的成熟资本市场迅速发展。它们通过向机构投资者提供投票建议、公司治理评级等服务(部分股东投票代理机构还同时向上市公司提供治理咨询服务),对域外上市公司治理产生了深刻影响。同时,股东投票代理机构带来的积极和消极影响引起各方激辩,美国、欧盟等地监管者开始对其实施监管。域外股东投票代理机构的业务与我国投服中心持股行权业务具有相似性,其发展也可为投服中心提供有益借鉴。投服中心未来可尝试通过结合公开发布投票建议与征集投票权进一步拓展持股行权业务,成为具有中国特色的公益性股东投票代理机构,为中小投资者保护和改善上市公司治理质量发挥更大作用。

关键词:股东投票代理机构　投服中心　持股行权　投票建议　投票权征集

一、域外股东投票代理机构概况

股东投票代理机构(proxy advisor, proxy advisory firm, proxy firm),是指通过向共同基金、养老基金、对冲基金等各类机构投资者提供其持股公司投票建议、公司治理状况评级等产品以获利的金融服务机构。股东投票代理机构最早出现于 20 世纪 80 年代的美国,其影响力与日俱增,已成为塑造当代发达资本市场公司治理标准的重要力

---

* 本文系中证中小投资者服务中心 2018 年度课题"股东投票代理机构研究"的阶段性成果。

** 北京大学法学院教授、博士研究生导师,法学博士、经济学博士后。

*** 北京大学法学院法律硕士,现就职于上海证券交易所。

本文观点仅代表作者个人意见,与任职机构无关。

量。仅以全球最有影响力的股东投票代理机构(Institutional Shareholder Services,ISS)为例,[①]其为全球1700家机构投资者提供咨询服务,服务范围覆盖117个资本市场,每年对40,000场股东大会的表决事项提出投票建议。[②] 股东年会季(proxy season)开始前,ISS公布的投票指南会被美国上市公司管理层及其法律顾问反复研究,并据此调整本公司的治理安排,以防董事会提案被ISS出具反对意见。[③] 实证研究显示,美国市场中股东投票代理机构的意见至少可决定上市公司董事会选举6% ~10%比例的票数。[④] ISS的投票建议对代理投票权争夺(proxy contest)结果的重要性甚至被法院判例认可。[⑤] 与此同时,上市公司管理层等市场主体对股东投票代理机构的批评也从未中断。下文首先从股东投票代理机构的发展动因、运营模式及相关争议等方面入手,介绍其在域外的勃兴概况。

(一)发展动因:经济理性与监管助推

股东投票代理机构属于境外资本市场上相对新兴的服务机构,但其在短短30年间即取得巨大的市场影响力,甚至被视为上市公司治理的"准立法者"。笔者认为,对股东投票代理机构在域外市场的迅速发展,可以从经济与监管两方面寻求动因。

从经济角度分析,20世纪下半叶以来发达资本市场机构投资者持股比例不断上升,成为资本市场的主流投资者。然而,出于投资策略和激励机制的约束,共同基金、养老基金等大型主流机构投资者参与公司投票的动力有限。首先,共同基金等机构投资者多采用分散化投资模式,它们持有成百上千家公司股票,但在单个公司中的持股比例往往不高。因此,机构投资者难以在紧张的投票季逐一分析数千家持股公司的数万件待表决议题并做出投票决定。其次,共同基金等机构投资者的激励机制进

---

① 根据美国政府问责办公室(U. S. Government Accountability Office)的专项报告,以客户管理的资产数额为标准,ISS占据了61%的市场份额,Glass Lewis占据了36%的市场份额,由此美国股东投票代理机构市场被许多研究定义为"双头垄断"(duopoly)。此外,ISS的投票咨询服务已覆盖全球117个资本市场,成为当今最有影响、业务种类最齐全的股东投票代理机构。因而下文在介绍股东投票代理机构的经营模式时,主要以ISS为例。详见U. S. Government Accountability Office:"Corporate Shareholder Meetings-Issues Relating to Firms That Advise Institutional Investors on Proxy Voting",Accessed September 30,2018. https://www.gao.gov/products/GAO-07-765。

② 参见ISS官网主页介绍:https://www.issgovernance.com/。

③ Colin Diamond et al.,"ISS Releases 2018 Voting Policy Updates", Accessed September 30,2018. https://www.whitecase.com/publications/alert/iss-releases-2018-voting-policy-updates? s = iss.

④ Stephen Choi,Jill Fisch,Marcel Kahan,"The Power of Proxy Advisors:Myth or Reality",*Emory Law Journal*,Vol. 59,Issue 4,2010.在另一些实证研究中,股东投票代理机构的意见甚至能决定上市公司投票者30%左右的表决权。

⑤ *Yucaipia American Alliance Fund II v. Riggio*,1 A. 3d 310,357(Del. Ch. 2010).美国特拉华州衡平法院在判决中称:"没人可以否认能够影响5% ~10%票数的机构(ISS)具有真实的影响力……原被告双方均认可影响代理投票权争夺结果的关键因素是Aletheia(另一股东)的投票以及Risk Metrics(ISS当时的名称)的推荐意见。"

一步削弱了其分析持股公司表决事项并参与投票的动机。共同基金往往按照其管理的资产规模收取固定比例的管理费用,故吸引更多受益人(beneficiary)的投资成为此类机构投资者的首要目标,为此机构投资者须证明自己有更优异的相对表现(relative performance):其投资收益或者优于竞争对手,或者超过某一大盘指数的涨幅。而研究投票议题、参与公司投票对提升机构投资者的相对表现收效甚微:通过参与公司投票在短期内带来持股公司股价的提升不甚现实;即便短期内可以提升股价,这种提升也会被持有这家公司股票的其他竞争对手"搭便车"(free-ride),而相关成本却只能由研究并投票的机构投资者独自承担。因此,共同基金等大型主流机构投资者的理性选择,莫过于将精力集中于适当选股和适时交易,而非参与费力不讨好的公司投票。[①] 鉴于此,此类机构投资者在持股公司治理事宜上倾向于投入尽量少的资源,以相对低廉的价格将投票事项分解外包(outsourcing)给作为独立第三方的股东投票代理机构。这种做法不失为一种经济的选择。

从监管角度分析,美国监管者要求机构投资者行使投票权时履行其对受益人的信义义务,并采取措施提升上市公司股东在公司治理中的地位。这些监管措施增强了机构投资者聘请股东投票代理机构的动机。首先,美国证券交易委员会(Securities and Exchange Commission,SEC)2003 年修订美国《投资顾问法》[②](Investment Adviser Act)规则 206(4) - 6,规定投资顾问行使投票权时对客户负有信义义务,应避免自身利益与客户的利益冲突。SEC 在规则 206(4) - 6 的发布通告中,非穷尽地列举了投资顾问可用以解决利益冲突的方法,其中包括:"如果投资顾问的投票决定是根据事先确定(pre-determined)且基于独立第三方推荐的政策做出的,则其可证明该投票决定不是利益冲突的产物。"[③]次年,SEC 在向股东投票代理机构 Egan-Jones 发出的无异议函[④](no-action letter)中进一步确认:"来自事实上独立于投资顾问的第三方的投

---

① Ronald J. Gilson, Jeffrey N. Gordon, "The Agency Costs of Agency Capitalism: Activist Investors and the Revaluation of Governance Rights", *Columbia Law Review*, Vol. 113, Issue 4, p. 875. 此种现象被称为机构投资者的"理性缄默"(rational reticent)。

② 美国共同基金多采用公司制。由投资顾问公司作为发起人筹建投资公司(公司型共同基金),投资公司设股东会与董事会,广大投资者通过购买投资公司股份成为其股东享受收益。实践中,投资公司往往委托投资顾问公司代管基金资产、参与投资操作,并授权其全权行使基金所持股票表决权,投资公司董事会只负责监督投资顾问。换言之,共同基金的投票政策与投票决定,实际是由投资顾问确定的。参见戚力、陈建波:《公司型基金的运作模式研究——以美国为例》,载《清华金融评论》2017 年第 3 期。

③ SEC, *Final Rule*: "*oxy Voting by Investment Advisers*" *Release No. IA* - 2106; *File No. S7* - 38 - 02, Accessed September 30, 2018. https://www.sec.gov/rules/final/ia-2106.htm.

④ 无异议函(no-action letter,或译为"不采取行动函""不起诉函"),是指 SEC 职员应监管对象的要求,向监管对象回函确认:如果监管对象实施其来函中所咨询的某种行为,SEC 职员将不会建议 SEC 对监管对象采取执法措施。

票建议,或可洗清其(投资顾问)投票决定的利益冲突。"[1]因此,对机构投资者而言,聘请作为独立第三方的股东投票代理机构成为其满足合规要求的"护身符"。其次,作为对安然(Enron)破产等公司治理丑闻以及2008年金融危机的回应,美国立法者与监管者越来越多地介入上市公司治理领域。举措之一是一系列"股东赋权"(shareholder empowerment)改革:通过提升股东在上市公司治理中的话语权,增强其对管理层的监督与问责(例如美国《2010年多德-弗兰克法案》规定的股东对高管薪酬咨询性投票制度)。这客观上意味着机构股东需要面对更多复杂专业的待表决事项,从而为股东投票代理机构向投资机构出售投票建议提供了更多商业机会。

(二)股东投票代理机构的运营模式和主要业务

股东投票代理机构从事的业务众多,包括但不限于投票研究与建议、代理投票的具体执行、公司治理评级、公司治理咨询、证券集团诉讼索赔、托管银行服务及全球股票召回等。[2] 本文以全球最具影响力的股东投票代理机构ISS为例,简述其最重要也是常引起争议的三类业务:投票研究与建议、公司治理评级(客户为机构投资者)与公司治理咨询(客户为上市公司)。

1. 投票研究与建议

分析股东大会待表决事项、为机构股东提供投票建议,是ISS最基础的服务。为彰显其投票建议的客观性和公开性,ISS采用了"政策导向型"的投票建议流程:每年11月,ISS会在其网站上针对全球各主要资本市场公布下一年的投票政策,即"股东代理投票指南"(proxy voting guidelines),详细阐述ISS对众多待表决议题的观点与标准,以此作为发布下一年投票建议的依据。

基于事先制定的投票政策,ISS会对上市公司股东大会的议题进行研究,并向其投资机构客户提供包含各项议题投票建议的研究报告。通过阅读ISS的报告,机构股东可深入了解待表决事项及持股公司的治理状况,并最终做出投票决定。此外,ISS还提供针对敌意收购、代理投票权争夺和其他重大交易的"特殊情况研究报告",ISS会根据既定投票政策详细分析上述事项对公司价值和股东利益的影响,并提出相应的投票建议。

---

① SEC, *Investment Advisers Act of* 1940 – *Rule* 206(4) – 6 *Egan-Jones Proxy Services*, Accessed September 30, 2018. https://www.sec.gov/divisions/investment/noaction/egan052704.htm. 值得注意的是,SEC投资管理部于2018年9月撤销了这份无异议函,一些观察者认为这是SEC进一步收紧对股东投票代理机构监管的信号。

② 详见https://www.issgovernance.com/。对ISS业务的概览式介绍,参见程彦乔:《ISS:全球最具影响力投票代理机构》,载《证券日报》2014年2月22日,A04版。

此外,根据ISS的政策,所有研究必须基于已公开披露的信息,禁止研究人员使用未公开或保密信息。ISS在研究报告提交给机构股东前,有权自主选择是否先将报告送交被研究的上市公司审查,以便上市公司指出其中的事实错误。上市公司不能干涉ISS的建议内容,只能指出事实错误,且向ISS提供的事实信息必须是已公开信息。在美国,标准普尔500指数内的公司一般有事先审阅的机会。①

2. 公司治理评级

ISS为其机构客户提供一款名为"Quality Score"的服务,其核心是提供上市公司治理质量评级,帮助其机构客户识别治理风险。ISS的公司治理评级标准较为复杂,结合了定性和定量方法,共包含数十个影响因子,被划分为董事会结构、高管薪酬、股东权利与反收购措施,以及审计与风险监控四个子领域。② ISS会对每家公司的4个子领域分别评分,并对公司的总体治理表现评分。最高分为1分,代表治理状况良好,风险可控;最低分为10分,代表治理状况较差,风险较大。然而,ISS披露的评级方法并未阐述每项影响因子如何转换成为具体的分值,以及不同影响因子的各自权重。这也反映出其公司治理评级本身较为浓厚的定性与自由裁量色彩。③

3. 公司治理咨询

除向机构客户提供投票咨询等服务外,ISS的全资子公司ISS Corporate Solution (ICS)还向上市公司提供治理咨询服务。ICS主要向上市公司管理层提供以下三方面的咨询服务。(1)公司治理咨询:包括提升治理评级成绩、评估现存治理风险、机构股东投票行为分析及董事会提案成功率评估等;(2)管理层薪酬咨询:包括设计股权激励方案、测试高管薪酬与业绩匹配程度、设计预期业绩目标及监测行业/指数内其他公司高管薪酬变动等;(3)公司社会与环境责任相关咨询等。④ 值得注意的是,并非所有股东投票代理机构都在向机构投资者提供服务的同时向上市公司提供咨询服务。例如,美国第二大股东投票代理机构Glass Lewis即不提供此服务。

(三)围绕股东投票代理机构的争议

与股东投票代理机构影响力上升相伴而来的是关于其影响、作用以及是否需要

---

① ISS, *FAQs*:"*ngagement on Proxy Research*", Accessed September 30, 2018. https://www.issgovernance.com/contact/faqs-engagement-on-proxy-research/. 美国市场第二大股东投票代理机构Glass Lewis则无此安排。

② 例如,在"董事会审计委员会主席类别"这一因子下,ISS认为理想的审计委员会应当完全由外部独立董事组成。ISS在打分时会考虑审计委员会主席是否独立、审计委员会成员信息是否对外披露。

③ ISS, *ISS Governance Quality Score Overview and Updates*, Accessed September 30, 2018. https://www.issgovernance.com/solutions/qualityscore/.

④ See https://www.isscorporatesolutions.com/.

监管、如何监管的争议。域外机构投资者倾向于积极评价股东投票代理机构的作用，而上市公司管理层往往尖锐批评该行业的问题，呼吁对其实施监管。

对股东投票代理机构持正面观点的人士认为，分散组合投资已成为大型投资机构的主流投资哲学，投资经理们无力也无意愿处理其管理的投资组合中动辄数以千计的投票事宜。而股东投票代理机构长期专注于此，对分析处理投票事宜具有信息优势和专业优势，能够降低信息成本。对此，即便是对股东投票代理机构最激烈的批评者也难以否认。此外，股东投票代理机构向众多机构股东就同一议题提供相同建议，自然协调了诸多机构股东的投票行为，使之形成较大的"投票集团"，克服了先前的"集体行动困境"。这样的"投票集团"集中了更多份额的表决权，更能对公司管理层产生有效制约，从而提高公司治理水平。[①]

而针对股东投票代理机构的批评，则主要集中于以下五方面：

第一，投票建议存在事实错误。投票建议经常基于错误、不准确或被误解的事实，是股东投票代理机构被上市公司批评的一大理由。根据美国公司秘书与治理专业人员协会（The Society of Corporate Secretaries & Governance Professionals）2010 年对其成员（来自上市公司秘书、证券合规人员）的调查显示，65% 的受访者至少发现过一次股东投票代理机构基于严重错误或不实信息而做出的投票建议，25% 的投票者发现过多次。上市公司向股东投票代理机构指出后，错误仅在 57% 的情形下得到更正。鉴于并非所有上市公司均有机会事先阅读股东投票代理机构的报告，这一调查结果也只能反映部分情况。[②]

第二，股东投票代理机构存在众多利益冲突。首先，股东投票代理机构的股东往往也是私人金融机构，如果股东投票代理机构分析的股东提案恰好由其股东提出，或其股东在股东投票代理机构研究的上市公司中拥有重大利益，则可能损害股东投票代理机构建议的独立性。其次，如果股东投票代理机构研究的待表决股东提案由其机构客户提出，股东投票代理机构可能为了维护与该机构客户的关系牺牲其研究的独立性。[③] 最后，ISS 等部分股东投票代理机构在向机构股东提供投票建议、治理评

---

① Lars Klöhn, Philip Schwarz, "The Regulation of Proxy Advisors", *Capital Markets Law Journal*, Vol. 8, No. 1, 2013, pp. 95 – 96.

② The Society of Corporate Secretaries & Governance Professionals, *Re: Concept Release on the U. S. Proxy System, File No. S7 – 14 – 10 Proxy Advisory Firms (Section V) (Dec.* 27, 2010), Accessed September 30, 2018. https://www.sec.gov/comments/s7 – 14 – 10/s71410 – 289. pdf.

③ Gaia Balp, "Regulating Proxy Advisors Through Transparency: Pros and Cons of the EU Approach, European", *Company and Financial Law Review*, Vol. 14, No. 1, 2017, pp. 6 – 8.

级的同时,也向上市公司提供治理咨询服务,这种经营模式使其投票建议与治理评级的独立性、公正性备受质疑。① 有评论将ISS"一仆二主"的经营模式比作安然丑闻前的会计师事务所,认为监管者应像当年要求会计师事务所拆分审计与咨询业务一样,要求ISS不得向上市公司提供咨询服务。②

第三,投票建议与治理评级的产生方法缺乏透明度。批评者认为,投票建议与治理评级背后的方法论、公式模型、影响因子及权重多不透明,故机构客户和上市公司难以了解其建议与评级的依据与合理性,也不容易评价该服务的真实质量,上市公司据此改善自身治理水平的目的较难实现。

第四,股东投票代理机构推行的公司治理标准无依据且僵化。鉴于机构股东的持股数量,以及ISS等股东投票代理机构对机构股东的影响,投票指南中所反映的公司治理标准的重要性不言而喻。批评者认为,股东投票代理机构推行"一刀切"(one-size-fits-all)的标准,却不考虑不同公司的具体情况,限制了董事会在许多公司治理问题上灵活选择的空间,最终会导致上市公司治理的低效和浪费。③

第五,股东投票代理机构缺乏来自客户端的监督制约。如前所述,共同基金等投资机构之所以选择聘请股东投票代理机构,原因之一即在于其无力也无意愿在研究待投票事项上投入过多精力和资源。因此,尽管众多反对监管股东投票代理机构的机构投资者声称其能够有效评估和监督股东投票代理机构的服务质量,但这种评估与监督的有效性究竟如何令人怀疑。例如,在2006年的一次采访中,ISS时任首席执行官承认,其15%~20%的客户将投票流程完全外包给ISS(默认根据ISS的建议投票),只保留了随时发出相反投票指令的权利。④ 可见,机构客户对股东投票代理机构的监督作用虽不可忽视,也不宜高估。

随着股东投票代理机构影响力的不断提升,美国等成熟资本市场围绕此类机构的争议亦不断升级,最终导致立法者和监管者开始尝试对此类机构实施监管。

---

① Ascensión Gallego Córcoles, "Proxy Advisors in the Voting Process: Some Considerations for Future Regulation in Europe", *European Company and Financial Law Review*, Vol. 13, Issue. 1, 2016, p. 145.

② 美国拆分审计与咨询业务的具体情况,参见周英项:《论审计业务与咨询业务分离》,载《广东审计》2003年第2期。

③ Lucian Bebchuk, Alma Cohen, Allen Ferrell, "What Matters in Corporate Governance?", *The Review of Financial Studies*, Vol. 22, No. 2, 2009, p. 824.

④ Dean Starkman, "A Proxy Adviser's Two Sides: Some Question Work of ISS for Companies It Scrutinizes", *Washington Post*, Jan. 23, 2006, at D01. 现实中,ISS和Glass Lewis等大型股东投票代理机构为客户提供服务的网络平台会根据客户事先选定的投票政策自动生成待表决事项的投票指令,除非客户主动修改这些指令,网络平台会代表客户将这些自动生成的指令发送至经纪商或托管银行,要求其据此投票。

二、域外对股东投票代理机构的监管尝试：以美国与欧盟为例

(一)美国

1. 股东投票代理机构在美国现行法律体系的定位

首先，由于美国《1934年证券交易法》相关规则对代理投票权征集的定义较为宽泛，[①]股东投票代理机构建议他人投票的行为构成代理投票权征集，需要满足相应的信息备案和披露要求。[②] 但SEC于1979年为独立专业人士向其客户提供投票建议而颁布的豁免规则14a－2(b)(3)规定，专业顾问向与其有日常商业关系的他人提供投票建议可免于备案与披露要求，如果其满足：(1)顾问在其日常经营中提供财务咨询；(2)顾问向客户披露了其与上市公司及相关方的重要关系，或其与提案股东(shareholder proponent)的重要关系及其在所建议事项中的重要利益；(3)顾问不向客户以外的任何人收取佣金和报酬；(4)顾问不代表任何代理投票权征集者提供投票建议。[③] 由此，股东投票代理机构得以豁免于代理权投票征集材料的备案与信息披露要求。SEC同时认为，即使股东投票代理机构可豁免于信息备案要求，其投票建议仍须满足美国《1934年证券交易法》规则14－9禁止虚假和误导性陈述的要求，[④]但此类案例在实践中较为罕见。

其次，美国《1940年投资顾问法》第202(a)(11)条将投资顾问定义为："为获取报酬，向他人提供关于证券价值及是否投资或买卖证券的建议，或发布关于证券的分析报告的人。"[⑤]股东投票代理机构往往宣传自己的投票建议有助于机构客户实现其投资价值的最大化。SEC据此认为，股东投票代理机构符合"投资顾问"的定义，因为其有偿发布关于证券的分析与报告(analyses or reports concerning securities)，并向他人提供

---

① 17 CFR 240. 14a－1(1)(iii).

② SEC, "*Concept Release On The U. S. Proxy System*", https://www. sec. gov/comments/s7－14－10/s71410－289. pdf. https://www. sec. gov/rules/concept/2010/34－62495. pdf.

③ 17 CFR 240. 14a－2(b)(3).

④ SEC, "*Concept Release On The U. S. Proxy System*", https://www. sec. gov/comments/s7－14－10/s71410－289. pdf. https://www. sec. gov/rules/concept/2010/34－62495. pdf.

⑤ 15 USC 80b－2(a)(11).

有关证券价值的建议(providing advice to others as to the value of securities)。[①] 但根据美国《1940年投资顾问法》第203A条,管理资产低于2500万美元的投资顾问不必向SEC注册。[②] 由于股东投票代理机构一般不直接管理客户的资产,故无须向SEC注册。实践中,股东投票代理机构可选择依据SEC制定的规则203A-2下的"养老金顾问豁免"向SEC注册。[③] 包括ISS在内的若干股东投票代理机构据此选择成为SEC注册的投资顾问,以增强其在机构客户眼中的可信度。[④]

可见,目前美国市场上的股东投票代理机构一般可豁免于美国《1934年证券交易法》代理投票权征集规则的信息披露要求,也可自主选择是否在SEC注册为投资顾问。[⑤] 因此,股东投票代理机构在美国现行法律体系中的地位较为微妙,在某种意义上其处于"监管缺位"状态。

2. SEC的监管尝试

2014年,SEC公司融资部与投资管理部联合发布第20号法律解释公告(Staff Legal Bulletin No. 20,以下简称《公告》)。[⑥]《公告》规定了投资机构对所聘请股东投票代理机构的监督义务,并阐明了美国《1934年证券交易法》规则14a-2(b)(3)中"重大关系"的含义及相关信息披露要求。[⑦]

首先,《公告》明确了投资机构对所聘请股东投票代理机构的服务负有监督义务,并认为此种监督义务源于投资机构对客户的信义义务,其目的在于实现客户的最大利益。《公告》要求投资机构在聘请股东投票代理机构时对其专业能力、利益冲突等情况进行必要考察并持续监督。当发现股东投票代理机构研究报告中的错误时应进行调查,并判断股东投票代理机构能否采取合理措施在未来避免此类错误,据此决定

---

① 但在现实中,SEC的此种解释并非绝对。例如,美国第二大股东投票代理机构Glass Lewis即认为自己未建议客户买卖或持有证券,故不属于美国《1940年投资顾问法》定义的"投资顾问",无须向SEC注册。SEC并未对此提出异议。参见Glass Lewis, *Response to U. S. Senate Banking Committee*, Accessed September 30, 2018. https://corpgov.law.harvard.edu/2018/06/21/response-to-u-s-senate-banking-committee/。

② 15 USC 80b-3(a).

③ 17 CFR 275.203A-2(b). 如果投资顾问的养老金客户(pension plan clients)管理的合计资产超过2亿美元,则其可以选择向SEC注册。

④ Sagiv Y. Edelman, "Proxy Advisory Firms: A Guide For Regulatory Reform", *Emory Law Journal*, 2003, Vol. 62, pp. 1407-1408.

⑤ 例如,美国第二大股东投票代理机构Glass Lewis尚未选择在SEC注册。

⑥ 法律解释公告并非SEC的正式规章(regulation)或规则(rule),仅代表SEC公司融资部与投资管理部以问答形式对某些原有规定的解释。

⑦ SEC, "Proxy Voting: Proxy Voting Responsibilities of Investment Advisers and Availability of Exemptions from the Proxy Rules for Proxy Advisory Firms (Staff Legal Bulletin No. 20)", Accessed September 30, 2018. https://www.sec.gov/interps/legal/cfslb20.htm. 以下与《公告》相关的内容若无特别注释,均同本注。

是否续聘股东投票代理机构。

其次,《公告》阐明了前述美国《1934年证券交易法》规则14a－2(b)(3)中"重要关系/利益"的含义及相关信息披露要求。《公告》认为,当客户了解某种关系或利益的存在后,其对于股东投票代理机构和投票建议客观性与可靠性的判断会受到影响,那么这种关系和利益就是重要的。为此,SEC不完全列举了判断"重要性"时可以考虑的因素,例如,股东投票代理机构向上市公司与提案股东提供的服务内容及其从中获取的报酬数量等。但SEC同时强调"重要性"的判断须结合具体事实与情境。一旦存在上述"重要关系",股东投票代理机构须主动向机构投资者客户披露具体情况,包括其是否已采取措施预防可能的利益冲突。股东投票代理机构可单独向客户披露相关信息,也可公开披露相关信息。但"重要性"标准的具体内涵,仍有待目前尚属罕见的司法判例和行政执法案例加以明确。

3. 美国《2017年公司治理改革与透明度法案》(Corporate Governance Reform and Transparency Act of 2017)

相较于SEC谨慎的监管姿态,受工商界利益团体影响更大的美国国会对监管股东投票代理机构的态度明显更为积极。2017年12月,国会众议院通过旨在监管股东投票代理机构的美国《2017年公司治理改革与透明度法案》(Corporate Governance Reform and Transparency Act of 2017,以下简称《法案》)。这部法案目前处于美国参议院听证阶段,但其内容基本涵盖了监管呼吁者所建议的各类措施,代表了美国"监管派"目前取得的最大成果。

首先,《法案》规定了股东投票代理机构的注册与持续信息披露要求。根据《法案》,股东投票代理机构在向SEC申请注册时须提交如下信息:(1)申请人能持续根据准确信息提供投票建议的证明材料;(2)申请人形成投票建议采用的程序和方法;(3)申请人的组织结构;(4)申请人是否制定从业道德守则(code of ethics),若无则须说明原因;(5)任何实际或潜在的利益冲突,包括因权益结构或向发行人提供服务(如适用则须披露所获收入)产生的利益冲突;(6)管理前述利益冲突的政策与规程;(7)SEC认为对保护投资者必要的其他信息。SEC须在其网站或其他平台公布以上信息。[①] 注册完成后,股东投票代理机构也需要提交包含如下信息的年报:(1)其上

① Corporate Governance Reform and Transparency Act of 2017 (H. R. 4015), Accessed September 30, 2018. https://www.congress.gov/115/bills/hr4015/BILLS－115hr4015rfs.pdf. 以下与《法案》相关的内容若无特别注释,均同本注。

一财年分析的股东提案数量;(2)其上一财年发布的投票建议数量;(3)其负责审阅提案并提供投票建议的员工数量;(4)其上一财年对其投资机构客户提出的股东提案发布投票建议的数量。

其次,《法案》对股东投票代理机构的利益冲突管控作出规定。《法案》授权SEC制定最终的规章和规则,禁止股东投票代理机构从事某些可能产生利益冲突的业务,或要求其管控并披露此类业务,主要包括:(1)股东投票代理机构与客户之间的商业关系、权益关系或其他财务与个人利益关系;(2)同时向上市公司提供咨询服务;(3)对上市公司股东的提案发布投票建议。同时,《法案》要求SEC制定规则,禁止股东投票代理机构的以下行为:(1)将上市公司及其关联方购买股东投票代理机构的其他服务作为发布特定投票建议的条件;(2)因上市公司及其关联方订购或将订购股东投票代理机构的其他服务而修改针对其的投票建议,或违背既定投票规程与政策出具投票建议。

再次,《法案》赋予上市公司预先审阅投票建议草案的权利。《法案》要求股东投票代理机构在向其机构投资者客户提交包含投票建议的研究报告前不少于3日,向上市公司提交其草案以便其发现其中的事实错误。若异议未能解决,上市公司有权要求股东投票代理机构将其答辩意见与研究报告一并提交机构股东。此举属于《法案》中最为激进,也最受上市公司管理层群体欢迎的措施;但此举的现实可行性以及对股东投票代理机构客观独立发表意见的潜在影响,亦广受质疑与批评。

最后,《法案》申明其未创设任何私人诉权,任何人不得依据《法案》对股东投票代理机构提起私人诉讼。

(二)欧盟

1. ESMA倡导的行业自律型监管

2012年,负责协调欧盟各成员国证券监管政策的欧洲证券和市场管理局(ESMA)也开始就股东投票代理机构行业的现状、是否需要监管等问题公开征求意见。2013年,ESMA表示其"未发现大规模市场失灵进而要求监管干预的证据",但也承认意识到众多市场主体对股东投票代理机构行业的担忧。为此,ESMA倡导股东投票代理机构行业的自律监管,并呼吁股东投票代理机构制定行业行为准则(Code of Conduct)。[①]

① ESMA, ESMA recommends EU Code of Conduct for proxy advisor industry, Accessed September 30, 2018. https://www.esma.europa.eu/sites/default/files/library/2015/11/2013-240.pdf.

2.《欧盟股东权利指令》的监管措施

2017 年 5 月,欧洲议会和欧盟理事会通过了 2017/828/EC 号指令(以下简称《指令》),修改了原有的 2007/36/EC 号指令。[①]《指令》中既规定了对股东投票代理机构的监管要求,也涉及机构投资者对聘请股东投票代理机构相关情况的披露要求,各成员国须根据《指令》要求在 2019 年 6 月 10 日前完成相应的国内立法或修法程序。[②]

对于股东投票代理机构的监管,《指令》坚持以"透明度"为核心,要求股东投票代理机构至少披露以下信息:(1)其使用的方法与模型的基本特征(essential features);(2)其使用的主要信息来源;(3)其采用的研究质量控制规程及相关员工的资质;(4)其研究是否和如何考虑到各国市场、法律、监管特色,以及各公司具体情况的影响(如适用);(5)其在每个市场采用的投票政策的具体特征;(6)是否与被研究公司管理层与提案股东有过交流,以及此种交流的程度与性质(如有);(7)防范与管理利益冲突的政策。以上信息应在股东投票代理机构网站免费公开,自发布之日起至少保留 3 年。此外,《指令》要求欧盟成员国确保股东投票代理机构能及时向客户披露任何现实或潜在的利益冲突、可能影响其推荐意见的商业关系与其采取的消除利益冲突的措施。

此外,《指令》还强调了机构投资者聘请股东投票代理机构时的信息披露义务,要求机构投资者与资产经理(asset manager,类似于美国的投资顾问)每年公开披露如下信息:(1)投票行为的总体描述;(2)解释最重要的投票决定;(3)解释对股东投票代理机构服务的使用;(4)披露在持股公司股东会议上的投票,投票事项不重要或持股数量过少可不披露。

(三)小结

欧美对股东投票代理机构的监管目前仍处于探索初期。综合来看,要求股东投票代理机构披露其权益结构、专业资源、利益关系、合规制度以及所采用方法模型的主要特征等信息,建立防范利益冲突、内幕交易及商业贿赂等违规行为的完善内部控制制度是欧美监管者所采取的主要措施。监管者目前并未试图对股东投票代理机构投票建议与投票政策本身的合理性做实质判断。此外,赋予上市公司预审权等较为激进的监管措施,主要反映了工商业利益群体的诉求,其可行性和前景有待进一步观

---

① Directive 2017/828/EC.

② 在欧盟法律体系中,指令(directive)通常只列明需要达成的目标,但实现目标的具体方法和程序由欧盟各成员国自行立法确定。

察。鉴于股东投票行为与股价、财务数据等客观指标的联系存在较大不确定性,针对股东投票代理机构的私人诉讼在域外较为少见。因此,相比于私人执法,恰当的公共监管是规制股东投票代理机构的更佳选择。

三、投服中心作为公益性股东投票代理机构的前景

(一)股东投票代理机构在中国

目前,股东投票代理机构在我国尚属新鲜事物,相关实践较为少见。随着中国经济的发展、资本市场对外开放不断深化,以及机构投资者参与上市公司治理的普及,①ISS等国际股东投票代理机构巨头已经对中国内地市场表现出充分的兴趣与关注。目前,ISS每年公布中国内地市场投票指南。以2018年投票指南为例,其就财务报告和股利、董事选举、监事选举、薪酬和股权激励、审计师任免、融资、关联交易、章程修改、并购重组和利用盈余资金投资金融产品十大问题,结合A股市场状况和现行相关监管规定,为机构投资者提供了详尽的投票指导。②

同时,诸多海外上市中国企业的股东投票议题也成为ISS等分析的对象,股东投票代理机构的推荐意见不时成为市场关注乃至争议的焦点。例如,在2010年国美股权之争中,美国股东投票代理机构Glass Lewis建议国美股东支持国美董事局,反对黄光裕方面提出的议案,因而成为"挺黄派"的众矢之的。③ 在分众传媒、④万达商业⑤等中概股私有化过程中,ISS和Glass Lewis等对私有化方案的支持意见也被公司和媒体公开援引。因此,国际股东投票代理机构对于我国公司治理的影响日益上升,而中国出现本土股东投票代理机构也越发必要。

囿于篇幅,本文将不讨论商业性股东投票代理机构在我国的前景与监管,而是重点分析域外股东投票代理机构相关实践,对于中证中小投资者服务中心有限责任公

---

① 参见《上市公司治理准则》(征求意见稿)第77条至第79条,其中明确鼓励机构投资者参与上市公司治理并披露相关成果。

② ISS:"China Proxy Voting Guidelines", Accessed September 30, 2018. https://www.issgovernance.com/file/policy/active/asiapacific/China-Voting-Guidelines.pdf.

③ 中国家电网:《国美劫:陈黄之争 Glass Lewis 算什么东西?》,载中国国家电网:http://news.cheaa.com/2010/0914/249163.shtml,最后访问日期:2018年9月30日。

④ 新浪科技:《股东顾问公司建议对分众传媒私有化投赞成票》,载新浪网:http://tech.sina.com.cn/i/2013-04-22/19358266584.shtml,最后访问日期:2018年9月30日。

⑤ 新浪财经:《万达商业44亿美元私有化计划获得股东顾问公司ISS的支持》,载新浪网:http://finance.sina.com.cn/stock/hkstock/hkstocknews/2016-08-02/doc-ifxunyya3018668.shtml,最后访问日期:2018年9月30日。

司(以下简称投服中心)的借鉴与启示。

(二)股东投票代理机构与投服中心的比较

近年来在我国资本市场投资者保护领域崭露头角的投服中心成立于2014年,是中国证监会直属的公益性机构。目前,投服中心的主体业务划分为三部分:持股行权、支持诉讼和纠纷调解。根据投服中心网站介绍,其工作职能包括“负责公益性持有股票、基金、债券和期货等品种,以投资者身份,行使表决、提案、建议、质询等权利;推动各类市场主体参与持股行权和维权……为中小投资者自主维权提供代理权征集服务……”[①]由此,近年来已经有论者注意到ISS等股东投票代理机构与投服中心之间的某种类似之处。[②] 本文认为,投服中心与域外传统型的股东投票代理机构在业务上存在相似之处,同时二者在定位与宗旨、服务对象、运营模式和法律地位等方面又有所差异。这些差异决定了投服中心具有ISS等股东投票代理机构不具备的某些优势,因而投服中心有条件探索成为具有中国特色、服务于广大中小投资者的公益性股东投票代理机构,为我国证券市场投资者保护事业闯出一条新路。

1. 投服中心与传统股东投票代理机构的相似之处

如前所述,传统股东投票代理机构的核心业务是向上市公司股东提供投票建议,从而帮助上市公司股东合理投票,提升其持股公司的价值。在法律上,这一行为落入了“征集代理投票权”的概念范围(豁免规则的存在又使之免于备案和披露)。投服中心目前的持股行权业务事实上也包括了通过公开发声等形式建议股东行使投票权等权利。例如,在2017年浙民投要约收购ST生化的过程中,投服中心就公开表态支持市场化要约收购,[③]这无异于公开建议广大中小投资者“用脚投票”,支持要约收购发起方浙民投。在“利欧股份收购苏州梦嘉案”中,投服中心在公开质疑利欧股份跨界收购的合理性、标的资产苏州梦嘉的质量后,呼吁“广大中小股东珍视自己的股东权利,充分行使表决权,既可以现场参加上市公司股东大会,投票表决,也可网络投票表决;既可以自己投票,也可以委托他人代为投票。充分知权、积极行权,切实维护自身权益”。[④] 这与域外股东投票代理机构的投票建议如出一辙。

---

① 参见http://www.isc.com.cn/about_us/。

② 参见董登新:《证券投资者保护的突破口》,载《中国金融》2016年第16期。

③ 参见《投服中心:中小投资者欢迎市场化的要约收购》,载中国证券网:http://company.cnstock.com/company/scp_gsxw/201711/4156502.htm,最后访问日期:2018年9月30日。

④ 参见《投服中心:质询利欧股份收购事项 呼吁中小股东积极行权》,载中国投资者网:https://www.investor.gov.cn/about_us/introduction_to_investor_service_center/dynamic/201809/t20180918_321915.shtml,最后访问日期:2018年9月30日。

2. 投服中心与传统股东投票代理机构的差异

第一,定位与宗旨的差异。域外股东投票代理机构属于营利机构,其提供投票建议、治理评级和治理咨询等服务的最终目的,在于从投资机构和上市公司获取利润。而投服中心则属于非营利金融公益机构,其运营资金来自我国资本市场各主要金融基础设施的出资,其持股行权业务的目的在于唤醒中小投资者权利意识,鼓励和引导中小投资者积极行权、理性行权,从而保护该群体的合法权利。因此两者定位存在根本不同。这一差异,也使投服中心在面对上市公司、机构投资者等市场主体时,处于更加独立客观中立的地位,能够避免困扰域外股东投票代理机构的利益冲突等问题。

第二,服务对象的差异。境外股东投票代理机构的服务对象主要是共同基金、养老基金等具有一定经济实力和投资经验的机构投资者,而投服中心的服务对象则是广大中小投资者。相较于机构投资者而言,散户在投资经验和财力上均处于绝对劣势。服务对象的差异,也决定了两者运营模式颇为不同。

第三,运营模式的差异。首先,域外股东投票代理机构多以纯咨询顾问的面目示人,仅向机构投资者提供建议,投票的最终决定权属于机构投资者(尽管实践中部分投资机构实际上将投票全程外包给股东投票代理机构,而只保留最终否决权),股东投票代理机构也极力避免自身行为被认定为征集代理投票权。投服中心的角色则更加积极主动。根据投服中心规划,投服中心将不局限于单纯提供投票建议,而是会通过中国投资者网站等平台公开向股东征集投票权、提案权和股东大会召集权等股东权利。[①] 由于投服中心自身持股,与广大中小投资者具有共同利益,其公开征集说服力也更强,更容易被中小投资者认可。此外,由于提供"一对一"的商业服务,域外股东投票代理机构通常不会在投票前主动公开其研究报告,但投服中心所服务的对象决定其必须采用公开发声的形式方可有效。

第四,法律地位的差异。如前所述,股东投票代理机构目前在美国等境外市场的法律地位较为模糊,其虽被认为属于投资顾问但可免于注册,其业务模式又与传统的证券投资顾问存在明显差异,因此也引发诸多争议。而投服中心的法律地位则有明确依据。我国 2015 年《证券法》修订草案一审稿规定"国务院证券监督管理机构认可的投资者保护机构可以作为征集人自行或者委托证券经营机构、证券服务机构,公开

---

① 参见中国投资者网:https://www.investor.gov.cn/rights_interests_protection/exercise_service/proxy_solicitation/investor_service_center_proxy/,最后访问日期:2018 年 9 月 30 日。

请求上市公司股东委托其代为出席股东大会，并代理行使提案权、表决权等股东权利”。[1] 中国证监会《上市公司治理准则》第 82 条也规定：“中小投资者保护机构应当在上市公司治理中发挥积极作用，通过持股行权等方式多渠道保护中小投资者合法权益。”可见，作为中国证监会领导的中小投资者保护机构，投服中心的法律地位更加明晰和富有保障。

综上所述，投服中心与域外股东投票代理机构之间存在某些相似之处，同时投服中心具备更强的独立性、客观性与权威性，以及更加明确的法定地位与监管认可等独特优势。鉴于我国证券市场中小投资者普遍怠于行使投票权等股东权利的现状，投服中心有必要也有可能尝试成为具有中国特色的公益性股东投票代理机构，从而为我国资本市场投资者保护事业开辟一条新路。

（三）域外股东投票代理机构对投服中心未来发展的启示

结合前文的论述，笔者认为域外股东投票代理机构可为投服中心的未来发展提供以下几方面的启示。

首先，应进一步明确投服中心的法律地位，完善相应规则。《证券法》未来的修订应继续坚持国务院证券监督管理机构认可的投资者保护机构作为上市公司投票权征集者的适格地位，为投服中心投票权征集提供基础法律保障。同时，中国证监会层面也应考虑制定统一的投票权征集细则，在此框架下明确投服中心公开征集投票权的相关规程，使投服中心公开征集投票权有章可循。

其次，将投票权征集和发布投票建议有机结合，注重专业说理、以理服人。如前所述，投服中心的持股行权业务将不局限于单纯地提供投票建议，而会倾向于主动地征集投票权，但域外股东投票代理机构将投票建议与研究分析融于一份报告的做法值得投服中心借鉴。具体而言，投服中心在征集投票权时，除表明拟投票意见外，还应在中国投资者网等平台上发布对征集事项的专项报告，从财务、法律和行业等角度详细说明投服中心作出投票选择的理由，供广大中小投资者阅读并作出选择。如此，投服中心每次公开投票权征集都可以成为一堂上市公司治理的“示范课”，从而起到超越一案一例的长期示范性作用。在就某些争议性甚至对抗性议题征集投票权时，以公开报告方式阐明投票理由也可最大限度地减少各方对投服中心的质疑和批评。为此，投服中心必须进一步充实自身专业人才队伍，同时发挥持股行权专家委员会的

---

① 我国《证券法（修订草案）》第 170 条。

作用,提高持股行权业务的专业性和针对性。

再次,投服中心可效仿 ISS 等域外商业股东投票代理机构制定并公开投票政策与指南,阐明投服中心对上市公司股东投票中有代表性的各类议题的观点和标准,尽可能增强其投票选择的客观性与规范性,从而在彰显透明度的同时为市场主体提供可资参考的行为指引。在制定投票指南的过程中,投服中心应广泛征集中小投资者、机构投资者、上市公司、专家学者、法律财会金融行业人士等相关方的评论与反馈,结合市场实际定期更新投票指南,以提高其认可度和公信力。

最后,投服中心公开征集投票权应当注意防范相关风险。一方面,应做好投资者教育工作,向广大中小投资者说明投服中心投票权征集旨在维护中小投资者合法权益、促进上市公司改善长期治理质量,但特定投票行为与股价短期内涨跌不存在必然联系,并在投票权征集公告、专项报告的醒目位置、以着重方式进行提示,促使中小投资者形成理性预期,避免其因股价短期涨跌对投服中心投票权征集产生不恰当的依赖或负面评价。另一方面,投票权征集难免涉及具有争议性乃至对抗性的议题,投服中心对此应坚持充分说理、客观理性,避免对相关方作出道德或情感色彩过强的评价,力戒在专项报告中出现基本事实错误,以免遭受利益相关方不必要的批评质疑。

他山之石,可以攻玉。投服中心在我国证券市场享有独特的制度定位与优势,倘若能结合好域外经验与本土实际,投服中心有望成为具有中国特色、切实保护中小投资者的公益性股东投票代理机构。

我国各类投资者交易行为研究

——基于中小投资者保护的视角

蒋健蓉* 龚 芳**

摘 要:投资者保护是当前金融监管体系重要的目标之一,本文从资金来源结构、信息获取能力、委托代理关系及盈利模式四个维度来分析不同类型投资者交易行为,从交易行为特征出发,分析可能产生的损害中小投资者权益的交易行为,进而为保障中小投资者权益提供新视角。当前我国损害中小投资者的共性行为主要表现为利用非公开信息交易获利、操纵市场以及投资者适当性管理不足等;差异性行为主要表现为产业资本的违规信息披露、忽悠式重组以及与私募股权机构合作的伪市值管理行为等。从交易行为特征出发,本文建议抓住上市公司信息披露这个"牛鼻子",提升市场信息披露的及时性、准确性和有效性;在现有《证券期货投资者适当性管理办法》的基础上,增加一些衡量投资者风险承受能力的指标,强化投资机构的资质管理,将投资者适当性管理落到实处;重点监管产业资本类交易主体和内幕交易类交易行为,提高对违法违规行为的稽查效率,修改刑法等法律规定,加大对违法违规行为的处罚力度。

关键词:交易行为 中小投资者保护 共性行为 差异性行为

一、投资者交易行为研究为完善投资者保护提供新视角

(一)投资者保护是现代金融体系的重要目标之一

2008年金融危机后,以欧美为代表的成熟市场先后调整其金融监管架构。从发展趋势来看,全球金融市场对投资者保护的关注程度提升到了新高度,美国成立专门

* 申万宏源证券战略规划总部副总经理、申万宏源研究所副所长,首席战略研究员。

** 申万宏源研究所政策与发展研究主管,资深高级研究员。

的投资者保护局(Consumer Financial Protection Bureall,CFPB),接管所有其他联邦管理机构对于金融消费者保护的职责,旨在促进金融产品与服务的市场准入方面“透明、简单、公正、责任承担”等目标的实现。英国将原金融监管局(Financial Service Authority,FSA)一分为二,其中行为监管局(Financial Conduct Authority,FCA)旨在借助对金融机构业务行为实质的监管来切实强化对投资者的保护;澳大利亚作为最早构建“双峰”监管架构的市场,借助澳大利亚证券和投资委员会(Australian Securities and Investments Commission,ASIC)对各金融机构商业行为实施监管,其基本职能体现在维护市场诚信和保护投资者利益两方面。当前我国正处在从机构监管向机构监管与功能监管相结合的转变趋势中,强化投资者保护,尤其是对中小投资者的保护是我国金融监管的重要目标之一,也是完善我国现代金融体系不可或缺的重要组成部分。

(二)基于投资者交易行为视角的投资者保护机制研究

近年来,我国投资者保护体系日益完善,先后成立了中证中小投资者服务中心和证券投资者保护基金,在为中小投资者维权及保障投资者合法权益上发挥了重要作用。但整体来看,当前我国投资者保护仍面临多重挑战,如违法违规行为更加隐蔽,如何稽查突破;如何提升市场信息披露质量,有效防止内幕交易及操纵市场行为;如何有效防范大股东或专业投资者侵占中小投资者权益等。

本文拟从投资者交易行为出发,基于交易行为特征的分析及交易行为监测来有效防范和发现违法违规行为,为完善投资者保护机制提供一个新的视角。旨在解决三个问题:一是客观分析各类投资者交易行为特征;二是明晰各类投资者可能产生的侵害中小投资者权益的交易行为,这其中有些是共性交易行为,有些是差异性交易行为;三是基于上述侵害中小投资者权益交易行为,提供相关的监管建议或措施,进而有的放矢地将投资者保护落到实处。

(三)分析投资者交易行为的四个维度

投资者交易行为是多维因素共同作用下的表现结果,本文构建了四维度的投资者交易行为分析框架——资金来源结构、信息获取能力、委托代理关系和盈利模式。其中,资金来源结构决定了不同类型投资者的目标函数,一般而言,自有资金的比例越高,投资行为将越趋谨慎,风险偏好相对较低;信息获取能力决定了投资者在市场上的相对地位,与一般中小投资者相比,专业投资机构及产业资本①都具备明显的信

① 产业资本主要指各类产业集团及其投资公司等,产业资本在很多情况下表现为上市公司的控股、参股股东。

息优势；委托代理关系影响投资者交易行为的决策动机及基金委托人与代理人行为目标的一致性，其中委托代理关系越显著的投资者，委托人与代理人之间的目标差异可能越大；盈利模式在很大程度上影响投资者的投资期限和投资风格，追求中长期收益的投资者投资期限相对较长，对投资资产的流动性要求可能也相对较低。

基于四维度的分析框架，我们发现受业绩比较基准和行业排名考核机制的影响，公募基金大多表现为赚取相对收益的中短期投资者，其比较常见的侵害中小投资者权益的交易行为是“老鼠仓”交易、合谋操纵市场等；基于资金来源的长期性和投资策略的灵活多样性，私募证券基金总体上表现为追求绝对收益的中长期投资者，其常见的侵害中小投资者权益的行为是内幕交易、操纵市场以及程序化交易下“乌龙指事件”①等；基于资金来源的长期性及股权投资的偏好，私募股权基金大多表现为追求市值管理收益的长期投资者，其常见的侵害中小投资者权益的行为是伪市值管理和内幕交易；基于产业资本的信息获取能力，其是绝对信息优势方，产业资本整体上表现为赚取产业链整合价值的长期投资者，常见的侵害中小投资者权益的行为是违规信息披露、精准减持、忽悠式重组以及内幕交易等。

二、损害中小投资者合法权益的共性行为分析

从交易行为来看，尽管各类投资者可能产生的损害中小投资者权益的行为存在差异，但从交易行为的实质及可能产生的危害来看也存在一定共性。概括来看，当前市场中各类专业投资者及产业资本可能产生的损害中小投资者权益的共性行为主要包括以下三类：利用非公开信息交易获利、操纵市场以及投资者适当性管理不足。

（一）利用非公开信息交易获利行为

利用非公开信息交易获利行为主要指具备信息优势的投资者利用信息优势进行交易套利的行为，根据信息源及交易方式的差异，此类行为通常表现为“老鼠仓”交易、抢帽子交易及利用内幕消息交易等。产生此类违法违规交易行为的客观原因在于以下几点：其一，市场上存在显著的信息不对称，以公募基金、私募基金及保险投资为代表的专业投资者在交易信息、行业专业信息等方面占据优势地位，拥有大量上市公司资源的产业资本在很大程度上是市场信息的发布者，信息获取能力更突出；其

① 当前我国对相关乌龙指事件的处罚案例不多，影响比较大的是“光大证券816乌龙指”事件，但从全球来看，近年来“乌龙指事件”频发，如2010年5月美股“闪电崩盘”和2012年8月美国“骑士资本事件”等。

二,在多重委托代理关系及机构内部控制相对不足的情况下,投资经理或内幕信息知情人有利用非公开交易获取私利的动机;其三,对违法违规行为的稽查及惩罚力度相对不足,尽管近年来我国加大了对违法违规行为的稽查及惩罚力度,但相较于利用非公开信息交易获利而言,相应惩罚的约束力明显偏弱。

利用非公开信息交易获利行为通常具备以下三个关键特征:一是投资经理或其他投资者获得了非公开信息或内幕信息的知情权;二是借助控制他人账户来实现间接交易,非公开信息或内幕信息的知情人一般借助口述或暗语等形式来间接操控他人账户,但实际资金来源一般为本人资金或家庭资金;三是交易时点、交易标的与非公开信息的获取之间存在较大的关联度,投资经理"老鼠仓"交易标的多为投资经理管理基金组合的重仓股,股权投资机构及产业资本的内幕交易标的多为其所获悉的具备重大资产重组或重大信息待披露的上市公司,且买卖时点与获知非公开信息时点之间存在显著正相关性。

2009年以来,证监会相继对10多位公募投资经理利用非公开信息进行"老鼠仓"交易行为进行立案调查和惩罚,其中影响较大的有原交银施罗德投资总监李旭某、原博时基金经理马某、原汇添富基金经理苏某以及银华基金经理郭建某等。从处罚程度来看,2017年之前针对非公开信息违规交易基本上是罚没全部非法收入所得,2017年以来处罚力度进一步加大,近期证监会公布的利用非公开信息交易获利行为的处罚力度基本为"没一罚三",即没收全部非法收入所得,并处以3倍的罚款。

本文选取2017年1月9日证监会罚处的银华基金经理郭建某为案例,对投资经理利用非公开信息交易获利进行详细分析(见图1)。首先,从账户关联度来看,银华基金经理郭建某借用的是杨某和张某的账户,其中杨某与郭建某无实质关联,张某系郭建某的同学兼好朋友。其次,从资金来源其流向看,杨某账户资金来源于张某及郭建某家庭,其中郭建某家庭是最重要的资金来源,且后续郭建某能实际控制杨某的资金账户。再次,从买卖标的来看,杨某账户累计交易股票19只,其中"一汽轿车""神州泰岳"等13只股票与郭建某管理投资组合持仓股票相同,这13只股票累计交易成交约4094万元,交易金额占比63.13%,交易盈利246万元,张某账户累计买入股票19只,其中有"格力电器""三聚环保"等9只标的与郭建某管理投资组合投资标的相同,累计成交金额349万元,交易盈利27.8万元。最后,从交易时点来看,杨某和张某均先于或同期于郭建某管理投资组合的操作,在操作时点上,投资经理实际控制的个人账户与管理的投资组合账户操作时间相差0~7天不等,构成明显的利用非公开信息交易牟利行为。

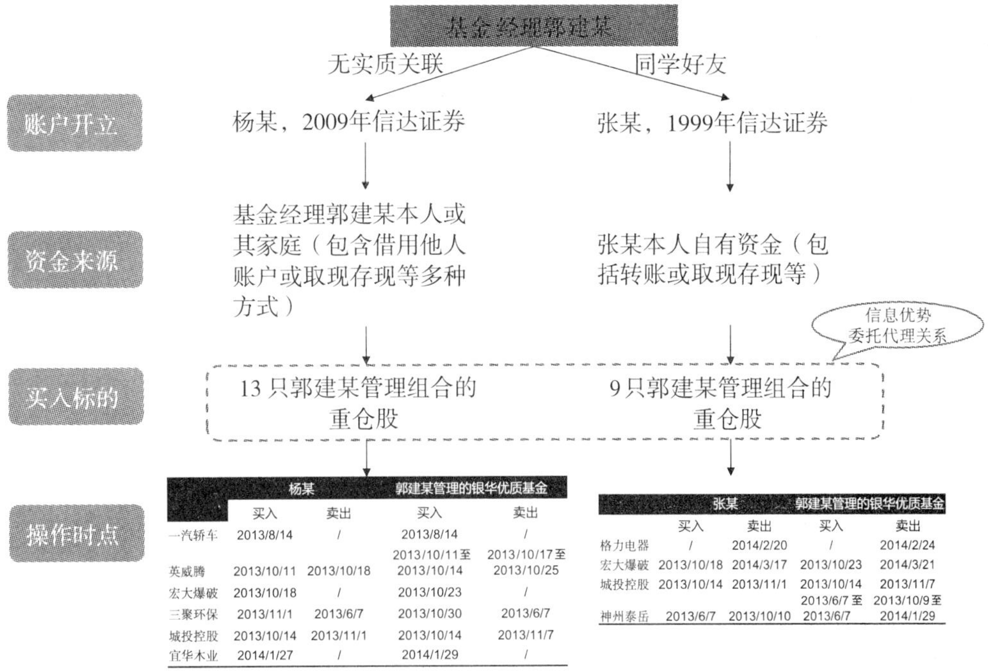

	杨某		郭建某管理的银华优质基金	
	买入	卖出	买入	卖出
一汽轿车	2013/8/14	/	2013/8/14	/
英威腾	2013/10/11	2013/10/18	2013/10/11至 2013/10/14	2013/10/17至 2013/10/25
宏大爆破	2013/10/18	/	2013/10/23	/
三聚环保	2013/11/1	2013/6/7	2013/10/30	2013/6/7
城投控股	2013/10/14	2013/11/1	2013/10/14	2013/11/7
宜华木业	2014/1/27	/	2014/1/29	/

	张某		郭建某管理的银华优质基金	
	买入	卖出	买入	卖出
格力电器	/	2014/2/20	/	2014/2/24
宏大爆破	2013/10/18	2014/3/17	2013/10/23	2014/3/21
城投控股	2013/10/14	2013/11/1	2013/10/14	2013/11/7
神州泰岳	2013/6/7	2013/10/10	2013/6/7至 2013/6/7	2013/10/9至 2014/1/29

图1　银华基金经理郭建某利用非公开信息交易的关键要素分析

资料来源：证监会，申万宏源研究。

（二）操纵市场交易行为

操纵市场交易行为主要指市场上参与方利用合谋交易或其他交易手段造成股价异常波动的行为。产生此类违法违规交易行为的客观原因在于：一方面，市场上部分参与者具备明显的资金优势或信息优势，借助信息优势进行合谋交易进而实现操纵市场；另一方面，对操纵市场交易行为的稽查难度较大，对相应行为的惩罚约束力较弱。

基于资金优势或信息优势的差异，常见的操纵市场交易行为分为两类：一是投资经理或产业资本利用信息优势进行合谋交易，借助操纵市场进行交易获利；二是部分投资经理借助连续交易、涨停价格挂大单、反向交易等方式来引发股价大幅波动，借助“快进快出”手法操纵小市值股票等。

投资经理、上市公司与券商分析师之间利用信息优势合谋交易是近年来最常见的操纵市场交易行为。在“研究换佣金”的盈利模式下，券商研究所与投资公司之间形成一种买方与卖方的利益关系，投资经理基于自身信息获取的优势，在追求个人利益最大化的目标导向以及考核相对收益排名的激励机制下，有较强的与券商分析师及上市公司一起进行合谋交易的动机。此种交易方式通常表现为以下主要步骤：首先,投资经理与券商分析师共同调研上市公司,与上市公司沟通相应的“合作意向”,“合作意向”达成后,投资经理与券商分析师借助实际控制的他人账户开始低位建仓。其次,券商明星分析师开始发布看好该上市公司的研究报告,同期上市公司基于做大市值的利益诉求,配合发布相关公告及利好消息,助推市场气氛。随后,投资经理管理的基金产品开始逐步建仓买入对应股票标的,与此同时,券商明星分析师持续发布看好报告,上市公司持续发布利好公告,股价进入上升阶段,吸引大量个人投资者入场。最后,在券商明星分析师报告的持续“鼓吹”下,投资经理及券商分析师开始逐步卖出股票获益,中小投资者权益受损。在此过程中上市公司大股东实现了做大市值或高位减持的目标,券商分析师通过派点、新财富评比等方式来提升“身价”或借助违规交易获利,投资经理获得业绩排名优势或违规交易获利。值得关注的是,近年来,随着私募基金的快速发展,投资经理、券商分析师与上市公司之间的合谋交易操纵市场的行为更加隐蔽(见图2),投资经理和券商分析师借助实际控制私募基金公司的方式,让私募基金成为体外建仓及交易获利的主体,同时借助各种方式绕道资金监管,弱化投资经理、券商分析师与私募基金机构之间的资金关联。由于在此操纵过程中,投资经理与券商分析师对上市公司股价的把控能力相对较强,投资经理实际控制的私募资金往往都会在场外加杠杆,在最大限度上放大投资收益。

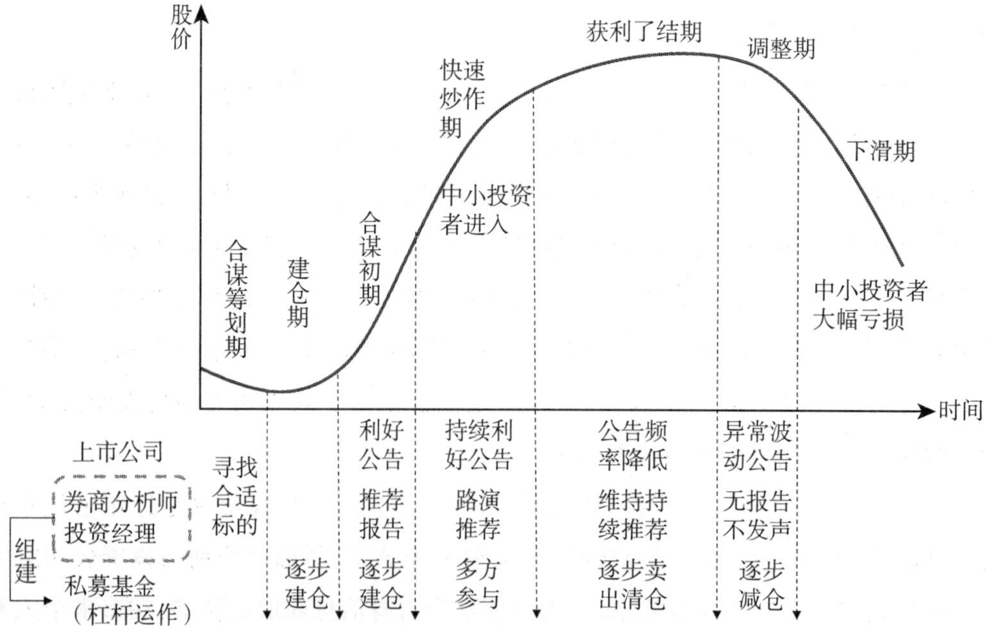

图2 投资经理、券商分析师与上市公司之间的合谋操纵市场

资料来源:申万宏源研究。

另一类常见的操纵市场的交易行为指投资机构借助高频交易、连续交易等方式造成股价异常波动的行为。2015 年以来，证监会先后对近 10 起私募证券基金操纵市场行为作出处罚，其常见操纵市场行为主要包括以下 4 类：一是借助连续交易、涨停价格挂大单、反向交易等方式来引发股价大幅波动，交易套利，如广州穗富投资通过虚假申报、以涨停价格挂大笔埋单等方式，影响“国光股份”“国农科技”“鸿特精密”“金宇车城”“科恒股份”“万福生科”等 6 只股票的价格和交易量，后反向卖出，获利约 1017 万元；2014 年 1 月至 2016 年 6 月，廖国某控制本人及亲友名下的 28 个证券账户，通过以大单连续交易封涨停、虚假申报并封涨停、盘中拉抬并封涨停等手法，先后操纵“桐君阁”“通程控股”等 15 只股票，影响股票收盘价格和交易量，并于次日反向卖出获利共计 2716 万元。二是大宗交易前后借助高价申报、撤销申报、尾盘拉升等手段使股价出现较大涨幅，其后进行相应的减持交易。例如，任良某在 2014 年 4 月 21 日至 12 月 8 日，通过大宗交易买入“隆基机械”“三维通信”等 16 只股票，在大宗交易日前后盘中通过高价申报、撤销申报等手段，使股票价格产生较大的涨幅，并于大宗交易日后的次日或几日内在二级市场卖出。三是同一实际控制人的多个账户之间合谋交易、操纵股价。例如，东海恒信控制使用“千石资本－东海恒信 1 期”等 12 个账户于 2015 年 6 月 18 日至 7 月 30 日，在实际控制的账户之间进行 180ETF 交易，影响 180ETF 交易量，变相进行 180ETF 与相应成分股日内回转交易套利，非法获利 1.84 亿元。四是借助“快进快出”手法操纵小市值股票，2016 年第二季度以来，“福达股份”等小市值概念股出现连续多日放量上涨后断崖式下跌的异常走势，根据交易所监控线索，查明马永某、曹某等人控制使用 38 个江浙闽地区的个人及资管计划账户，动用 2.9 亿元资金，底部吸筹、边建仓边拉升，于 2016 年 7 月 5 日至 7 月 18 日操纵“福达股份”股票，引诱不明真相的投资者跟风买入，在拉出 3～5 个涨停后大规模出货，获利 2289 万元，其操纵行为造成个股暴涨暴跌，严重影响市场秩序，在很大程度上损害了中小投资者权益。

（三）投资者适当性管理不足行为

除了利用非公开信息交易获利以及操纵市场等行为外，损害中小投资者权益的常见行为还包括投资者适当性管理不足。投资者适当性管理不足主要表现为以下几种情况：一是变相降低投资者门槛，将具备高风险属性的资产销售给风险承受能力较小的投资者，向不合适的投资者募集资金；二是虚假陈述，借助保本收益、虚假高收益承诺等形式吸引投资者，部分私募股权基金发行产品募资后出现“失联”，在很大程度上损害了中小投资者利益;三是资质不全,部分私募证券基金和私募股权机构内部管理相对不足,缺乏有效、独立第三方托管机制,部分私募机构出现挪用客户资金的情况等。近年来,我国不断完善投资者适当性管理体系,2016年证监会颁布《证券期货投资者适当性管理办法》,并于2017年7月1日起正式实施,相较而言,公募基金的投资者适当性相对较好,私募证券基金及私募股权基金的投资者适当性管理还有待进一步完善。

三、损害中小投资者合法权益的差异性行为分析

除了利用非公开信息交易获利、操纵市场及投资者适当性管理不足等共性行为之外,由于各类投资者资金来源结构、信息获取能力、委托代理关系及盈利模式的不一样,其交易行为也存在一定的差异性,可能引发的损害中小投资者权益的行为也呈现出差异化特征,其中比较典型的是产业资本的违规信息披露行为、忽悠式重组行为以及私募股权投资机构和产业资本的伪市值管理行为。

(一)违规信息披露行为

违规信息披露是产业资本常见的损害中小投资者权益的行为之一。与市场上其他投资者相比,由于产业资本在一定程度上是上市公司的大股东或实际控制人,因此,其在很大程度上能够影响上市公司的信息披露。产业资本常见的违规信息披露主要包含以下4类。

一是粉饰业绩、虚增收入和利润,"漂亮化"财务报表,产业资本在上市前或重大资产重组前,都有较大的动力来粉饰业绩,进而提升估值水平,在忽悠式重组中粉饰业绩是常见的违规信息披露。二是未及时披露重要交易信息,主要表现为超比例违规减持不披露、一致行动人累计减持比例超过5%时未进行及时信息披露、持股5%以上的股东减持未进行及时披露等,2015~2017年证监会先后共查处了33起违规减持,其中多数为超比例减持和未及时披露减持信息等。2017年5月26日,证监会发布了《上市公司股东、董监高减持股份的若干规定》,沪、深证券交易所亦出台了相应的减持细则,随着"减持十条"的实施,2017年违法减持数量明显下降,全年共精伦电子、津膜科技、安利股份、巨轮智能、金新农5家公司控股股东减持5%以上并未及时公告并继续减持。三是隐瞒负面信息,产业资本对外部担保、银行质押、关联交易等可能影响公司资产估值的信息倾向于选择隐瞒,而在这很大程度上扭曲了实际的资

产负债质量,其中存在某些强制披露信息未披露,也存在利用自愿信息披露来隐瞒负面信息的行为。四是误导性信息披露,主要表现为借助收购、战略转型、新项目研发等利好公告来引导市场预期,哄抬股价,公告披露情况与公司实际业务开展情况存在较大差异,披露信息的误导性强,对股价产生影响较大,证监会对安硕股份的处罚就是典型案例。

安硕信息披露的误导性主要表现在以下三个方面:其一,互联网金融业务信息不符合现实状况,公司2014年年报显示互联网金融服务业务收入仅为137.19万元,仅占主营业务收入的0.62%,但安硕信息却持续宣称已经开展征信、数据、小贷云、互联网金融等相关业务,同时安硕信息互联网金融业务商业运营有限,征信公司无任何进展,数据业务仅是配套服务,小贷云业务仅是软件的延伸服务,西昌互联网公司是空壳,普惠金融业务仅是一款APP。其二,安硕信息披露的互联网金融相关业务缺乏实现基础,一方面,公司“一横一纵”战略在2014年年报中未提及;另一方面,公司相关业务缺乏有效的资金支持和人员安排,更多向空壳公司。其三,安硕信息披露具有片面性,其选择性披露利好消息规避不利信息,为及时披露互联网金融业务开展中遇到的困难,混淆互联网金融业务和互联网金融服务业务概念。(见图3)

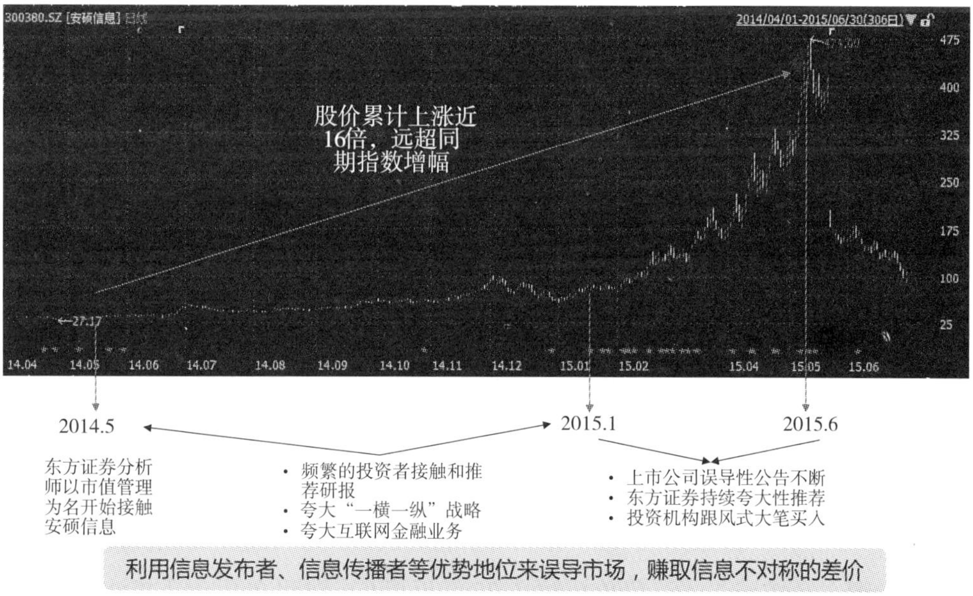

图3　安硕信息违规信息披露案例分析

资料来源:wind,申万宏源研究。

(二)忽悠式重组行为

忽悠式重组是产业资本区别于其他常见的投资者损害中小投资者权益的差异化行为之一。近年来,部分产业资本借助信息优势,以忽悠式重组为幌子来实现变相上市或哄抬股价,极大的扰乱市场秩序。一般而言,忽悠式重组中常存在违规信息披露,借助虚增收入、做"漂亮"三张报表来做大资产规模和估值水平;并购重组项目的信息披露经不起推敲,重要的项目细节及资金使用用途等关键信息缺乏有效披露等。2017 年 4 月 21 日,证监会对浙江九好办公服务集团有限公司、鞍山重型矿山机器股份有限公司以及相关的负责人作出处罚的案例就是典型的产业资本忽悠式重组行为。

(三)伪市值管理行为

伪市值管理是私募股权类投资者与产业资本之间借市值管理之名,行操纵股价之实的交易行为。伪市值管理行为一般具备以下几个特征:其一,市值管理的目标多为抬升股价进而实现高位减持或赚取差价,并不是旨在推进公司发展;其二,市值管理中提到的某些转型战略、资产重组计划等信息披露并不详实,经不起仔细推敲;其三,提供市值管理的研究顾问方与委托人之间有清晰的利益分配约定,双方利益存在绑定关系,一般而言,伪市值管理的顾问费远高于一般研究顾问费的收费标准。

本文以蝶彩资产为恒康医疗提供伪市值管理作为案例分析(见图 4)。蝶彩资产管理(上海)有限公司(以下简称蝶彩资产)是知名的股权管理战略投资机构,先后在江苏宏宝(现更名长城影视)等多个重组股中交易获利。2013 年 3 月蝶彩资产实际控制人谢风某与恒康医疗实际控制人阙文某在上海会面,阙文某提出希望高价减持的诉求,谢风某提出可以借市值管理的名义帮对方实现高价减持;2013 年 5 月阙文某将拟减持的 2000 万股托管在定向资管计划(《德邦证券 - 兴业银行定向资产管理业务资产管理合同》),同期于蝶彩资产、德邦证券签署了《研究顾问协议》,约定蝶彩资产帮助阙文彬在"恒康医疗"股价不低于 20 元/股的情况下减持 2000 万股,蝶彩资产按减持成交金额的 12.5% 计提研究顾问费;2013 年 5 ~ 7 月,蝶彩资产对恒康医疗提供战略转型、收购医院、安排行业研究员调研、安排财经公关和证券媒体采访等市值管理建议,与此同时,恒康医疗配合发布多项利好公告,共同拉升股价;2013 年 7 月 3 日至 4 日,阙文某按照 20 元/股价格减持 2200 万股(其中阙文某自己减持 200 万股,定向资管计划减持 2000 万股);2013 年 7 月 5 日,阙文某向蝶彩资产支付近 4858 万元研究顾问费。减持后,恒康医疗并未对前期收购医院的对价及详细信息、DYW101 等项目研发进展进行披露。从同时期恒康医疗的股价波动来看,伪市值管理操作期,恒康医疗的股价涨幅明显高于同期中小板及医疗板块涨幅；在高位减持后，尽管恒康医疗未出现大幅下行，但其波动与同期中小板和医疗板块的波动呈现反向趋势，借伪市值管理行操纵股价之实的特征突出。事后证监会对蝶彩资产没一罚二，即没收非法所得4858万元，罚款9716万元，对谢风某给予警告，个人罚款60万元；对阙文某没一罚一，即没收阙文某违法所得约304万元，罚款304万元。

图4　蝶彩资产管理伪市值管理交易行为

资料来源：证监会，申万宏源研究。

四、完善投资者保护的建议和措施

（一）三维度强化对损害中小投资者权益共性行为的监管

一是完善市场信息披露机制，做好上市公司的信息披露管理及投资机构内部的信息防火墙建设。信息披露体系建设是资本市场监管工作的重中之重，本文建议一方面完善投资机构以及投资咨询机构的信息披露管理制度，尤其是在新媒体下，规范引发证券咨询机构在微信、微博及其他新媒体渠道的信息传播，保证信息发布的一致性、同时性和公正性；另一方面强化投资产品的信息披露，在当前我国金融监管体制从机构监管向功能监管的转变过程上，建议学习借鉴英国行为监管局（Financial

Conduct Authority,FCA)对产品全生命周期的监管体系,监管介入产品早期开发环节,对金融产品的监管呈现从事中销售环节、事后处理环节的监管逐渐转变到向产品生命周期全过程监管转变。

二是强化投资者适当性管理。强化投资者适当性管理是切实保护中小投资者权益的前提基础,本文建议在《证券期货投资者适当性管理办法》的基础上,从以下三个方面来进一步强化投资者适当性管理:其一,强化私募机构的资质管理,建议基金业协会强化对失联机构、未发行产品等机构的管理,及时取消其备案资格,同时加大对未备案机构的审慎监管,完善私募机构资质管理;其二,完善合格投资者的衡量体系,当前我国对合格投资者的认定多以投资年限、净资产规模、金融资产规模或年收入等为衡量指标,此类指标仅反映了投资者的资产情况,但对投资者的风险承受能力缺乏有效衡量,故本文建议在合格投资者的认定上增加可投资金融资产、风险承受能力等指标;其三,完善各类投资机构内部投资者适当性管理体系建设,根据客户风险承受能力及客户投资偏好的差异来做好客户分层分类管理体系,切实强化对投资者,尤其是中小投资者的保护。

三是完善投资者保护的体系建设。中小投资者保护是系统性工程,在完善市场信息披露机制、做好投资者适当性管理的基础上,还需要进一步完善投资者保护体系的建设。一方面,建议可以借鉴境外"双峰"监管理念,将投资者保护作为金融监管的重要目标之一,整合现有证券投资者保护基金、银行存款保险、保险保障基金以及投服中心等资源,在金融稳定发展委员会下成立专门的投资者保护局,强化对中小投资者的保护;另一方面,建议可以借鉴美国对中小投资者的保护经验,借助成立专题小组等形式来逐个突破中小投资者保护面临的难题,美国证券交易委员会(Securities and Exchange Commission,SEC)于2017年9月宣布成立针对保护散户投资者的战略任务小组,并明确指出,"SEC使命由始至终和大众投资者(main stream investor)的长期利益站在一起,当SEC聚焦于保护那些最需要被保护的散户投资者时,其对华尔街的监管是最有效的"。

(二)各个突破,加大对损害中小投资者权益差异性行为的监管

针对违规信息披露、伪市值管理和忽悠式重组等差异化交易行为,本文建议抓住上市公司信息披露这个"牛鼻子",把控好信息源。上市公司是资本市场上重要的信息源,其信息公告的及时性、有效性和真实性将直接影响投资者的投资判断;同时其作为市场内幕信息的发起人和知情人,做好内幕信息的管理,是防控内幕交易和操纵

市场的关键所在。2016年证监会进一步修订《上市公司信息披露管理办法》,推进分行业信息披露体系建设,完善上市公司股权质押信息披露规则,完善大宗交易减持信息规则;2017年沪、深证券交易所修订了《上市公司信息披露工作评价办法》,进一步完善上市公司信息披露工作评价机制,努力使评级结果真正区分出信息披露优劣不同的公司。本文建议在此基础上,借助相关规则及评价体系的修订,鼓励上市公司更多进行自愿性披露、定性披露和事前事中披露,在临时停复牌、重大事项公告、并购重组、董监高增减持等方面进一步完善信息披露。

针对不同类型的投资者,明确重点监管的交易行为。对于产业资本,监管重点在于信息披露和内幕交易,尤其是确保信息披露的及时性、有效性和一致性;对于私募股权机构,监管重点在于伪市值管理和投资者适当性管理不足等;对于私募证券机构,监管重点在于操纵市场和程序化交易等;对于公募投资基金,监管重点在于"老鼠仓"交易以及投资经理与多方联合进行的合谋操纵市场等;对于保险投资机构,监管重点在资金来源的穿透式监管和规范二级市场举牌交易,向上穿透资金来源,向下穿透底层资产;对于境外投资者,监管重点在于是否利用沪港通及其他境外通道实行操纵市场,尤其要提防境外机构利用海外衍生工具恶意做空市场或扰乱市场波动的交易行为。

(三)基于不同维度梳理保障中小投资者权益的监管重点

从投资者主体来看,建议根据"离信息源距离"的原则来确定监管的相对次序,其中离信息源越近的主体,监管力度应该越大。从2015~2017年证监会处罚案例来看,产业资本是A股违法违规交易行为频率最高的投资者,其违规交易处罚案例占比超过60%,对产业资本交易行为的监管是重中之重。从交易行为来看,内幕交易行为是最常见的损害投资者权益的行为。从近3年证监会处罚案例来看,内幕交易案的数量最多,占总处罚案例数量的比重超过70%。

从约束机制来看,建议提高对违法行为的稽查及惩罚力度。在对违法违规交易行为的稽查上,本文建议持续依靠大数据、AI等先进技术,采用"数据建模+机器学习"等模式来辅助案例分析,多维度对异常交易及违法违规交易行为进行分析,提升证券稽查的智能性、高效化和准确性,其中对内幕交易的稽查重点应放在内幕信息知情人实质控制资金账户及个股异动账户上。在处罚力度上,建议进一步加大对违法违规交易行为的处罚力度,2018年两会期间全国人大代表、深圳证券交易所总经理王建军提出"关于修改刑法加重欺诈发行犯罪刑罚力度的议案",得到了多位人大代表的认同,而全国人大代表、广东省律师协会会长肖胜方也指出,“违法违规成本过低,上市和并购成功之后可以获得的利益巨大,这正是欺诈发行、虚假披露、内幕交易、操纵市场等乱象的根本原因”。违法成本和违法收益之间严重不平衡一定程度上成为违法违规交易行为频发的原因之一,加大对损害投资者权益的交易行为的惩罚力度势在必行。

投教园地

INVESTOR

发挥行政监管与自律监管协同效应 形成中小投资者合法权益保护的有力保障

——以安徽证监局与沪深交易所联合检查的实践为引

蒋　诚*　申　浩**

摘　要:行政监管与自律监管是资本市场监管的重要方式,两者不得相互替代、缺位越位,而应充分发挥协同效应。探索证监局与交易所联合现场检查,既是形成行政监管与自律监管协同效应的有力举措,也是筑牢市场监管防线、保护中小投资者合法权益的一种新方式。本文以安徽证监局与沪深交易所联合现场检查实践为引,思考分析联合检查的局所优势,探讨其存在的待改进事项,并有针对性地提出改进建议,以期更好维护中小投资者合法权益,提高依法全面从严监管的效能。

关键词:行政监管与自律监管　局所联合检查　中小投资者权益保护

一、概　述

一个繁荣、有生命力、有秩序的资本市场离不开行政监管与自律监管,两者是相辅相成的,如果割裂两者,单纯地只适用行政监管或自律监管都是不够的。[①] 从我国资本市场监管宗旨看,“维护市场公开、公平、公正,维护投资者特别是中小投资者合法权益,促进资本市场健康发展”一直是资本市场行政监管与自律监管的初衷与使命,两者的有机结合,共同构成了我国资本市场证券监管的统一体。长期以来,证监

* 中国证监会安徽监管局公司处。
本文仅代表作者个人的观点,与作者所在工作单位无关。
** 中国证监会安徽监管局公司处。
本文仅代表作者个人的观点,与作者所在工作单位无关。

① 参考朱少龙:《论资本市场的自律与监管》,黑龙江大学法学院2007年硕士学位论文,第29页。

局作为中国证监会的派出机构,在履行防范市场风险、维护市场秩序、打击资本市场违法违规行为、保护中小投资者合法权益的一线行政监管职责方面发挥了重要作用。然而,随着市场的变化与发展,资本市场风险与违法违规行为日趋隐蔽化、复杂化、多元化,给证监局有效识别、快速处理市场风险和查处违法违规案件带来了前所未有的挑战,证监局一线监管力量与维护投资者合法权益的有效性、及时性亟待提升。

2017年,证监会党委下发的《中国证监会党委关于进一步发挥证券交易所一线监管功能的指导意见》(证监党委发〔2017〕20号,以下简称《意见》)中强调,交易所是证券市场监管的第一道防线,是维护市场稳健运行的第一责任人,是有明确监管责任的法定机构。《意见》精神为壮大一线监管力量,提升一线监管有效性、针对性,更好保护投资者合法权益指明了方向。在此背景下,探索开展证监局与交易所联合现场检查(以下简称局所联合检查),既是发挥行政监管与自律监管协同效应的一项具体举措,也是壮大一线监管力量,更好维护中小投资者合法权益的一种新方式。

两年来,安徽探索开展的局所联合检查虽取得良好的阶段性成效,但因检查方式尚属探索起步阶段,在检查对象范围、协作分工、执行程序等方面还有待完善之处。本文以安徽证监局与交易所联合检查实践为引,思考分析联合检查的优势,探讨其存在的待改进事项,并有针对性地提出改进建议,以期更好维护中小投资者合法权益,提高依法全面从严监管的效能。

二、探索局所联合检查实践,践行投资者保护使命

除中国证监会统一工作部署外,局所联合检查主要有两种方式:一是证监局邀请交易所派员参与现场检查;二是交易所主导并发起需求,提请证监局派员参加检查。为发挥行政监管与自律监管的协同效应,目前,安徽证监局积极探索开展的局所联合检查,主要是在日常监管的基础上,通过邀请交易所派员参与的方式进行,以确保实体与程序的合规。

(一)局所联合检查总体情况

为贯彻落实依法全面从严监管理念,探索建立证监局与交易所一线监管新模式,

2017年,安徽证监局主动与沪深交易所签订《监管协作备忘录》,[①]要求在资本市场主体监管、投资者权益保护、调查研究等方面全面加强监管协作,同时建立联系人对接、重点协作事项协商和运行效果评估等机制,以期实现法定监管权威性和自律监管灵活性的统一,促进证监局行政监管和交易所自律监管合力发挥一线监管功能,更好保护投资者合法权益。《监管协作备忘录》的签订实施为探索局所联合检查打下基础。2018年1月1日,修订实施的《证券交易所管理办法》(证监会令第136号)明确新增现场检查作为交易所自律监管手段,为探索实施的局所联合检查提供了新的有力抓手。

局所联合检查是发挥证监局与交易所"一线行政与自律监管"功能的有效方式,通过局所联合检查过程中的资源共享与信息互通有无,有助于补齐当前证监局科技监管手段相对较弱、监管力量相对短缺以及交易所现场监管经验缺乏的短板,更好发挥双方综合监管优势,保护中小投资者合法权益。为具体探索开展此项工作,2017~2018年,安徽证监局与沪深交易所针对上市公司年报和重组上市监管、债券发行人信息披露监管等方面,选取多家上市公司、公司债券发行人开展了联合检查探索,检查中借助中央监管信息平台、沪深交易所上市公司及债券业务平台等科技媒介,通过交换监管协作函件、重大事项报告单等方式,有效实现了双方信息数据共享,不仅展现各自在检查经验、监管方式、预审核权限、科技监管等方面的优势,而且弥补了各自在信息获取、违规线索查处等方面的不足,有效发挥了"一加一大于二"的效应和行政监管与自律监管在保护中小投资者合法权益的合力作用。

(二)局所联合检查具体安排

1. 事前充分协商,精心部署。事先,双方通过召开协调会议,协商确定检查对象、检查小组成员和检查目的,以搭好"检查框架";接着,在检查方案制定过程中,双方立足打破职责权限和思维惯性,以提升检查效果为出发点,协商确定具体检查方式、工作分工等事项,力争做到行政监管与自律监管的无缝对接。2018年以来,在防范化解重大风险的任务背景下,安徽证监局与沪深交易所通过事前的充分协商部署,大大提升了后期线索发现、分析与核查的效率,联合检查时间较以往单独检查相比,平均缩短了1~2天,检查质量也有了进一步提升。

---

① 参见《深交所与安徽证监局签署监管协作备忘录》,载证券时报网:http://www.stcn.com/2017/0609/13407013.shtml,最后访问日期:2018年10月15日;《上交所与安徽证监局签署监管协作备忘录》,载金融界网:http://finance.jrj.com.cn/2017/07/07024722710388.shtml,最后访问日期:2018年10月15日。

2. 事中协同配合,密切协作。在检查过程中,围绕检查目的和分工,时刻共享各自掌握的有关检查对象信息和问题线索,以提升监管的全面性。例如,2017年,在对辖区A上市公司联合现场检查期间,检查小组发现公司股价受雄安概念影响,出现了连续增长,为排查公司是否存在信息披露违规事项,检查小组立即将公司二级市场股价波动情况作为新增检查重点,通过借助交易所大数据与风险监测预警系统的分析、识别判断与数据线索,检查小组及时排除了该嫌疑事项,保护了中小投资者的合法权益。

3. 事后会商评估,依法处置。检查后续处理阶段,双方在互通共享发现的检查结果基础上,要依据现有的法律法规,通过会商讨论的方式,逐项议定检查处置措施。事毕,双方要定期结合联合检查等情况,共同开展协作效果评估会议,不断评估调整完善检查方法,切实提升联合实效。例如,针对局所联合检查事后评估中反馈的一项内容,即"现有的查验手段无法与企业不断更新的财务信息系统应用相匹配,导致检查难度加大的现实困境",安徽证监局一方面鼓励监管人员不断借助财务分析等应用软件更新知识结构,学习监管经验;另一方面邀请国内知名企业信息化建设专家,针对企业新财务信息系统的主要优势和特点,从企业应用场景实践、财务信息系统审计等多个角度进行专业讲解,以提升监管人员科技执法能力,推动构建人力和科技深度融合的监管新模式。

(三)局所联合检查取得的阶段性成效

安徽证监局借助交易所非现场监管中对风险点的识别与判断,进一步提升了问题发现和检查的工作效率;交易所借助安徽证监局现场监管中的查验与取证,更加直观地了解和掌握了检查对象情况,有利于自律监管从非现场监管向全面监管模式转变。两年来,局所联合检查在揭示大股东资金占用与保护投资者知情权、发现债券发行人违约信用风险、督促公司规范发展等方面取得了成功实践,有效地保护了中小投资者的合法权益,营造了辖区清澈透明的资本市场生态,彰显了局所联合检查的工作成效。

三、发挥局所联合检查优势,更好维护投资者合法权益

局所联合检查作为多元化检查方式的一种有益探索,不仅充分吸收了局所在检查过程中各自呈现的优势特征,而且,通过优势互补,在信息获取、违规线索查处等方面有效地发挥出局所协同效应,有利于更好地维护投资者合法权益。具体而言,表现在以下方面。

（一）监管优势比较

1. 证监局具有的优势

（1）区域性现场检查经验丰富。目前，证监局不仅从制度、流程、思路上形成了一整套现场检查方法，更是将这套方法运用在每年各类全面检查、专项核查实践中，不断加以创新并形成不同行业上市公司现场检查指引。在实践检验中，各证监局已积累了较为丰富的现场检查经验优势。

（2）具有多元化监管途径。相较于交易所而言，证监局与辖区上市公司联系更紧密，其监管员不仅会通过日常非现场监管方式熟悉公司，还会通过走访、调研、约谈、核查、检查等现场监管方式强化对上市公司实际运作情况的了解，因此在监管上具有多元化熟悉公司的途径。

（3）具有行政执法权限。作为中国证监会授权的行政部门，证监局具备法定的行政执法权限和适格的检查主体身份，可以独立自主地开展现场检查工作，有权行使查阅、复制等手段来依法依规获取相关证据材料，并且被检查、调查的单位和个人都存在法定配合义务。

2. 交易所具有的优势

（1）预审核监管权限。在上市公司信息披露、资产重组、公募公司债券发行等日常监管中，交易所拥有对信息披露审查和债券发行预审等权限。在预审中，交易所通过问询方式不仅掌握了与监管相关的信息，而且还会关注市场主体存在的潜在风险点。如果针对交易所预审核阶段掌握的风险事项开展检查，那么将能起到事半功倍的效果。

（2）科技监管水平高。交易所的大数据系统能够贯通证券一级市场与二级市场，使交易所不仅可以从发行市场分析检查对象资本运作的合规性，还可以通过观察交易市场的反应与波动进一步研判与印证重大事项的合理性。通过科技手段可以丰富检查线索，更有利于问题的及时发现。

（3）热点事项处置有一定经验。交易所监管对象众多，其面临的新情况、新问题层出不穷。交易所监管员能够更早触及资本市场所发生的新情况，可以说是见多识广。以控制权之争和股权收购为例，在个别辖区证监局尚未发生上述问题时，交易所往往已经具备了解决上述问题的成功经验。

（二）局所联合检查的协同效应

1. 有利于提高获取检查对象信息的全面性。局所联合检查组成人员较多，有效克服了监管力量不足的弊端,同时,借助双方对被检查对象事前、事中、事后的信息交流,一方面,可以有效提升局所信息掌握的全面性,助力检查线索发掘,提高常规性检查的覆盖面;另一方面,借助交易所对市场新热点、新情况问题的处置经验,可以有效预先排查辖区市场主体是否存在类似动机和风险,及时将问题遏制在"萌芽"中。例如,2017年年底,安徽证监局借助交易所大数据分析,将上市公司股权质押确定为下一步监管重点,及时排查相关风险,并推动部分上市通过补充担保、结合混改引入战略投资者等方式进行处置应对,使辖区总体大股东股权质押风险可控。

2. 有利于提高违规线索处置的及时性。以往,交易所非现场监管发现的问题线索,一般需要上报证监会或通报证监局处理,流程周期长,有可能造成违规行为得不到及时查处,影响监管时效性。通过开展联合检查,可以针对非现场监管中的问题线索及时进行核查和惩处,避免出现失职行为。例如,辖区内B上市公司因受其控股股东流动性风险影响,发生募集资金被监管银行扣划事件,安徽证监局与沪深交易所在得知该消息后,第一时间开展协作,从保护投资者合法权益的高度出发,及时约谈双方当事人代表,依法依规督促双方妥善解决纠纷,在不到48小时内,妥善解决了上市公司募集资金被扣划事项,保护了股东的合法权益。①

3. 有利于提高监管处置措施的互补性。就证券公司等中介服务机构监管而言,考虑到其服务实体经济发展的重要媒介作用,对于发现的一般性瑕疵问题,如果采取行政监管措施则难免下手过重。但如果不采取措施,又难以起到督促其整改作用。通过开展联合检查,交易所层面的自律监管措施和纪律处分措施则可以成为行政监管措施手段的有效补充。

四、改进局所联合检查方式,切实履行投资者保护职责

交易所根据上市协议开展现场检查,是为履行自律监管职责而采取的一种自律管理手段;而证监局根据授权开展现场检查,属于履行行政监管职责而进行的日常监管执法活动。两者虽在性质上不同,但其践行保护中小投资者合法权益的初衷是一致的。结合前期安徽证监局所联合检查实践,并借鉴其他证监局检查实践与境外监管检查经验,通过探索改进现有局所联合检查方式,以促使局所联合检查工作机制常

① 参见《江南化工:杭州银行扣划2.11亿元募集资金已全额归还》,载凤凰网财经频道:http://finance.ifeng.com/a/20180510/16258605_0.shtml,最后访问日期:2018年10月15日。

态化、制度化。

（一）联合检查的范围有待细化

从境外发达市场的实践看，开展现场检查要具有清晰明确的授权，这一授权通常直接来自法规或行政规章。但从《中国证监会派出机构监管职责规定》第4条、第9条，《证券交易所管理办法》第7条、第58条以及证监会相关工作规程等现有规定看，仅有证监局与交易所单独对相关市场主体开展现场检查工作的规定，而对哪些市场主体可以联合开展现场检查缺少明确授权。

（二）联合检查的协作分工有待明确

多数境外市场通常赋予交易所就监管对象所涉业务较宽泛的检查权限，如我国香港联合交易所对现场检查进行了宽泛界定，提出经证监会咨询后，香港联合交易所会就一个或多个不时选定的重点范畴，前往交易参与人驻地进行风险性现场检查，但较少考虑自律检查与行政检查对象重叠后的分工。良好的分工是履行监管职责，发挥监管合力，提高现场检查发现违法违规线索能力的有效手段。2018年施行的《证券交易所管理办法》虽同样赋予了交易所宽泛的检查权限，如有权对证券公司、基金公司、上市公司及债券发行人行使监管检查权限，但并未对与证监局共同的监管对象之间的检查分工进行划分，从而造成在局所联合检查实践中，尚存在协作分工不明确的不足。如事前，哪些市场主体、哪些类型的被检查事项可以由交易所主动发起；事中，局所具体检查分工应该如何划分；事后，检查事项处置局所又该如何分工负责，这些都尚没有明确的规定或要求。如果只靠局所自由裁量，则客观上会限制联合检查效果发挥。

（三）联合检查的程序要素有待完备

从境外市场对现场检查的程序要求来看，大多规定了较严格的现场检查程序，使现场检查更加严谨、细致。目前我国探索开展的局所联合检查，无论在启动环节还是实施过程中，一定程度上缺少细致、严谨的检查程序要素规定。如对于交易所主动发起并主导的联合检查，在检查前，仅以交易所名义下发通知或按照上市协议约定时间提前告知，那证监局后续对问题进行处罚时，则会出现程序不合规。另外，对于交易所人员单独调取的外部银行流水或第三方说明等证据材料，如证监局据此来认定相关市场主体违法违规事实时，很容易会因案件关键证据材料不符合《最高人民法院关于行政诉讼证据若干问题的规定》中有关认定事实的证据要求，而产生诉讼隐患。

（四）联合检查的效果评估有待规范

事后影响评估是形成监管政策闭环的重要组成，与事前监管影响评估相比，事后评估主要基于事实而不是事前预测,有助于检验各项监管政策和方法实施的有效性。[①] 同样,联合检查事后评估将有助于监督和检验局所联合检查质量。但目前,局所联合检查实施后尚缺乏规范化的评估实施主体与评判标准。对实施完毕的局所联合检查是否达到预期效果由谁来评判、具体依据哪些参考指标来评定,这些基本环节如果得不到规范,则会造成评估环节的形式化,无法真正发挥出其进一步完善局所联合检查机制,更无法提高检查的科学性与实效性。

五、健全局所联合检查机制,更好实现投资者利益保护

通过对前述局所联合检查实践总结的梳理与分析,要充分发挥证监局与交易所在资本市场一线监管的作用,实现依法全面从严监管要求,更好保护中小投资者合法权益,需要在总结过往经验的基础上,健全局所联合现场检查机制,探索明确下一步局所联合检查实施细节,以提高联合检查的可适性与权威性。

(一)划定实施范围,明确联合检查对象

为更好落实《中国证监会党委关于进一步发挥证券交易所一线监管功能的指导意见》,从监管履职的角度考虑,适时细化系统内监管协作体系中证监局与交易所之间检查权限划分,可以通过采取概括规定或明确列举的模式,明确界定证监局与交易所各自承担的检查对象和联合检查对象范围,以缩小局所自有裁量空间,更好形成自律管理与行政监管相互配合的良好局面。

(二)依托双方优势,细化局所检查分工

考虑到局所联合检查具有先行先试的探索性,为避免局或所选择性发起联合检查,在明确联合检查对象的基础上,监管部门应充分考虑局、所各自具有的监管优势,适时进一步细化规定局、所各自应当主动发起的联合检查事项和事后应当承担的处置责任。如对于交易所具有的预审核权限事项、交易异动事项或其他常规性事项,分别明确发起、响应与处置机制。同时,在监管分工中,可根据个案特点协商采取灵活的联合检查机制。

(三)完备执法程序,强化联合检查合规性

在没有正式出台局所联合检查程序规定前,为保证检查程序和取证执法的合规

---

① 参考徐文鸣、戴昕琦:《美国监管政策改革及其借鉴》,载《四川大学学报》(哲学社会科学版)2018年第4期。

性、有效性，对于由交易所主动发起的联合检查，可参照适用《上市公司现场检查办法》等相关检查规定中的程序要求，如在事前联合检查书面通知程序方面，以证监局与交易所双方名义共同下发、在通知时限上参考行政监管的检查程序规定，避免出现程序瑕疵。同时，为便于开展调查取证工作，参考2014年发布的《中国证监会委托上海、深圳证券交易所实施案件调查试点工作规定》要求，采用证监会"一事一委托"方式，在事前向交易所检查人员颁发临时行政执法证件，以便其合法上岗从事取证工作，确保不会产生诉讼风险。

（四）完善运行评估，增强联合检查实效性

局所联合检查作为创新和强化一线监管的有力举措，需要在实践中不断调整完善。为增强联合检查实效性，同时，考虑到检查内容的保密需要以及避免"做自己的法官"，[①]亟须规范联合检查运行评估主体和评价标准，可由业务监督评价和行政执法监督部门两条线作为局所联合检查实施的评估主体，从发起目的、业务开展、廉政、程序、事实依据、底稿资料等方面具体评价局所联合检查实施效果，以不断完善局所联合检查工作开展。从长远看，通过完善这种动态的评估机制，有助于资本市场监管主体积累监管经验和方式方法，改善现场检查效率。

① 参见周泽：《媒体审判、舆论审判检讨》，载《中国青年政治学院学报》2005年第3期。

上市公司股票质押风险特征、应对模式及风险防范

高伟生*

摘　要：近年来，股权质押已成为上市公司股东满足自身融资需求的常用工具。伴随其快速发展，股权质押风险日益频发。本文通过对股票质押风险案例的分析研究，总结股票质押风险事件的风险特征，探讨股票质押业务的风险应对措施。本文指出，股票质押部分风险事件呈现融资人质押比例高、融资主体存在诚信问题、标的证券基本面差等基本特征；通过对股票质押风险应对的实务操作，总结了四种应对模式：融资人主动解决债务、流通股二级市场处置的威慑作用、限售股的司法处置及质权人的救助措施，特别是对于优质上市公司，质权人通过救助措施以上市公司的长期稳定发展降低股东股票质押的短期平仓风险。控制融资人质押比例、提升风险应对能力、保障上市公司稳定发展等政策建议成为防范股票质押业务风险，保障资本市场健康发展的应有之义。

关键词：股票质押　风险应对　稳定发展

2018年以来，股票质押式回购业务市场规模、参与标的证券数量、质押的市值延续2017年的增长趋势，截至2018年4月30日，场内质押规模为1.58万亿元，虽然相较于2017年12月31日的业务规模1.64万亿元下降446亿元，但整体业务规模处于高位震荡、缓慢下行的过程中；3461只A股股票中，质押股票3333只，占比96.3%；股票质押市值5.36万亿元，占A股总市值的8.62%。但实际运行中爆发了一些大股东股票质押风险事件，比如贾跃亭质押的乐视网、王靖质押的信威集团、王辉质押的

* 上海财经大学公共经济与管理学院博士研究生，德邦证券股份有限公司经纪业务管理总部融资融券部总经理。本文仅代表作者个人观点，作者观点与所任职机构无关。

华泽钴镍等,大股东股票质押的平仓风险对上市公司和资本市场产生短期和长期的负面影响。从上市公司的角度来看,短期内大股东平仓风险引发股价的下跌,股价的下跌进一步加剧平仓风险,大股东的平仓风险传导到上市公司,强化了上市公司资金链断裂的正向效应;长期来看,大股东的平仓风险可能引发上市公司股权变更、对外融资渠道萎缩、投资者损失、股票退市风险增加;从资本市场的角度来看,短期内股票质押的平仓风险成为股价高波动的重要来源,加剧投资者情绪和市场的不稳定;长期来看,因股票质押的平仓风险引发的停牌和信息披露问题,持续引发市场主体对市场的股票停复牌制度、信息披露制度的质疑,不利于构建稳定的资本市场环境。因此,如何防范和化解股票质押业务的风险成为保障资本市场稳定发展的重要内容。本文旨在通过对股票质押风险案例的分析研究,总结股票质押风险事件的风险特征,探讨股票质押业务的风险应对措施。本文第二部分介绍了中安消股票质押的风险案例,从质押行为、融资人特征及质押标的三个角度总结股票质押风险事件的特征,第三部分分析了股票质押风险应对模式,最后总结本文的结论以及后续发展股票质押业务风险控制措施。

一、股票质押风险特征

根据交易所与登记公司发布的《股票质押式回购交易及登记结算业务办法》(2018 年修订),质权人直观上根据履约担保比例对股票质押项目进行逐日盯市,当履约担保比例跌破平仓线,上市公司大股东没有采取补仓措施时,质权人采取平仓措施维护债权的安全,上市公司公告大股东存在平仓风险,此时可认为质押项目出现风险。因此对于融资人来说,保证项目安全性的前提即保障履约担保比例高于平仓线,另外低于平仓线时也能采取相应的补仓措施。因此一个股票质押项目的安全性直观上取决于两个要素:股价的稳定性和质押比例的合理性。表 1 估算融资人不同质押比例不同折扣率下一个质押项目能承受的跌幅。根据 2018 年 1 月 1 日至 2018 年 10 月 17 日上市公司涨跌幅的数据,假设融资人的质押比例为 100%,标的证券的折扣率为 40%,融资人自 1 月 1 日质押至今,有 1146 只标的证券跌破平仓线,如果融资人的质押比例为 80%,那么只有 414 只标的证券跌破平仓线,如果质押比例只有 50%,只有 51 只标的证券跌破平仓线,因此如果融资人质押比例越低,在市场下跌时,能采取更多的补仓措施来确保项目的安全性。而实务中,股票质押风险项目的上市公司大股东在质押融资时,除谋求更高的折扣率外,整体质押比例也较高,因此市场出现持续下跌时,无券可补,使质押项目出现风险。(见表1)

表1 不同质押比例不同折扣率能承受的跌幅

能承受的跌幅 \ 折扣率		30%	35%	40%	45%	50%	55%	60%
质押比例为100%	触及预警线的跌幅	52.00%	44.00%	36.00%	28.00%	20.00%	12.00%	4.00%
	触及平仓线的跌幅	58.00%	51.00%	44.00%	37.00%	30.00%	23.00%	16.00%
质押比例为90%	触及预警线的跌幅	56.80%	49.60%	42.40%	35.20%	28.00%	20.80%	13.60%
	触及平仓线的跌幅	62.20%	55.90%	49.60%	43.30%	37.00%	30.70%	24.40%
质押比例为50%	触及预警线的跌幅	76.00%	72.00%	68.00%	64.00%	60.00%	56.00%	52.00%
	触及平仓线的跌幅	79.00%	75.50%	72.00%	68.50%	65.00%	61.50%	58.00%

注:预警线为160%,平仓线为140%,本文的计算有两个假设条件:一是质押价格以市价;二是不计算每日利息。不同质押比例不同折扣率能承受的跌幅函数为:承受的下跌幅度 = 1 - 平仓线 × 折扣率 × 质押比例。

质押项目的风险除与质押高比例和高折扣率相关外,也和融资主体的诚信问题和上市公司基本面差相关。在股票质押中,如果融资主体存在诚信问题,①特别是控股股东在会计处理、业务承诺、信息披露、环境保护、税收政策等方面违背监管规定和行业基准,容易受到监管机构处罚或者新闻媒体的质疑。根据减持新规的规定,②大股东被中国证监会立案调查或者被司法机关立案侦查期间,以及行政处罚决定、刑事判决作出之后未满6个月的,不得减持股票。这意味着标的证券在6个月内没有流动性,而且股票质押合同基本约定:如果面临监管处罚,融资主体的股票质押须采取提前购回措施,如不采取提前购回措施,将导致违约。上市公司基本面差包括以下三种情况:一是上市公司持续亏损,特别是扣除非经常性损益后的净利润持续为负,部分年份扣非后净利润亏损严重;二是上市公司业绩内涵增长乏力,特别是部分上市公司通过高杠杆的外延并购和业绩承诺实现收入的大幅增长,业绩承诺具有基准完成年份较多且业绩承诺期限后业绩下幅较大;三是交易所的上市公司信息披露考核等

① 2018年3月28日中国证监会发布第139号令《证券期货市场诚信监督管理办法》,从2018年7月1日起构建了全行业的诚信数据库。市场诚信信息查询平台的网址:http://shixin.csrc.gov.cn/honestypub/。

② 减持新规是指2017年5月证监会颁布的《上市公司股东、董监高减持股份的若干规定》及上海证券交易所颁布的《上海证券交易所上市公司股东及董事、监事、高级管理人员减持股份实施细则》、深圳证券交易所颁布的《深圳证券交易所上市公司股东及董事、监事、高级管理人员减持股份实施细则》。

级较低，处于C级或者D级水平或者部分年度考核等级变动幅度大。从A级或者B级下降到C级或者D级，不仅显示上市公司的治理水平较差，而且显示上市公司对于信息披露不规范、不透明。

以中安消股票质押风险事件为例。中安消的前身为老八股之一的飞乐股份，2013年7月15日飞乐股份发布重组预案，通过向深圳市中恒汇志投资有限公司发行股份购买中安消技术有限公司100%股权，并于2015年登陆资本市场。自2015年1月19日开始中恒汇志投资开始以中安消循环质押融资，截至2017年4月21日，中恒汇志投资累计与22家机构和个人累计质押了4.79亿股，占其5.34亿股的89.7%；从质押时段来看，主要集中于2015年1月19日到2016年8月16日中安消股价持续上涨期间，股价从9.70元上涨到21.5元，涨幅116.52%，股价最高冲到47.07元。然而2016年12月22日中安消被证监会立案调查，2017年5月3日上市公司被会计师事务所出具了无法表示意见的审计报告。同时上海证券交易所对上市公司实行退市风险警示，而后中恒汇志投资的质押存量项目因债务纠纷等案件被司法冻结和多轮轮候冻结，多种的负面消息导致2017年5月26日中安消复牌股价经历17个跌停，从17.43元下跌到6.6元，跌幅高达62%，按照40%的折扣率、140%的平仓线，该笔质押能承担近50%的跌幅，而股价的跌幅过大使该笔质押触及平仓线，即使中恒汇志投资将全部股票补仓也没有办法承受如此的跌幅，进而引发了上市公司中安消股票质押的危机。

其次自借壳上市以来，中安消基本面逐步转差，主要表现在以下方面：一是上市公司负债持续上升，资产负债率从2015年半年报的39.4%上涨到2016年半年报的61.41%，2016年年底更是高达72.48%，负债总额也从2015年半年报18.8亿元上升至2016年年底的76.6亿元，负债结构主要以短期负债为主，短期负债的占比从2015年的69.9%上升至2016年的79.57%。短期负债占比过高意味着资金需求量大，期限错配较为严重，上市公司的流动性风险较大。二是上市公司收入增长质量差，2015年、2016年上市公司进行了大量对外并购，累计收购了11家主体33.18亿元，大量的对外并购形成了大量的商誉，2015年商誉占净资产的比重为26%，2016年更是达到了62%，商誉总额从7.6亿元增长到18.31亿元，而2015年、2016年上市公司营业收入分别为19.8亿元、34.8亿元，分别增长25.18%、62.68%，但经营性现金净流量却与营业收入呈相反方向变化，2015年下降到-11亿元，2016年进一步下降到-12.7亿元。经营性现金流的巨亏表明上市公司虽然确认了相关收入但是收入质量差，而且一旦被并购标的的业绩出现问题,商誉减值被计提,对公司资产以及净利润将产生巨大的负面影响。三是业绩承诺完成差。借壳上市时,中安消技术有巨额业绩承诺,但是中安消技术连续3年未到达盈利预测承诺,2014年业绩承诺完成率为87.62%,2015年为70.59%,2016年为46%,业绩承诺没有完成,融资人没有采取措施对上市公司进行补偿,上市公司的基本价值没有支撑,股价进一步下跌,全面加剧了融资人和上市公司的债务危机。

中安消的诚信问题主要体现在借壳上市过程中和年报审计中:一是在借壳上市过程中,中安消采取提前确认收入、虚增资产等财务造假手段提升估值。证监会处罚告知书显示,中安消技术虚构2014年、2015年盈利预测和虚增2013年营业收入,其中中安消技术资产评估金额虚增54.46%,中安消技术将部分项目不符合收入确认条件提前确认收入,虚增了2013年年度营业收入5515万元;二是会计师事务所对2016年度年报出具否定意见,系中安消部分子公司内控缺失、合同缺失,会计师事务所无法确认相关营业收入、营业成本、应收应付及预付款项。因借壳上市过程中的财务造假及被审计机构出具否定意见,中安消2016年至2017年交易所的上市公司信息披露考核等级直接被定为最低等级D。

二、股票质押风险的应对模式

股票质押风险事件的应对有多种模式,概括而言,主要有四种:一是融资人主动解决债务问题,通过出售旗下资产或者转让部分股权,回收部分流动性;二是融资人无法筹集资金,质押标的证券进入处置程序,如果质押标的是流通股的,根据减持新规的要求,履行相应的信息披露程序,采取二级市场卖出的方式回收资金,但考虑减持新规的影响,卖出的量较为有限,二级市场卖出更多的是作为一种威慑措施;三是如果质押标的是限售股的,通过司法途径,司法拍卖融资人的股权;四是质权人对于优质企业通过在困难时期与企业同舟共济,采取多种救助措施帮助企业度过困难时期,谋求融资业务的长远发展。

(一)出售资产或转让股权回收现金

通过出售资产解决质押债务问题以洲际油气的股票质押风险为例。2017年7月25日,洲际油气公告其大股东广西正和因跌破平仓线没有采取补仓措施,被质权人平安银行采取强制平仓措施。同时2017年7月27日,平安银行采取诉前财产保全措施,冻结了广西正和持有的洲际油气全部6.65亿股股份,冻结融资主体的全部持仓对广西正和其他债权人产生显著的风险溢出效应,引发其他的债权人陆续采取司法冻结或轮候司法冻结措施冻结融资人及上市公司持有的资产。2017年8月2日、2017年8月4日、2017年8月7日,洲际油气持有的焦作万方股份被武汉市中级人民法院、上海市第二中级人民法院司法冻结和轮候冻结。2017年8月8日,债权人海通恒信国际租赁诉广西正和,广西正和持有的洲际油气股份被轮候冻结。债权人采取的诉前财产保全措施,在一定程度上也促使上市公司及融资人加快处置资产的步伐。2017年8月29日,洲际油气公告将其持有的焦作万方股份转让,作价10.86亿多元。在获得转让款后,广西正和逐步归还了平安银行的质押融资款和其他债权人的负债。2017年9月13日,洲际油气发布公告广西正和已全部清偿平安银行的质押负债,平安银行解除了对广西正和洲际油气股份的司法冻结,同时其他质权人也逐步解除对广西正和上市公司的冻结。

(二)流通股的强制平仓

流通股的强制平仓以徐蕾某皇氏集团股票质押为例。2016年11月16日皇氏集团董事徐蕾某向东方证券以1600万股皇氏集团质押融资1亿元,截至2017年6月29日徐蕾某向两家质权人质押了2327.99万股,占其持股的99.91%。自2016年11月16日开始,皇氏集团股价持续下跌,从16.03元跌到2017年11月16日的8.18元,跌幅达到48.78%,2016年11月16日的质押已跌破平仓线,徐蕾某未能采取补仓措施且未能到期回购,徐蕾某的质押项目实质违约。2017年11月16日,徐蕾某和东方证券签署了《关于无条件同意违约处置的情况说明》,徐蕾某同意东方证券自主选择处置质押标的证券的方式、价格、时机、顺序,2017年11月21日东方证券强行平仓徐蕾蕾649,187股,收回负债约500万元。(见表2)

表2　徐蕾某股票质押情况

初始交易日	购回交易日	质权人	质押股数	融资金额	平仓线	预警线
2016年11月16日	2017年11月16日	东方证券	16,000,000	100,000,000	8.75	10.00
2017年2月9日	2018年2月9日	东方证券	5,270,000	30,000,000	7.97	9.11
2017年6月29日	2018年6月29日	上海通华商业保理有限公司	2,000,000	—	—	—
2017年7月18日	2017年11月16日	东方证券	9954	—	—	—
汇总	23,279,954					

徐蕾某皇氏集团的股票质押平仓案例引起市场广泛的关注,主要围绕以下三个问题:第一,信息披露要求。根据减持新规的规定,上市公司"董监高"通过集中竞价交易减持股份,应当在首次卖出的15个交易日前向交易所报告并预先披露减持计划,①然而皇氏集团董事的股票质押强制持仓并没有履行该项信披程序,在交易所问询后,上市公司反馈因疏忽没有查收邮件通知而没有及时进行信息披露,徐蕾某也因强制平仓给上市公司造成负面影响而主动辞职。根据现有的业务规则,上市公司履行股东被动减持的信息披露要求是采取强制平仓的前提,但上市公司信息披露完成后,证券公司即可启动强制平仓措施而不用等15个交易日的信息空档期,但是证券公司该平仓行为会导致上市公司股东因敏感期减持而受到监管机构的监管措施。第二,强制平仓的威慑作用。强制平仓事件发生后,徐蕾某通过部分还款偿还现金1192万元,另外,采取抵押房产等补充质押物的方式,提高履约担保比例,将质押项目短期维持在平仓线以上。第三,业绩承诺股的质押问题。徐蕾某持股的皇氏集团是2015年7月上市公司跨界收购北京盛世骄阳文化传播有限公司而认购的股份,带有3年业绩承诺,但是在2015年精准完成业绩承诺后,2016年和2017年均没有完成业绩承诺,徐蕾某需要进行现金补偿和股份补偿。根据2018年4月24日上市公司的公告,徐蕾某在东方证券的股票质押不仅被动延期,还面临着司法诉讼和上市公司的业绩补偿注销股票风险,因此流通股虽然可以通过强制平仓解决短期内履约担保比例过低的问题,但项目的安全性还是需要综合考虑质押行为、标的证券、融资人信用等全面信息,另外自有资金出资业绩承诺股份的股票质押须采取充足的风险控制措施。②

(三)限售股的司法处置

限售股的司法处置具有较大的可行性,主要原因是:一是待限售股限售期满采取二级市场卖出的模式容易受到解除限售的阻碍,如果融资人是持股5%及其以上的大股东或者"董监高",违约处置会加剧上市公司股价的剧烈波动和市场舆论的广泛关注。上市公司基于股价稳定性和市场舆论的考虑,倾向于不给融资人办理解除限售或者拖延给融资人解除限售,而解除限售的不确定性不利于质权人质押债权的安全,

---

① 根据上海证券交易所和深圳证券交易所2018年修订的《股票质押式回购交易业务会员指南》,对于融入方为上市公司控股股东、持股5%以上的股东及其一致行动人,上市公司"董监高"或特定股东等情况,证券公司采取违约处置前也须提交处置报告报备交易所。

② 中国证券业协会2018年1月12日发布的《证券公司参与股票质押式回购交易风险管理指引》第13条规定,集合管理计划和定向资产管理计划不得作为出资方参与业绩承诺股的股票质押;而作为自有资金参与,应识别和评估其特殊风险。充足的风险控制措施包括较低的折扣率、控制融资主体的质押比例并预留充足的股票被注销、控制单户的融资规模、增加资产担保等组合措施。

质权人此时只能通过司法诉讼的模式强制解除限售，并进行二级市场卖出。二是强制执行的问题。实务中对于限售股的股票质押交易，质权人一般会将该笔质押交易的质押合同进行强制执行公证，一旦出现需要实现债权的情形，质权人可向公证机关申请出具执行证书，并依照该执行证书向有管辖权的人民法院（一般是上市公司注册地的人民法院）申请司法强制执行，以有效实行质权。但是如果融资人提出执行异议，或者上市公司注册地的法院处于地区司法保护的原则不配合办理强制执行，强制执行的操作将面临较大的不确定性。三是诉讼程序的可操作性强，大幅减少过程的不确定性，质权人可自身的注册地直接起诉，在经历诉讼程序后，法院将融资人的股权进行司法拍卖。拍卖以网络拍卖为主，淘宝网拍卖是目前使用最多的途径，如果经三次拍卖仍不能成交时，法院会将股权按第三次拍卖的保留价折价抵偿给债权人。[①]

以东方证券盈方微股票质押的司法处置为例。2014 年 9 月 11 日、2014 年 12 月 26 日和 2015 年 3 月 12 日，盈方微电子分别将其持有的 2800 万股、4100 万股、400 万股盈方微限售股质押给东方证券，融资 3.24 亿元。因质押的股份为限售股，东方证券与盈方微电子的质押合同均由上海市黄浦公证处出具公证书。然而 2016 年 4 月 29 日盈方微 2015 年年报被会计师事务所出具无法表示意见的审计报告，深圳证券交易所对盈方微股票实行退市风险警示。2016 年 10 月 15 日，盈方微被证监会立案调查。2017 年 3 月 29 日，盈方微电子所持有的盈方微股份全部被司法冻结。考虑到质押股份出现司法冻结、质押标的被立案调查且盈方微电子未按期支付利息，东方证券采取了违约处置措施，向上海市黄浦区公证处申请签发强制执行证书并于 2017 年 5 月 16 日获得执行书。2017 年 5 月 23 日，东方证券根据其中 2 笔交易（2800 万股、4100 万股的质押）的执行书向上海市第一中级人民法院（以下简称上海一中院）申请并获执行立案。但 2017 年 6 月盈方微电子向上海一中院提出执行异议，2017 年 7 月下旬上海一中院作出裁定驳回异议，2017 年 8 月盈方微电子向上海市高级人民法院提出复议，2017 年 9 月 15 日被上海市高级人民法院裁定驳回。2017 年 11 月，上海一中院取得对应质押股票的执行权，并于 2018 年 3 月 14 日至 2018 年 3 月 15 日在淘宝网网络司法拍卖 6900 万盈方微股票，但第一轮拍卖流拍；于 2018 年 4 月 21 日至 2018 年 4 月 22 日在淘宝网进行第二次司法拍卖，再次流拍；2018 年 5 月 14 日上海一中院出具《执行裁定书》，将盈方微电子持有的 6900 万盈方微股票作价 3.14 亿元交

① 蔡笑等：《股票质押回购业务的风险管理体系与处置实务研究》，载《中国证券》2018 年第 4 期。

付东方证券抵债。2018年5月17日盈方微发布权益变动公告,东方证券持有盈方微6900万股,位列上市公司第二大股东,持股比例8.45%。

(四)质权人的救助措施

上市公司作为资本市场的基础,维护上市公司的稳定发展是市场各方的共同愿望,当大股东因股票质押带来的平仓风险或者司法诉讼会传导到上市公司层面,对上市公司的团队稳定性、业绩、投资、经营情况等带来十分负面的影响,进而影响资本市场的稳定。实践中,股票质押作为一项融资业务,是帮助上市公司稳健发展,而不是消灭上市公司,因此质权人对于大部分优质的上市公司因股东的股票质押平仓风险一般采取多种救助措施。一般而言,优质上市公司具有以下几个标准:一是上市公司是细分行业的龙头,具有投资价值;二是符合国家的产业方向,特别是医药、智能装备、生物医药等方向;三是公司治理规范;四是企业经营稳健,财务指标健康,过去几年没有受到监管机构的处罚或问责等。采取的救助措施大概有以下几种方式:一是对于优质的上市公司,不采取强制平仓或者司法诉讼措施,而是与融资人协商,通过融资人的增信措施、部分归还负债、降低平仓线、出具保函等形式维护上市公司的稳定;二是与地方政府合作,成立救助基金,采取质权人出一部分资金、地方配套部分资金的模式给上市公司提供流动性,缓解上市公司的融资困难,保障上市公司的稳定经营;三是通过发债等模式筹集低成本的长期资金给企业提供长期流动性,以上市公司的长期稳定发展降低大股东股票质押的短期风险,谋求股票质押融资业务的长期可解决方案。

三、股票质押的风险防范措施

现有股票质押业务部分风险事件呈现融资人质押比例高、融资主体存在诚信问题、标的证券基本面差的三个基本特征,在实际操作中,有四种股票质押风险处理方案:一是通过出售资产或转让股权回收现金,解决流动性问题;二是如果质押的股份是流通股,根据减持新股的要求,采取二级市场卖出的方式;三是如果质押的股份是限售股,通过司法处置;四是质权人对于优质企业通过在困难时期与企业同舟共济,采取多种救助措施帮助企业度过困难时期,谋求融资业务的长远发展。为了更好防范股票质押式回购业务的风险,应在事前风险识别、事后应对和投资者教育方面,采取相应的措施。

第一,从事前风险识别的角度:(1)严格控制融资人质押数量占其持股总数的比例,规避融资人高比例质押的情况;(2)采取多种措施对融资主体的诚信情况进行严格的调查,通过证监会的市场诚信信息查询平台查询融资主体在资本市场的诚信情况,通过中国法律文书裁判网查询融资人的司法诉讼情况,通过天眼网查询融资主体旗下所有子公司的诚信记录情况,通过中国执行信息公开网查询融资主体的失信及执行情况,在展业过程中规避诸如财务造假、被立案调查、被司法强制执行、在途诉讼金额巨大等没有诚信的融资主体,对诚信瑕疵的融资主体,评估诚信瑕疵的可接受度,在可接受范围内,采取控制单一客户和单一标的融资规模、增加担保等多种增信措施;(3)重点关注上市公司基本面情况,综合分析上市公司的资产质量、收入质量以及现金流情况,规避资产质量差、收入基本由外延并购支撑、现金流差、上市公司信息披露考核等级差的上市公司,上市公司具备基本的投资价值是确保股票质押项目安全的最终保障。

第二,从风险应对的角度:(1)提升风险应对能力,对于过度融资、无序融资、资金投向"两高一剩"、不符合国家产业政策、不采取自救措施、高位套现等扰乱市场正常融资模式的质押融资行为,质权人应采取二级市场卖出或者司法诉讼的模式维护债权安全,在处置过程中,遵守减持新规的要求,做好相关通知的留痕管理,积极督促上市公司进行信息披露;另外组建专业的律师团队也是威慑融资主体不解决债务纠纷的有效措施。(2)对于优质的上市公司,因股东股票质押平仓风险而对上市公司产生负面效应的要区别对待,采取协商、成立救助基金等多种模式谋求上市公司稳定发展,以上市公司的长期业绩保障质押融资的安全性。

第三,从投资者教育的角度:(1)规避上市公司大股东股票质押风险共性特征的股票,特别是融资人高质押比例和信用差导致的平仓风险。在标的证券业绩差的情况下,将持续引发标的证券的持续下跌风险和融资人的控制权转移风险,两种风险叠加将严重损害上市公司的投资价值。(2)区分股票质押的市场风险和流动性风险。股票质押的市场风险整体可控,平仓金额较小,①低于平仓线时,大股东一般采取协商、补充质押或者提供其他资产作为增信措施,质权人一般也会采取相应的救助措施,以上市公司的长期稳健发展谋求质押融资的解决,因此一些标的证券业绩较好、因股东短期流动性风险导致股票质押平仓风险的上市公司在市场逐步回暖时,仍具有较大的投资价值。

---

① 根据2018年6月25日沪深交易所披露的数据,约有5000亿元,平仓风险概率约占整体规模的1/6;风险解决的方案以协商为主,二级市场平仓不是首选方案,部分监管局采取审批制要求券商报送处置方案;根据交易所披露的数据,6月19日平仓金额1900万元,6月20日平仓金额3000万元,6月21日平仓金额4900万元,占市场整体的交易量比重较低。

案例探析

INVESTOR

私募基金托管人职责与相关争议的法律适用

汤　欣[*]　范晓语[**]

摘　要:就某私募股权投资基金托管人与投资者之间的纠纷一案,投服中心组织的调解对本案投资者利益的保护起到了至关重要的作用。本案集中体现了三个法律争点:其一,根据相关司法实践和私募股权投资基金监管法规的规定及其说明,《证券投资基金法》能否适用于私募股权投资基金存在争议;《信息披露办法》的关键条文是对《监管暂行办法》相关条文的承继和发展,可否参照适用于私募股权投资基金?其二,根据《证券投资基金法》《信托法》《证券法》等相关法律法规的规定,托管人的职责主要体现在"保管"和"监督"两个方面,本案事实是否表明托管人在职责履行存在明显瑕疵?其三,如能认定托管人在履约上存在诸多瑕疵,客观上导致了本案投资者的重大经济损失,则本案管理人和托管人应否对于投资者的损失承担连带责任?以本案调解为例,投服中心的工作为解决投资者面对的行权难、纠纷调解难以及诉讼难问题提供了有益帮助。

关键词:私募股权投资基金　托管人　投资者保护　投服中心

一、案例概要[①]

2014年,某资管公司以管理人身份与某证券公司签署了协议,由某证券公司为资管公司拟发行、管理的私募股权投资基金提供托管及外包服务。根据相关合同约定,

---

* 清华大学法学院教授、博士研究生导师,清华大学商法研究中心副主任。

** 清华大学法学院硕士研究生。

① 为保护各方当事人隐私,本案当事人名称、发生时间以及涉及人数、金额已作处理。

该基金投资标的为以增资方式投资于某项目公司股权,后投资者与管理人及托管人陆续签署三方投资协议并向募集账户汇入资金。该产品存续期为 2 年,管理人可延期半年,预期收益率为 10% ~12% ,共涉及个人投资者 67 名,投资者少则投资上百万元,多则投资上千万元,总共涉及投资者本金 9000 余万元。

该基金产品陆续到期后,除 8 名到期时间较早的投资者足额兑付本金 1500 余万元外,其余投资者到期均未兑付,且资管公司办公场所人去楼空,于是投资者开始到监管部门等投诉托管人某证券公司未能有效履行托管职责,要求其承担全部赔偿责任。某证券公司表示自己也受到了某资管公司的欺骗,愿意协助投资者追回财产,但是不同意承担投资者所提出的赔偿责任。据查,该基金产品所募集资金划至项目公司账户后大部分被管理人非法挪用,托管人以投资者授权的方式,通过民事追偿程序陆续向管理人追回投资者本金约 5350 万元,投资者本金仍有约 2150 万元没有兑付,投资者和托管人多次协商无果,后到中证中小投资者服务中心(以下简称投服中心)申请调解。

在依法自愿的前提下,经过调解员团队从法、理、情的角度分别与纠纷双方协商,最终托管方分三次支付投资者未获赔本金 2150 万元,投资者将基于合同的全部权利让渡给托管人,便于托管人向管理人及融资方进行追偿。

就上述投服中心作为调解人,解决某私募股权投资基金托管人与投资者之间的纠纷,存在三个法律适用上的争议点值得关注:《中华人民共和国证券投资基金法》(以下简称《证券投资基金法》)和《私募投资基金信息披露管理办法》(以下简称《信息披露办法》)能否适用、托管人的职责、托管人的民事责任,本文针对这三个方面的争议依次展开评论。

二、本案在法律适用上的争议

本案托管人与投资者在《证券投资基金法》与《信息披露办法》能否适用于本案问题上存在不同见解。诚然,《证券投资基金法》能否规制本案项下争议的私募股权投资基金的托管业务的确可能存疑,但本案三方当事人所签订的私募基金产品合同中就基金运作及托管过程中各方权利义务的约定,可作为该纠纷责任的认定依据。《信息披露办法》虽发布实施于本案事实发生后,但其关键条文承继、总结和重申了《私募投资基金监督管理暂行办法》(以下简称《监管暂行办法》)中的既有规定,前者事实上是对于后者的解释性规定,可参照适用于本案。

(一)《证券投资基金法》是否适用于本案

本案项下争议的基金是某资管公司作为管理人、某证券公司作为托管人,个人投资者67名,投资标的为某项目公司股权的私募股权投资基金。

《证券投资基金法》规定,在中华人民共和国境内公开或者非公开募集资金设立证券投资基金,由基金管理人管理,基金托管人托管,为基金份额持有人的利益,进行证券投资活动,适用该法;该法未规定的,适用《信托法》《证券法》和其他有关法律、行政法规的规定。[①] 虽然《证券投资基金法》经过2012年的修改,已将私募基金纳入调整范围,但如该法总则所规定的,仅投资于"证券"的公开或非公开募集基金可适用于该法。由此看来,本案争议的私募股权投资基金似未纳入该法的调整范围。但仅凭此得出"私募股权投资基金必然不能适用《证券投资基金法》"的结论却可能有失偏颇。

在司法实践层面,曾有法院在审判私募股权投资基金是否成立的纠纷时适用《证券投资基金法》。如在"董某峰等非法吸收公众存款案"判决中,[②]法院认定董某峰等人设立的所谓"私募股权投资基金"违反《证券投资基金法》等私募基金相关法律法规,不成立其所称的私募股权投资基金业务,而是构成了非法吸收公共存款罪。在该案中,法院通过《证券投资基金法》所规定的私募基金的实质性要件判断私募股权投资基金是否成立。换言之,法院并不因为《证券投资基金法》名称中嵌入的"证券"二字而完全排斥该法对于私募"股权"投资基金的适用。

考察私募股权投资基金相关监管法规的发展,也能在一定程度上说明《证券投资基金法》在法律适用方面的模糊性。

2013年,中央机构编制委员会办公室发布《关于私募股权投资基金管理职责分工的通知》,明确由中国证监会负责私募股权基金的监督管理,实行适度监管,保护投资人权益。[③]

2014年,中国证监会颁布了《监管暂行办法》。[④] 该办法第1条明确指出:"为了

---

① 《证券投资基金法》第2条规定:"在中华人民共和国境内,公开或者非公开募集资金设立证券投资基金(以下简称基金),由基金管理人管理,基金托管人托管,为基金份额持有人的利益,进行证券投资活动,适用本法;本法未规定的,适用《中华人民共和国信托法》、《中华人民共和国证券法》和其他有关法律、行政法规的规定。"

② 参见辽宁省鞍山市中级人民法院(2018)辽03刑终9号判决书。

③ 《中央编办发文明确私募股权基金管理职责分工》,载中央机构编制委员会办公室官方网:http://www.scopsr.gov.cn/bbyw/qwfb/201306/t20130627_227855.html,最后访问日期:2018年4月26日。

④ 中国证券监督管理委员会令(第105号),自2014年8月21日起公布施行。

规范私募投资基金活动,保护投资者及相关当事人的合法权益,促进私募投资基金行业健康发展,根据《中华人民共和国证券投资基金法》、《国务院关于进一步促进资本市场健康发展的若干意见》,制定本办法。"该办法对私募基金(包括私募证券投资基金和私募股权投资基金)的登记备案、合格投资者、资金募集、投资运作、行业自律、关于创业投资基金的特别规定以及法律责任进行了规范。

根据《证券投资基金法》要求依法成立中国证券投资基金业协会(以下简称基金业协会),进行行业自律,①履行基金业协会的法定职能。② 2016 年,基金业协会发布实施《信息披露办法》等法律规定。该办法同样开宗明义地指出:"为保护私募基金投资者合法权益,规范私募投资基金的信息披露活动,根据《中华人民共和国证券投资基金法》、《私募投资基金监督管理暂行办法》、《私募投资基金管理人登记和基金备案办法(试行)》等法律法规及相关自律规则,制定本办法。"该办法进一步细化了私募投资基金(包括私募证券投资基金和私募股权投资基金)信息披露义务人的各项具体义务。

2017 年,国务院法制办公室发布《私募投资基金管理暂行条例(征求意见稿)》,拟明确私募基金包括私募证券投资基金和私募股权投资基金。③

另外,如本案调解员团队在解决该纠纷时所提及的,在《中国人大》杂志 2012 年第 19 期登载的《关于〈中华人民共和国证券投资基金法(修订草案)〉的说明》中,就提到了"包括私募证券投资基金、私募股权投资基金在内的非公开募集基金快速发

① 《证券投资基金法》第 10 条规定:"基金管理人、基金托管人和基金服务机构,应当依照本法成立证券投资基金行业协会(以下简称基金行业协会),进行行业自律,协调行业关系,提供行业服务,促进行业发展。"

② 《证券投资基金法》第 111 条规定:"基金行业协会履行下列职责:

"(一)教育和组织会员遵守有关证券投资的法律、行政法规,维护投资人合法权益;

"(二)依法维护会员的合法权益,反映会员的建议和要求;

"(三)制定和实施行业自律规则,监督、检查会员及其从业人员的执业行为,对违反自律规则和协会章程的,按照规定给予纪律处分;

"(四)制定行业执业标准和业务规范,组织基金从业人员的从业考试、资质管理和业务培训;

"(五)提供会员服务,组织行业交流,推动行业创新,开展行业宣传和投资人教育活动;

"(六)对会员之间、会员与客户之间发生的基金业务纠纷进行调解;

"(七)依法办理非公开募集基金的登记、备案;

"(八)协会章程规定的其他职责。"

③ 《私募投资基金管理暂行条例(征求意见稿)》第 2 条规定:"本条例所称私募投资基金(以下简称私募基金),是指在中华人民共和国境内,以非公开方式向合格投资者募集资金设立,由基金管理人管理,为投资者的利益进行投资活动的私募证券投资基金和私募股权投资基金。非公开募集资金,以进行投资活动为目的设立的公司或者合伙企业,资产由基金管理人或者普通合伙人管理的,其基金管理人、基金托管人、资金募集、投资运作和信息提供适用本条例。私募基金财产的投资包括证券及其衍生品种、有限责任公司股权、基金份额,以及国务院证券监督管理机构规定的其他投资品种。"

展”等事宜。同时应当注意的是，在该立法说明中，也提道了“基金的投资方向属于基金投资策略的自主选择，法律一般不作具体性规定。世界各国的基金立法普遍按募集方式区分公开募集基金和非公开募集基金进行规范，而不按基金的具体投向分别进行规定”。将非公开募集的基金用于“证券”还是“股权”，属于基金的投资方向。

因此一方面，应承认私募股权投资基金确实尚未明确纳入《证券投资基金法》的规制范围；另一方面，由中国证监会、基金业协会根据《证券投资基金法》颁布的法规和自律性文件又针对私募股权投资基金作出了部分规定。由此，该问题的争议性不言而喻。

值得注意的是，本案三方当事人所签订的资产管理合同实为私募基金产品合同，是当事人之间真实的意思表示，是合法有效的。合同中就私募股权投资基金的运作及托管过程中各方权利义务的约定，也可作为相关纠纷责任的认定依据。

（二）《信息披露办法》是否适用于本案

《信息披露办法》具体规定了私募投资基金的管理人、托管人等承担信息披露义务的具体内容。该管理办法能否适用对于本案，对本案当事人的责任认定有重大意义。

本案受托人抗辩称“《信息披露办法》到 2016 年 2 月 4 日才发布施行，因此不存在信息披露方面的瑕疵问题”。应该指出，《信息披露办法》虽发布施行于 2016 年，但是其关键条文承继、总结和重申了原有规定。根据《〈私募投资基金信息披露管理办法〉起草说明》，基金业协会基于《监管暂行办法》第 24 条的规定，[①]起草该办法，以加强私募基金信息披露的制度建设，保护私募基金投资者的合法权益。因此，《信息披露办法》的关键条文是对《监管暂行办法》相关条文的承继和发展，前者是后者的解释性规定。在本案判断受托人行为是否违法时，可参照适用该管理办法。

如同在《〈私募投资基金信息披露管理办法〉起草说明》中指出的“（本办法）在充分尊重基金合同‘意思自治’原则的基础之上，仅从保护投资者角度对必须要向投资者披露的事项作了基础性规定”。在本案中，管理人、托管人和投资人之间已签订包含托管人职责的三方合同，在不违反法律法规强制性义务的前提下，托管人的信息披露等义务应适用三方合同。

① 《监管暂行办法》第 24 条规定：“私募基金管理人、私募基金托管人应当按照合同约定，如实向投资者披露基金投资、资产负债、投资收益分配、基金承担的费用和业绩报酬、可能存在的利益冲突情况以及可能影响投资者合法权益的其他重大信息，不得隐瞒或者提供虚假信息。信息披露规则由中国基金业协会另行制定。”

三、托管人职责

在私募基金的治理框架下,对托管人的规范十分重要。现行《证券投资基金法》规定,在中华人民共和国境内公开或者非公开募集资金设立证券投资基金,由基金管理人管理,基金托管人托管,为基金份额持有人的利益,进行证券投资活动,适用该法;该法未规定的,适用《信托法》《证券法》和其他有关法律、行政法规的规定。[①] 根据我国《证券投资基金法》的规定,基金托管人应当依照该法和基金合同的约定,履行受托职责,包括安全保管基金财产、监督基金管理人的投资运作等。[②] 因此,一个完整的基金组织应当包括投资人出资、管理人运作、托管人监督三个部分。

然而,我国基金托管人的监督职责并未得到足够的重视,尤其在私募领域,托管人职能的实际执行情况不尽如人意。一方面,根据《证券投资基金法》和《监管暂行办法》的规定,非公开募集基金可通过基金合同免除托管人的设立,[③]这使相当一部分私募基金未设立托管人。另一方面,基金托管人"托而不管"的现象时有发生。

以下结合本案案情,分析基金托管人的角色定位和法律义务。

(一)托管人的法律地位

根据法律的权威解释,证券投资基金活动以信托原理为基础,因此,基金合同当事人之间的关系属于信托关系,基金份额持有人为信托关系中的委托人,基金管理人和基金托管人为信托关系中的共同受托人。基金管理人、基金托管人应当依照《证券投资基金法》和基金合同的约定,履行受托职责。[④] 但也有观点指出,根据《证券投资基金托管业务管理办法》,与托管人签订托管协议建立委托关系的不是投资人而是管理人,[⑤]因

① 《证券投资基金法》第2条规定:"在中华人民共和国境内,公开或者非公开募集资金设立证券投资基金(以下简称基金),由基金管理人管理,基金托管人托管,为基金份额持有人的利益,进行证券投资活动,适用本法;本法未规定的,适用《中华人民共和国信托法》、《中华人民共和国证券法》和其他有关法律、行政法规的规定。"

② 参见《证券投资基金法》第三章相关条款。

③ 《证券投资基金法》第88条规定:"除基金合同另有约定外,非公开募集基金应当由基金托管人托管。"《监管暂行办法》第21条规定:"除基金合同另有约定外,私募基金应当由基金托管人托管。基金合同约定私募基金不进行托管的,应当在基金合同中明确保障私募基金财产安全的制度措施和纠纷解决机制。"

④ 全国人民代表大会常务委员会法制工作委员会编:《中华人民共和国证券投资基金法释义》(第2版),法律出版社2013年版,第9页。

⑤ 《证券投资基金托管业务管理办法》第16条规定:"基金托管人在与基金管理人订立基金合同、基金招募说明书、基金托管协议等法律文件前,应当从保护基金份额持有人角度,对涉及投资范围与投资限制、基金费用、收益分配、会计估值、信息披露等方面的条款进行评估,确保相关约定合规清晰、风险揭示充分、会计估值科学公允。在基金托管协议中,还应当对基金托管人与基金管理人之间的业务监督与协作等职责进行详细约定。"

此对受托人是否与管理人同为投资人的受托人提出质疑。[1]

法学界对托管人是否同为投资人的受托人的讨论颇多。具体到本案而言，虽然某资管公司以管理人身份与某证券公司事先签署托管协议，“由某证券公司为资管公司拟发行、管理的私募股权投资基金提供托管及外包服务”，但随后资管公司作为管理人、证券公司作为托管人与投资者签订了三方协议，详细列明了管理人和托管人所具有的权利义务，并规定“由违约方承担各自应付的违约责任”。因此，托管人应被认定为投资人的共同受托人，对投资人负有《证券投资基金法》《信托法》及其他相关法规中规定的恪尽职守、诚实信用和谨慎勤勉的义务。

（二）托管人职责

根据《证券投资基金法》第三章、《证券投资基金托管业务管理办法》第三章及《非银行金融机构开展证券投资基金托管业务暂行规定》相关规定，托管人的职责主要体现在“保管”和“监督”两个方面。

托管人的保管义务即安全保管基金财产的义务，确保基金财产的安全和完整。《证券投资基金法》明确规定托管人的保管义务，[2]《证券投资基金托管业务管理办法》进一步细化了托管人为保管基金所应当履行的各项职责。[3] 另外，《监管暂行办法》对托管人提出了“应当妥善保存私募基金投资决策、交易和投资者适当性管理等

---

① 梁清华：《论我国私募基金托管人制度的重构》，载《暨南学报》2014年第9期。

② 《证券投资基金法》第36条规定：“基金托管人应当履行下列职责：

“（一）安全保管基金财产；

“（二）按照规定开设基金财产的资金账户和证券账户；

“（三）对所托管的不同基金财产分别设置账户，确保基金财产的完整与独立；

“（四）保存基金托管业务活动的记录、账册、报表和其他相关资料；

“（五）按照基金合同的约定，根据基金管理人的投资指令，及时办理清算、交割事宜；

“（六）办理与基金托管业务活动有关的信息披露事项；

“（七）对基金财务会计报告、中期和年度基金报告出具意见；

“（八）复核、审查基金管理人计算的基金资产净值和基金份额申购、赎回价格；

“（九）按照规定召集基金份额持有人大会；

“（十）按照规定监督基金管理人的投资运作；

“（十一）国务院证券监督管理机构规定的其他职责。”

③ 《证券投资基金托管业务管理办法》第17条规定：“基金托管人应当安全保管基金财产，按照相关规定和基金托管协议约定履行下列职责：

“（一）为所托管的不同基金财产分别设置资金账户、证券账户等投资交易必需的相关账户，确保基金财产的独立与完整；

“（二）建立与基金管理人的对账机制，定期核对资金头寸、证券账目、资产净值等数据，及时核查认购与申购资金的到账、赎回资金的支付以及投资资金的支付与到账情况，并对基金的会计凭证、交易记录、合同协议等重要文件档案保存15年以上；

“（三）对基金财产投资信息和相关资料负保密义务，除法律、行政法规和其他有关规定、监管机构及审计要求外，不得向任何机构或者个人泄露相关信息和资料。”

方面的记录及其他相关资料"的要求。① 本案中三方协议明确规定,托管人义务包括"按照诚实信用、勤勉尽责的原则持有并安全保管资产管理计划",并为托管人设定了其他多项义务保证基金财产的完整与独立。

托管人的监督义务即对管理人管理基金财产等行为的监督。《证券投资基金法》规定托管人应当承担监督管理人投资运作及可能的违法违约行为的职责,②《证券投资基金托管业务管理办法》对托管人监督职责作出更加详细的规定。③ 本案项下的三方协议也明确规定了托管人的复核义务及对管理人违法违约行为的通知和拒绝执行的义务。

根据《监管暂行办法》第4条的规定:"私募基金管理人和从事私募基金托管业务的机构(以下简称私募基金托管人)管理、运用私募基金财产,从事私募基金销售业务的机构(以下简称私募基金销售机构)及其他私募服务机构从事私募基金服务活动,应当恪尽职守,履行诚实信用、谨慎勤勉的义务。"④上述托管人的保管义务和监督义务是受托人履行注意义务的重要表现形式。当然,受托人注意义务的表现形式不局限于此。本案中,受托人应履行的注意义务还包括谨慎地管理自身印章和合同、划

---

① 《监管暂行办法》第26条规定:"私募基金管理人、私募基金托管人及私募基金销售机构应当妥善保存私募基金投资决策、交易和投资者适当性管理等方面的记录及其他相关资料,保存期限自基金清算终止之日起不得少于10年。"

② 《证券投资基金法》第37条规定:"基金托管人发现基金管理人的投资指令违反法律、行政法规和其他有关规定,或者违反基金合同约定的,应当拒绝执行,立即通知基金管理人,并及时向国务院证券监督管理机构报告。基金托管人发现基金管理人依据交易程序已经生效的投资指令违反法律、行政法规和其他有关规定,或者违反基金合同约定的,应当立即通知基金管理人,并及时向国务院证券监督管理机构报告。"

③ 《证券投资基金托管业务管理办法》第2条规定:"本办法所称证券投资基金(以下简称基金)托管,是指由依法设立并取得基金托管资格的商业银行或者其他金融机构担任托管人,按照法律法规的规定及基金合同的约定,对基金履行安全保管基金财产、办理清算交割、复核审查资产净值、开展投资监督、召集基金份额持有人大会等职责的行为。"

第16条规定:"基金托管人在与基金管理人订立基金合同、基金招募说明书、基金托管协议等法律文件前,应当从保护基金份额持有人角度,对涉及投资范围与投资限制、基金费用、收益分配、会计估值、信息披露等方面的条款进行评估,确保相关约定合规清晰、风险揭示充分、会计估值科学公允。在基金托管协议中,还应当对基金托管人与基金管理人之间的业务监督与协作等职责进行详细约定。"

第21条规定:"基金托管人应当根据基金合同及托管协议约定,制定基金投资监督标准与监督流程,对基金合同生效之后所托管基金的投资范围、投资比例、投资风格、投资限制、关联方交易等进行严格监督,及时提示基金管理人违规风险。当发现基金管理人发出但未执行的投资指令或者已经生效的投资指令违反法律、行政法规和其他有关规定,或者基金合同约定,应当依法履行通知基金管理人等程序,并及时报告中国证监会,持续跟进基金管理人的后续处理,督促基金管理人依法履行披露义务。基金管理人的上述违规失信行为给基金财产或者基金份额持有人造成损害的,基金托管人应当督促基金管理人及时予以赔偿。"

④ 《监管暂行办法》第4条规定:"私募基金管理人和从事私募基金托管业务的机构(以下简称私募基金托管人)管理、运用私募基金财产,从事私募基金销售业务的机构(以下简称私募基金销售机构)及其他私募服务机构从事私募基金服务活动,应当恪尽职守,履行诚实信用、谨慎勤勉的义务。"

拨资金前取得相关投资文件等。

1. 本案中的托管人违反了妥善保管的义务

本案托管人在收到基金财产后，立即将基金财产转入处于管理人控制的银行账户中，且托管人事实上没有途径对基金财产实施有效监督。虽然托管人抗辩自己的行为符合合同规定，但如上所述，《监管暂行办法》对托管人保管基金财产的义务已有明确规定，这应是托管人的法定义务。另外，合同也明确规定："若本合同内容与届时有效的法律法规的强制性规定不一致，应当以届时有效的法律法规的规定为准。"

在基金管理人投资运作基金财产期间，虽然基金财产处于管理人控制和管理之下，但受托人保管基金财产的义务并没有消灭，托管人应当设立渠道知晓管理人运用资金的情况。虽在此阶段托管人保管基金财产的义务与托管人的监督义务有一定的重合，但是两者的侧重点仍然有所不同。托管人保管基金财产的义务，重点在于"保管"，因此管理人使用资金须向托管人说明；而托管人的监督义务则要求其以更加主动的行为来监督管理人的行为，而管理人也应配合管理人的监督工作。

因此，本案中托管人在将基金财产划拨给管理人后完全不知其流向，违反了其应当妥善保管基金财产的义务。

2. 本案中的托管人违反了有效监督的义务

根据相关规定，托管人的监督范围包括但不限于基金的投资范围、投资比例、投资风格、投资限制、关联方交易等，还包括托管人应定期复核基金财产的运行情况。本案托管人确实根据三方协议的规定，对投资人履行了部分的监督义务，如核对份额净值、出具季度报告和年度报告、关注产品信息等。但是，托管人的监督职责远不止于本案托管人所做的工作。本案的投资范围为股权投资，因此托管人应当知晓在款项划出账户无问题的情况下，管理人取得相关股权的具体事宜。而托管人在划拨资金前和划拨资金后均未审核管理人购买、持有、保管相关股权的具体情况，对管理人的越权交易未能实施有效监督。因此，托管人在履行监督义务方面是有瑕疵的。

3. 本案中的托管人违反了其他注意义务

根据案情已知信息，本案托管人注意义务的违反至少表现在以下两个方面：

一是托管人对于其印章和合同的管理上存在过错。"印章管理"方面的不足一方面是不加盖骑缝章；另一方面是以其印章为私募基金产品进行增信，但未能进行全程跟踪。"合同管理"方面的不足体现在托管人在收到托管资金时，未能取得相应的私募基金产品合同。至争议解决时，托管人仅持有十几份私募基金产品合同，这使托管人持有资金于法无据,违反托管人的注意义务。

二是托管人在缺失相关投资文件的情况下,即进行了资金的划拨。这也是导致投资者受到损失最直接最主要的原因。三方协议规定"资产管理计划托管人凭资产管理计划管理人指令和相关投资文件进行资金划拨",且合同对于何为相关投资文件进行了规定。托管人在仅有管理人指令的情况下,即对基金财产进行了划拨,属于重大违约行为,也是对其所负注意义务的重大违反。

四、托管人的法律责任

如前文所述,投资基金活动的本质是委托人与受益人重合的自益信托,且基金管理人和基金托管人为信托关系中的共同受托人。诚然,基金管理人和托管人的角色与传统信托中共同受托人的角色并非完全吻合,如共同受托人在管理信托财产上有共同的权利,而基金管理人和托管人各负其责、相互独立,但学界基本认为基金的产生、运作及法律组织结构等与信托机制是一致的。①

根据我国《信托法》的规定,共同受托人之一违反信托目的处分信托财产或者因违背管理职责、处理信托事务不当致使信托财产受到损失的,其他受托人应当承担连带赔偿责任。② 不可否认,本案管理人涉嫌集资诈骗犯罪,是侵害投资者权益的始作俑者。即使本案托管人并无与管理人诈骗的共同故意,但托管人在履约上存在诸多瑕疵,即未尽到安全保管基金财产的义务、未有效监督管理人投资运作资金的行为、未在满足"指令+相关投资文件"的条件下划拨资金等,客观上导致了本案投资者的重大经济损失。因此,本案管理人和托管人应对投资者的损失承担连带责任。

另外,三方协议中关于违约责任的表述为:"当事人违反本合同,应当承担违约责任,给本合同其他当事人造成损失的,应当承担赔偿责任……因共同行为给其他当事人造成损害的,应当承担连带赔偿责任。"本案属于基于共同受托行为对投资者造成的权益损害,托管人与管理人应承担连带责任。

经投服中心调解员团队从法、理、情的角度多次与纠纷双方协商,本案最终达成符合相关法规精神的和解。托管人同意支付投资者未获赔本金2150万元,投资者将

---

① 陈素玉、张渝:《论证券投资基金的法律制度》,载《中国法学》1998年第6期。

② 《信托法》第32条规定:"共同受托人处理信托事务对第三人所负债务,应当承担连带清偿责任。第三人对共同受托人之一所作的意思表示,对其他受托人同样有效。共同受托人之一违反信托目的处分信托财产或者因违背管理职责、处理信托事务不当致使信托财产受到损失的,其他受托人应当承担连带赔偿责任。"

基于合同的全部权利转让给托管人，便于托管人向管理人及融资方进行追偿。

五、投服中心与私募基金投资者保护

本案的调解结果使投资者的财产损失得到赔付，相比于司法诉讼或者仲裁的维权途径，选择中小投服中心调解的维权方式，无论从成本上还是结果上来说，对投资者可能都是更为有利的。投服中心近年来在保护中小投资者权益方面所做的努力值得肯定，投服中心在本案的纠纷调解上所起到的关键作用是其“投服”模式的体现。

（一）中小投资者保护的必要性

根据中商产业研究院统计数据显示，截至2017年12月，中国私募创业投资、股权投资机构超过1.3万家。截至2017年年底，中国股权投资市场资本管理量接近8.7万亿元，人民币基金在中国股权投资市场的主导地位愈加明显。而2017年中国股权投资市场共发生投资案例数量10,144起，涉及投资金额合计达到1.2万亿元，同比分别增长11.2%、62.6%。[①]

与私募基金的高速发展形成对比的是，对私募基金监管的法律法规的规定模糊乃至立法空白。如本案项下争议的私募股权投资基金是否可直接适用于《证券投资基金法》仍待讨论和法律的进一步明确。虽然中国证监会于2016年发布《监管暂行办法》，中国基金业协会也相继发布《信息披露办法》《私募投资基金募集行为管理办法》等，但是这些规范的效力较低。且如本案案情所示，由于这些规范多发布施行于2016年后，因此很多发生这之前的私募案例并不适用，多数情况下只能参照适用。

截至2018年4月1日，中国证券投资基金业协会已将334家资产管理机构列入失联公告名单。上述机构中，有113家机构已被注销登记；有9家机构已自行申请注销登记。[②] 层出不穷的非法集资、合同诈骗等金融犯罪，使投资者权益遭到严重损害。保护私募投资者的合法权益势在必行。

（二）投服中心在纠纷调解上的亮眼表现

投服中心作为中国证监会设立的保护投资者权益“一体两翼”（一体即投保局、两翼分别为投服中心和中国证券投资者保护基金公司）的重要组成部分，已形成了事

---

① 资料来源于中商情报网：http://www.askci.com/news/chanye/20180210/132906118050.shtml，最后访问日期：2018年4月24日。

② 资料来源于基金业协会官网：http://www.amac.org.cn/cms/article/preview? ID=392898，最后访问日期：2018年4月24日。

前持股行权、事中纠纷调解和事后支持诉讼”的一整套工作机制,被称为中小投资者保护的“投服模式”。

据了解,投服中心的调解机制已覆盖全国34个证券监管辖区和中基协、新三板范围。通过委托合作方式设立了投服中心33个辖区调解工作站,共计配备专职调解人员40人。[①] 截至2017年12月,投服中心通过接受证监会系统转办、法院委托、纠纷当事人申请等方式,登记纠纷案件共5616件,争议金额18亿元。其中,正式受理3325件,调解成功2262件,成功率达73%。在调解成功的案件中,投资者和解获赔金额达3.86亿元。[②] 在本案中,投服中心调解员团队专业高效主动的纠纷调解就是“投服模式”的重要应用。投服中心积极组织前期沟通协调会议,使投资者和托管人在充分沟通交流中,还原案件真相,避免了损失惨重的投资者情绪化下的不理智举动。同时,投服中心的调解员以专业、高效、合理的论证使本案得以调解成功。通过投服中心的调解成果,可以看到投服中心不断优化参与纠纷调解的流程,在自愿调解的前提下,创造条件使得纠纷得以解决。

投服中心行之有效的纠纷调解模式提振了市场信心,为解决投资者面对的行权难、纠纷调解难以及诉讼难问题提供了有益帮助,承担了依照法律法规为投资者“保驾护航”的角色。

---

① 王都鹏:《“纠纷调解”新机制成投资者权益保护有效途径》,载中国经济网:http://finance. ce. cn/rolling/201803/20/t20180320_28533393. shtml,最后访问日期:2018年10月25日。

② 朱宝琛:《投服中心调解3325件纠纷案成功率73%》,载《证券日报》2018年3月15日,参见网址:https://baijiahao. baidu. com/s? id = 1594962125081012181&wfr = spider&for = phttp://finance. ce. cn/rolling/201803/20/t20180320_28533393. shtml,最后访问日期:2018年10月25日。

图书在版编目(CIP)数据

投资者. 第4辑 / 郭文英, 徐明主编. -- 北京 : 法律出版社, 2018
ISBN 978-7-5197-2943-1

Ⅰ. ①投… Ⅱ. ①郭… ②徐… Ⅲ. ①投资-研究-中国②投资-金融法-研究-中国 Ⅳ. ①F832.48 ②D922.280.4

中国版本图书馆CIP数据核字(2018)第279554号

投资者(第4辑)
TOUZIZHE(DI-4 JI)

郭文英 徐 明 主编

策划编辑 陈 妮
责任编辑 陈 妮
装帧设计 李 瞻

出版 法律出版社
总发行 中国法律图书有限公司
经销 新华书店
印刷 固安华明印业有限公司
责任校对 王晓萍
责任印制 吕亚莉

编辑统筹 财经法治出版分社
开本 787毫米×1092毫米 1/16
印张 14.75
字数 250千
版本 2018年10月第1版
印次 2018年10月第1次印刷

法律出版社/北京市丰台区莲花池西里7号(100073)
网址/www.lawpress.com.cn
投稿邮箱/info@lawpress.com.cn
举报维权邮箱/jbwq@lawpress.com.cn
销售热线/010-83938336
咨询电话/010-63939796

中国法律图书有限公司/北京市丰台区莲花池西里7号(100073)
全国各地中法图分、子公司销售电话:
统一销售客服/400-660-6393
第一法律书店/010-83938334/8335
西安分公司/029-85330678
重庆分公司/023-67453036
上海分公司/021-62071639/1636
深圳分公司/0755-83072995

书号:ISBN 978-7-5197-2943-1
定价:80.00元
(如有缺页或倒装,中国法律图书有限公司负责退换)